미래와 통하는 책

동양북스 외국어 베스트 도서

700만 독자의 선택!

새로운 도서,
다양한 자료
동양북스
홈페이지에서
만나보세요!

www.dongyangbooks.com
m.dongyangbooks.com

※ 학습자료 및 MP3 제공 여부는 도서마다 상이하므로 확인 후 이용 바랍니다.

홈페이지 도서 자료실에서 학습자료 및 MP3 무료 다운로드

❶ 홈페이지 접속 후 도서 자료실 클릭
❷ 하단 검색 창에 검색어 입력
❸ MP3, 정답과 해설, 부가자료 등 첨부파일 다운로드
* 원하는 자료가 없는 경우 '요청하기' 클릭!

MOBILE

* 반드시 '인터넷, Safari, Chrome' App을 이용하여 홈페이지에 접속해주세요. (네이버, 다음 App 이용 시 첨부파일의 확장자명이 변경되어 저장되는 오류가 발생할 수 있습니다.)

❶ 홈페이지 접속 후 ≡ 터치

❷ 도서 자료실 터치

❸ 하단 검색창에 검색어 입력
❹ MP3, 정답과 해설, 부가자료 등 첨부파일 다운로드
* 압축 해제 방법은 '다운로드 Tip' 참고

가장 쉬운 독학 스페인어 첫걸음

지은이 **박기호**

동양북스

가장 쉬운 독학
스페인어 첫걸음

초판 20쇄 발행 | 2025년 9월 15일

지 은 이 | 박기호
발 행 인 | 김태웅
제　　작 | 현대순
기 획 편 집 | 김현아
디 자 인 | 남은혜, 김지혜
마케팅 총괄 | 김철영

발 행 처 | (주)동양북스
등　　록 | 제 2014-000055호
주　　소 | 서울시 마포구 동교로22길 14 (04030)
구입문의 | 전화 (02)337-1737　팩스 (02)334-6624
내용문의 | 전화 (02)337-1762　dybooks2@gmail.com

ISBN 979-11-5768-307-9 13770

ⓒ 박기호, 2017

▶ 본 책은 저작권법에 의해 보호를 받는 저작물이므로 무단 전재와 복제를 금합니다.
▶ 잘못된 책은 구입처에서 교환해드립니다.
▶ (주)동양북스에서는 소중한 원고, 새로운 기획을 기다리고 있습니다.
　 http://www.dongyangbooks.com

이 도서의 국립중앙도서관 출판예정도서목록(CIP)은 서지정보유통지원시스템 홈페이지(http://seoji.go.kr)와
국가자료공동목록시스템(http://www.nl.go.kr/kolisnet)에서 이용하실 수 있습니다.
(CIP제어번호:CIP2017030583)

머리말

유럽의 스페인은 물론이고 페루, 멕시코 등 중남미 나라들이 이제 우리에게 문화적으로 생소한 지역이 아님을 실감하는 세상입니다. 지리적으로는 스페인어권에 가기 위해서 다소 지루하고 긴 비행을 해야 하지만 명랑하고 친근한 그 곳의 사람들, 흥미로운 역사와 유적지, 다채로운 문화와 신나는 축제들 그리고 색다른 먹을 거리가 가득한 그 곳을 생각하면, 스페인어로 인사 한 마디라도 배우면서 설렘 가득한 여행 준비를 시작하게 됩니다.

본 교재는 기존의 입문서와 마찬가지로 처음부터 시작하는 분들을 위해 알파벳부터 한 걸음씩 기초 지식을 설명하고, 회화와 패턴을 활용한 청취·말하기 훈련이 진도별로 강화되어 있습니다. 또한 독학 스페인어 30일 완성이라는 목표로 제작되어 있는데, 매일의 학습량을 100% 외우려는 부담 없이 다음 날은 다음 진도로 넘어가세요. 어제, 그저께 배운 어휘와 문법은 계속 반복되며 복습할 수 있도록 설명되어 있어 학습 진행에 도움을 드립니다.

스페인어를 통한 독자님들의 미래에 본 교재가 작게나마 도움이 되기를 바라면서 마지막으로 본 교재 제작에 도움을 주신 분들에게 큰 고마움을 전합니다.

저자 박기호

차례

머리말 3
차례 4
이 책의 구성과 학습법 6
학습 플랜 10

Capítulo 0	**Preliminares** 왕초보 길잡이 14
Capítulo 1	**Los saludos** 인사 20
Capítulo 2	**Los amigos** 친구들 34
Capítulo 3	**La amistad y el amor** 우정과 사랑 48
Clase extra 1	보충학습 1 62
Capítulo 4	**La Tierra y la naturaleza** 지구와 자연 64
Capítulo 5	**Los gustos** 기호·취향 78
Capítulo 6	**Las celebraciones** 축하 행사 92
Clase extra 2	보충학습 2 106
Capítulo 7	**Las ocupaciones** 직업 108
Capítulo 8	**El vecindario** 동네 122
Capítulo 9	**El conflicto** 갈등 136
Capítulo 10	**Ropa, comida y techo (I)** 의식주 (I) 150
Capítulo 11	**Ropa, comida y techo (II)** 의식주 (II) 164

Contents

Capítulo 12	**Ir al extranjero** (I) 외국에 가기 (I)	178
Clase extra 3	보충학습 3	192
Capítulo 13	**Ir al extranjero** (II) 외국에 가기 (II)	194
Capítulo 14	**El hospital** 병원	208
Capítulo 15	**El transporte** 교통	222
Capítulo 16	**Recordando el pasado** 과거를 떠올리면서	236
Clase extra 4	보충학습 4	250
Capítulo 17	**Preguntas y respuestas** Q&A	252
Capítulo 18	**Las emociones humanas** (I) 희로애락 (I)	266
Capítulo 19	**Las emociones humanas** (II) 희로애락 (II)	280
Capítulo 20	**Las telecomunicaciones** (I) 전기통신(전화) (I)	294
Capítulo 21	**Las telecomunicaciones** (II) 전기통신(전화) (II)	308
Clase extra 5	보충학습 5	322
심화학습		324

부록
- 신체도해 ... 332
- 기초동사변화표 ... 334
- 문제척척 정답 ... 349

이 책의 구성과 학습법

가장 쉬운 독학 스페인어 첫걸음은 다음과 같이 구성됩니다.
본책을 중심으로 학습하면서 워크북과 MP3도 활용하세요.

Preliminares 왕초보 길잡이

왕초보 길잡이를 통해 본격적인
스페인어 학습에 앞서 준비해 보세요.
스페인어는 영어와 알파벳이 비슷하고
발음이 어렵지 않아서 차근차근 따라하다
보면 금방 자신감이 생길 거예요!

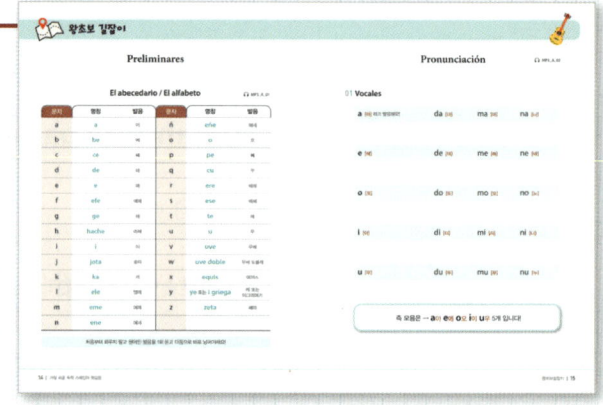

문법콕콕

핵심 문법을 문장 형태로 제시합니다.
제시된 문장과 관련된 스페인어 문법,
단어와 활용 표현을 배울 수 있습니다.
가장 기본이 되는 부분이므로
천천히 학습하세요.

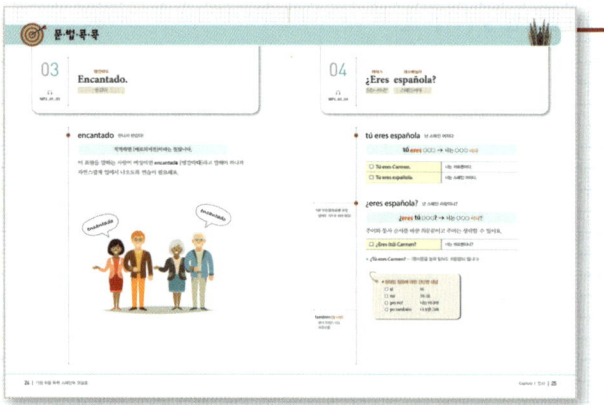

패턴톡톡

문법콕콕에서 배운 문장에 단어를 바꾸면서 패턴학습을 합니다. 원어민 발음을 듣고 따라하면서 문장을 외우면 실력이 금방 향상됩니다.

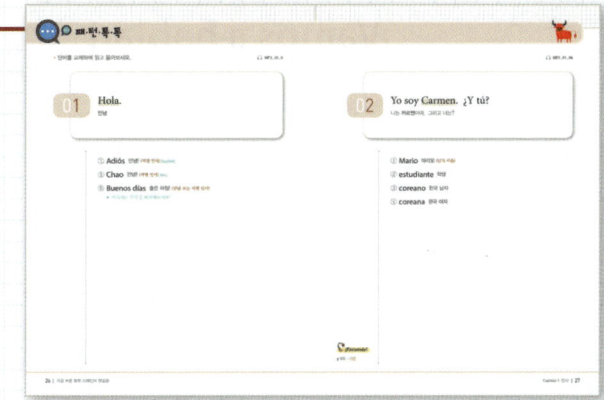

회화술술

앞에서 일부 제시되었던 회화문의 전체 내용을 확인합니다. 생생한 회화 표현을 듣고 따라하며, 아래에 나와 있는 단어와 표현도 익혀 보세요.

문제척척

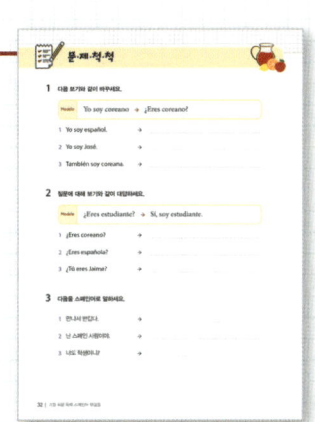

다양한 유형의 연습문제로 실력을 점검해 보세요. 앞에서 배운 내용을 다시 한 번 확인할 수 있습니다.

이 책의 구성과 학습법 | 7

이 책의 구성과 학습법

¡Vamos a hablar!

스페인어권의 다양한 문화를
배울 수 있습니다.
어렵게 공부한다는 생각은 잠시
접어두고 중간중간 쉬어 가는
느낌으로 즐겨 주세요.

Clase extra

앞에 나온 내용을 정리하고
조금 더 심화된 내용을 배우는 코너입니다.
짧은 페이지에 많은 내용을 담고 있으니
꼼꼼하게 학습하면 도움이 됩니다.

워크북

책 속의 책으로 분리되는
워크북이 제공됩니다.
각 과마다 알고 넘어가야 할 내용을
연습문제 형식으로 제시했습니다.
문제를 풀고 정답을 맞춰 보며
실력을 확인하세요.

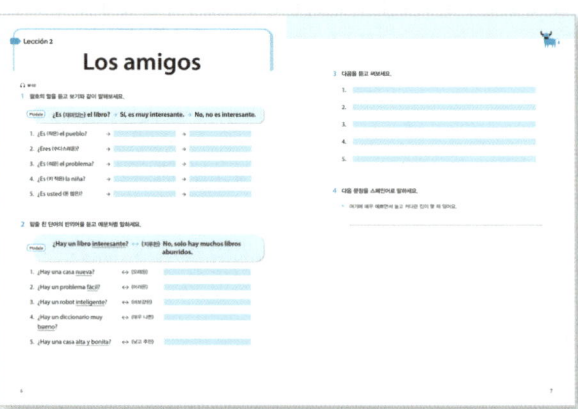

MP3

원어민이 녹음한 MP3 음원을 제공합니다.
MP3 파일은 동양북스 홈페이지에서도
무료로 다운받을 수 있습니다.

동영강 강의 시청 방법

1. **스마트폰으로 시청 시**
   스마트폰의 QR 코드 리더 어플로 QR 코드를 찍으면
   동양북스 홈페이지로 이동합니다.

2. **컴퓨터로 시청 시**
   동양북스 홈페이지(www.dongyangbooks.com)에서 시청 가능합니다.
   홈페이지 상단 바 우측에 위치한 '동영상' 클릭

3. **Youtube(유튜브)로 시청 시**
   Youtube 홈페이지(www.youtube.com) 검색창에 '가장쉬운독학 스페인어'를 검색하시면
   동영상 강의를 시청할 수 있습니다.

팟캐스트 오디오 해설 강의 청취 방법

1. **아이폰 사용자**
    PODCAST 앱에서 '가장 쉬운 독학 스페인어 첫걸음'을 검색하세요.

2. **안드로이드 사용자**
    팟빵 어플에서 '가장 쉬운 독학 스페인어 첫걸음'을 검색하세요.

3. **컴퓨터로 청취 시**

    - 팟빵 http://www.podbbang.com에 접속하여 "동양북스" 검색
    - 애플 iTunes 프로그램에서 "동양북스" 검색

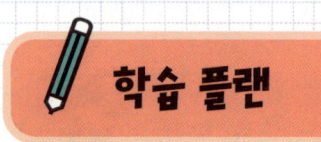
학습 플랜

Day 1　　　　월　　일	Day 2　　　　월　　일	Day 3　　　　월　　일
☐ Preliminares 왕초보 길잡이 + 제1장	☐ 워크북 1과 + 제2장 + 워크북 2과	☐ 제3장 + 워크북3과

Day 7　　　　월　　일	Day 8　　　　월　　일	Day 9　　　　월　　일
☐ 제6장 + 워크북 6과	☐ clase extra 2 + (4~6과 복습)	☐ 제7장 + 워크북 7과

Day 13　　　　월　　일	Day 14　　　　월　　일	Day 15　　　　월　　일
☐ 제11장 + 워크북 11과	☐ 제12장 + 워크북 12과	☐ clase extra 3 + (7~12과 복습)

Day 19　　　　월　　일	Day 20　　　　월　　일	Day 21　　　　월　　일
☐ 제16장 + 워크북 16과	☐ clase extra 4 + (13~16과 복습)	☐ 제17장 + 워크북 17과

Day 25　　　　월　　일	Day 26　　　　월　　일	Day 27　　　　월　　일
☐ 제21장 + 워크북 21과	☐ clase extra 5 + (17~21과 복습)	☐ 심화학습

30일 기준으로 작성한 플랜입니다. 체크 박스에 표시하면서 진도를 확인해 보세요. 예 ☑ 단어 쓰기

Day 4 월 일	Day 5 월 일	Day 6 월 일
☐ clase extra 1 + (1~3과 복습)	☐ 제4장 + 워크북 4과	☐ 제5장 + 워크북 5과
Day 10 월 일	Day 11 월 일	Day 12 월 일
☐ 제8장 + 워크북 8과	☐ 제9장 + 워크북 9과	☐ 제10장 + 워크북 10과
Day 16 월 일	Day 17 월 일	Day 18 월 일
☐ 제13장 + 워크북 13과	☐ 제14장 + 워크북 14과	☐ 제15장 + 워크북 15과
Day 22 월 일	Day 23 월 일	Day 24 월 일
☐ 제18장 + 워크북 18과	☐ 제19장 + 워크북 19과	☐ 제20장 + 워크북 20과
Day 28 월 일	Day 29 월 일	Day 30 월 일
☐ 신체 도해 + 1과~13과 본문 읽기	☐ 14과~21과 본문 읽기 + 기초동사 변화표	☐ 교재 없이 청취 파일만 듣기

Preliminares
왕초보 길잡이

무료 MP3 바로 듣기

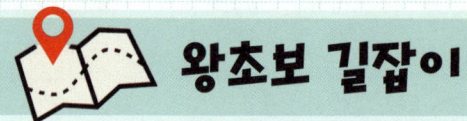 왕초보 길잡이

Preliminares

El abecedario / El alfabeto

MP3_A_01

문자	명칭	발음	문자	명칭	발음
a	a	아	ñ	eñe	에녜
b	be	베	o	o	오
c	ce	쎄	p	pe	뻬
d	de	데	q	cu	꾸
e	e	에	r	ere	에레
f	efe	에페	s	ese	에쎄
g	ge	헤	t	te	떼
h	hache	아체	u	u	우
i	i	이	v	uve	우베
j	jota	호따	w	uve doble	우베 도블레
k	ka	까	x	equis	에끼스
l	ele	엘레	y	ye 또는 i griega	예 또는 이그리에가
m	eme	에메	z	zeta	쎄따
n	ene	에네			

처음부터 외우지 말고 원어민 발음을 1회 듣고 다음으로 바로 넘어가세요!

Pronunciación

 MP3_A_02

01 Vocales

| a [아] 라고 발음해요! | da [다] | ma [마] | na [나] |

| e [에] | de [데] | me [메] | ne [네] |

| o [오] | do [도] | mo [모] | no [노] |

| i [이] | di [디] | mi [미] | ni [니] |

| u [우] | du [두] | mu [무] | nu [누] |

> 즉 모음은 → a아 e에 o오 i이 u우 5개 입니다!

왕초보 길잡이

02 Consonantes

| c [ㄲ] 소리가 납니다! | ca [까] | co [꼬] | cu [꾸] |

| c [ㅆ] | ce [쎄] | ci [씨] |

※ c + (e 또는 i) → [θ] 소리가 나고 스페인 일부 지역 및 중남미에서 [s] 발음을 해요!

| g [ㄱ] 소리가 납니다! | ga [가] | go [고] | gu [구] |

| g [ㅎ] | ge [헤] | gi [히] |

※ g + (e 또는 i) → 살짝 k 비슷한 거친 [ㅎ] 소리가 납니다.

☐ gue, gui → u가 묵음이 되면서 [게], [기] 로 발음해요.
☐ güe, güi → u가 발음 되어 [구에], [구이] 로 발음해요.
　　살짝 어려워 보이니 그냥 넘어가세요!

| h 묵음 | ho [오] |

| j 살짝 k 비슷한 거친 [ㅎ] 소리가 나요! | jo [호] |

| ll 보통 y 처럼 발음해요! | lla [야] |

※ 지역별로 발음이 다르기도 해요 → [야] [랴] [쟈] 또는 아르헨티나에서 특히 [샤] 발음을 해요.

| ñ | ña [냐] | ño [뇨] | ñe [녜] |

※ alfabeto알파베또 ñ에녜 재미난 소리가 나요!

p, t   각각 [ㅃ] [ㄸ] 발음입니다.   patata [빠따따]

※ 스페인어의 강렬한 소리가 이런 이유군요!

q   que, qui는 각각 [께] [끼] 라고 읽어요.

※ 즉 q 다음의 u가 발음되지 않습니다.

rr   굴러가는 ㄹ 발음입니다!   carro [까ㄹ로]

※ r 도 단어 처음에 위치하거나 l, n, s 뒤에서 rr 처럼 발음합니다.

    장미 rosa → [ㄹ로사]   엔리께(이름) Enrique → [엔ㄹ리께]

    살짝 굴리는 ㄹㄹ 발음이 잘 안된다고 걱정하실 필요는 없습니다!

v   b 와 동일하게 발음   vosotros [보소뜨로스]

x   [ks]   examen   [엑사멘]

       [ks] [s]   extra   [엑스뜨라] *[에스뜨라]

       [ㅎ]   México   [메히꼬]

※ x + 자음 → 원래대로 [ks] 발음하거나 [s] 로 발음하는 경우도 많습니다

  ▶ '멕시코' 처럼 인디언 언어에서 유래한 경우 살짝 강하고 거친 [ㅎ] 발음하는 단어도 있어요.

z   [s] 또는 [θ] 발음입니다.   zapato [싸빠또]

※ 스페인 일부 지역 및 중남미에서는 [s] 로 발음합니다.

책 초반에 발음이 한국어로 표기되어 있으니 발음편은 1~2회 연습으로 충분해요.

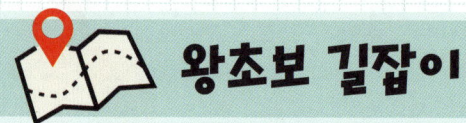

Los Sustantivos

🎧 MP3_A_03

01 **남성 명사** vs **여성 명사** 구분을 하며 보통 **o** 로 끝나면 남성 명사입니다.

reto 도전 [ㄹ레또]
libro 책 [리브로]

02 보통 **a** 로 끝나면 여성 명사입니다.

casa 집 [까사]
toronja 자몽 [또롱하]

※ 예외
☐ mano 손 여성 명사   ☐ mapa 지도 남성 명사

▶ 명사 복수형은 보통 모음으로 끝나면 s, 자음으로 끝나면 es 를 어미에 붙입니다.
　☐ libro<u>s</u> 책들   ☐ profesor<u>es</u> 선생님들

Acentuación

MP3_A_04

01 모음 (n, s 포함)으로 끝나면 끝에서 두 번째 음절에 읽을 때 강세가 주어집니다.

mer**ca**do   시장   [메르**까**도]

02 자음 (n, s 제외)으로 끝나면 마지막 음절에 강세가 있습니다.

ciu**dad**   시장   [씨우**닫**]

03 단어 자체에 강세가 따로 있는 경우는 암기해야 합니다.

árbol(m)   나무   [**아**르볼]
lecc**ió**n(f)   과, 교훈   [렉**씨온**]
meloc**o**t**ón**(Esp)   복숭아   [멜로**꼬똔**]
revalua**ció**n(AmL)   평가절상   [ㄹ레발루아**씨온**]

▶ (m) = 남성 명사   (f) = 여성 명사   (Esp) = 스페인에서 사용   (AmL) = 중남미에서 사용

앞으로 원어민 대화를 듣고 따라하다 보면 천천히 자연스럽게 배울 수 있어요.

capítulo 1
Los saludos
인사

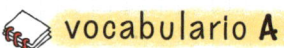
vocabulario A

yo 나 (요)	tú 너 (뚜)	estudiante 학생 (에스뚜디안떼)	y 그리고 (이)
sí 네 (씨)	día 날 (디아)	bueno 좋은 (부에노)	también 또한 (땀비엔)

Objetivos

01 인사말

02 나는 ○○○이다

03 너는 ○○○이니?

Texto uno

MP3_01_00

- F ¡Hola!
- M ¡Hola!
- F Yo soy Carmen.
- M Yo soy Min Su. Encantado.
- F Mucho gusto.
- M Soy estudiante. ¿Y tú?
- F Yo también soy estudiante.
- M Soy coreano. ¿Eres española?
- F Sí, soy española.

....

  Adiós, buenos días.
- M Buenos días, Carmen.

문·법·콕·콕

01 ¡Hola!
올라
안녕

MP3_01_01

h [묵음]

hola 안녕!

언제 어디서나 사람들과 만나면서 가볍게 건넬 수 있는 인사말이죠.

※ 스페인어 인사 표현법

☐ **buenos días** [부에노스 디아스]	오전 인사
☐ **buenas tardes** [부에나스 따르데스]	오후 인사
☐ **buenas noches** [부에나스 노체스]	저녁, 밤 인사

▶ 만나거나 헤어지면서 하는 인사말로 처음에는 통째로 암기해요!

02

MP3_01_02

<ruby>Yo<rt>요</rt></ruby> <ruby>soy<rt>쏘이</rt></ruby> <ruby>Carmen.<rt>까르멘</rt></ruby>

| 난 | ~이다 | 까르멘 |

yo soy Carmen 난 까르멘이야

yo soy ○○○ → 나는 ○○○ 입니다

주어가 생략될 수도 있으며 문장 중간이나 끝에 오는 등 다소 자유롭게 위치합니다.

▶ (Yo) soy Carmen.

한국어 ~입니다 에 해당하는 동사원형 ser [쎄르] 는 영어 be 동사처럼 인칭별로 변화합니다.

☐ yo soy	나는 ~이다
☐ tú eres	너는 ~이다

문·법·콕·콕

03

엥깐따도
Encantado.
반갑다

MP3_01_03

● **encantado** 만나서 반갑다!

> 직역하면 [매료되어진]이라는 뜻입니다.

이 표현을 말하는 사람이 여성이면 **encantada** [엥깐따**다**]라고 말해야 하니까 자연스럽게 입에서 나오도록 연습이 필요해요.

04 ¿Eres española?

에레스 에스빠뇰라
(넌)~이니? 스페인 여자

MP3_01_04

tú eres española 넌 스페인 여자다

tú eres ○○○ → 너는 ○○○ 이다

| ☐ Tú eres Carmen. | 너는 까르멘이다. |
| ☐ Tú eres española. | 너는 스페인 여자다. |

¿eres española? 넌 스페인 사람이니?

¿eres tú ○○○? → 너는 ○○○ 이니?

주어와 동사 순서를 바꾼 의문문이고 주어는 생략할 수 있어요.

| ☐ ¿Eres (tú) Carmen? | 너는 까르멘이니? |

▶ ¿Tú eres Carmen? ← (평서문을 높여 읽어도 의문문이 됩니다)

> *상대방 질문에 대한 간단한 대답
> ☐ sí   네
> ☐ no   아니요
> ☐ ¡yo no!   나는 아니야!
> ☐ yo también 나 또한 그래

의문 부호(물음표)를 문장 앞에도 거꾸로 써야 해요!

también [땀 비엔]
부사 위치는 다소 자유로움!

Capítulo 1 인사 | 25

 패·턴·톡·톡

▶ 단어를 교체하여 읽고 들어보세요.　　　🎧 MP3_01_05

01 Hola.
안녕

① **Adiós** 안녕! (작별 인사) (Esp)(AmL)

② **Chao** 안녕! (작별 인사) (특히 AmL)

③ **Buenos días** 좋은 아침! (만남 또는 작별 인사)
▶ 여기서는 무작정 따라해보세요!

🎧 MP3_01_06

02 Yo soy Carmen. ¿Y tú?
나는 까르멘이야. 그리고 너는?

① **Mario** 마리오 (남자 이름)
② **estudiante** 학생
③ **coreano** 한국 남자
④ **coreana** 한국 여자

y 발음 → [이]

Capítulo 1 인사 | 27

 패·턴·톡·톡

▶ 단어를 교체하여 읽고 들어보세요.　　　　　　　　　　MP3_01_07

03 Encantado.
만나서 반가워요

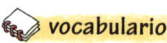 vocabulario
mucho 많은
gusto (m) 기쁨

① **Encantada**　반가워요! (화자가 여성인 경우)

② **Mucho gusto**　반가워요!

04 ¿Eres española?
넌 스페인 사람이니?

① **coreano** (남자) 한국인
② **José** 호세 (남자 이름)
③ **español** 스페인 남자
④ **estudiante** 남학생(m) 여학생(f)

회·화·술·술

🎧 MP3_01_09

▶ 대화를 들으며 한국어로 말하세요.

F   ¡Hola!

M   ¡Hola!

F   Yo soy Carmen.

M   Yo soy Min Su. Encantado.

F   Mucho gusto.

M   Soy estudiante. ¿Y tú?

F   Yo también soy estudiante.

M   Soy coreano. ¿Eres española?

F   Sí, soy española.

   ······························

   Adiós, buenos días.

M   Buenos días, Carmen.

▶ 다음 해석을 보고 스페인어로 말하세요.

F   안녕!

M   안녕!

F   난 까르멘이라고 해.

M   나는 민수야. 만나서 반갑구나.

F   만나서 반갑다.

M   난 학생이야. 너는?

F   나도 학생이란다.

M   난 한국인이야. 넌 스페인 사람이니?

F   응, 스페인 사람이야.
         ⋯⋯⋯⋯⋯⋯⋯⋯⋯⋯⋯⋯⋯⋯⋯⋯
         잘가, 좋은 아침 보내렴.

M   즐거운 아침 보내라, 까르멘.

Palabras y expresiones útiles

y 그리고 | también 또한 | hola ⑲ hi, hello | ser [쎄르] ~이다 ⑲ be 동사원형 | yo soy~ 나는 ~이다 ⑲ I am | tú eres~ 너는 ~이다 ⑲ you are | ¿eres (tú)~? 너는 ~이니? ⑲ are you? | día ⁽ᵐ⁾ 날(日), 낮

⑲ = 영어

 문·제·척·척 MP3_01_10

1 다음 보기와 같이 바꾸세요.

> Modelo   Yo soy coreano → ¿Eres coreano?

1 Yo soy español. → _____

2 Yo soy José. → _____

3 También soy coreana. → _____

2 질문에 대해 보기와 같이 대답하세요.

> Modelo   ¿Eres estudiante? → Sí, soy estudiante.

1 ¿Eres coreano? → _____

2 ¿Eres española? → _____

3 ¿Tú eres Jaime? → _____

3 다음을 스페인어로 말하세요.

1 만나서 반갑다. → _____

2 난 스페인 사람이야. → _____

3 너도 학생이니? → _____

¡Vamos a hablar!

España 스페인

Capital Madrid
Extensión 한반도의 2.3배 가량
Religión 카톨릭교 약 70%
Población 대략 4800만 명

스페인 국가himno nacional는 제목이 '왕의 행진'Marcha Real이고 공식적인 가사는 없어요. 작곡가 미상의 18세기 군 행진곡입니다. 가사가 없어서 스페인 국민pueblo은 국민의례 중 국가가 연주되면 어색하게 '라라라~' 하거나 콧노래를 할 수밖에 없어서 A매치 축구 경기partido 올림픽juegos olímpicos 등 국제적 행사에서 모든todo 스페인 국민이 국가가 연주되는 동안 콧노래를 부르기 때문에 다른 나라país 관람객이 놀라서 쳐다보는 일이 종종a menudo 발생하곤 했답니다. 오래된 옛 가사letra는 1939-1975 동안 파시즘 국가를 수립하고 독재 정치를 한 프랑코 총통caudillo과 연관되어 사용하지 않으며 한 때 가사 공모를 해 선정한 것 역시 사용하지 않고 악기 연주만을 한답니다.

Himno de España <Marcha Real>

Don Quijote y Sancho

La Plaza Mayor 마요르 광장

Capítulo 2
Los amigos
친구들

무료 MP3 바로 듣기

📖 vocabulario B

| él | ella | usted | qué |
| 그 [엘] | 그녀 [에야] | 당신 [우스뗃] | 무엇 [께] |

| todo | tierra | verdad | normalmente |
| 모든 (것) [또도] | 땅 [띠에르라] | 사실 [베르닫] | 보통 [노르말멘떼] |

| terrible | chica | bonito | guapo |
| 끔찍한 [떼리블레] | 아가씨 [치까] | 예쁜 [보니또] | 잘생긴 [구아뽀] |

Objetivos

01 관사
02 형용사의 **성**과 **수** 변화
03 **hay** (있다) vs (없다) **no hay**

Texto dos

MP3_02_00

- **F** ¡Hola, Miguel! Buenas tardes.
- **M1** ¡Hola, María! Buenas tardes. ¿Qué tal? Ah, María. Él es Jaime.
- **M2** Mucho gusto.
- **F** Encantada. ¿También eres estudiante? ¿Todo bien?
- **M2** Muy bien. El pueblo es muy tranquilo.
- **F** Es verdad. ¿Tu tierra es grande?
- **M1** No es grande pero hay mucho tráfico. Normalmente hay mucha contaminación y muchos crímenes. ¡Terrible!
- **F** Tranquilo, Jaime. Aquí no hay crímenes. Solo hay muchos árboles bonitos.
- **M2** Claro. Y también hay muchas chicas bonitas. María, ¡tú eres muy bonita!
- **F** Claro, ja ja ja. Adiós, amigos. (*Mmm... él es muy guapo...*)

문·법·콕·콕

01
MP3_02_01

Él es Jaime.
엘 에스 하이메
그는 이다 하이메

- él es Jaime 이 사람은 하이메입니다

동사원형 ser는 주어가 3인칭 단수이면 es로 변화해요.

1	yo soy	나는 ~이다
2	tú eres	너는 ~이다
3	él es ella es usted es	그는 ~**이다** 그녀는 ~**이다** 당신은 ~**이다**

▶ Usted es guapo. 당신은 미남입니다.

- □ tú   부모와 자녀 등의 친밀하거나 격식 없는 관계에 사용
- □ usted 격식을 차린 존칭어로 3인칭에 해당하고 약자는 Ud.

Ud. [우스뗃]

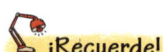

사람 소개 시 [영] this is 표현을 스페인어에서는 비격식적으로 사용할 수 있습니다. (추후 학습)

02

🎧 MP3_02_02

께 딸 또도 비엔
¿Qué tal? ¿Todo bien?
어떠하니 모든 것 좋게

엘 뿌에블로 에스 뜨랑낄로
El pueblo es tranquilo.
마을은 이다 평온한

● **¿qué tal?** 지내기 어때?

qué (무엇) + **tal** (그러하게) = **cómo** (어떻게)
↓
간단한 안부 인사나 의견을 물을 때 사용해요.

> * 인사에 대한 대답
> ☐ muy bien [무이 비엔] 매우 좋게 (지내)
> ☐ muy mal [무이 말] 매우 나쁘게 (지내)

* ¿todo bien? 다 좋아요?

● **el pueblo es tranquilo** 마을이 평화롭다

명사를 (남성·여성) & (단수·복수) 구분하듯이 정관사도 (성·수) 구분을 해요.

정관사 (영어 the)

	남성형	여성형
단수	el	la
복수	los	las

↓ ↓

	남자 아이	여자 아이
단수 복수	el niño los niños	la niña las niñas
	남자 아이들	여자 아이들

* Los Ángeles [로스 앙헬레스] (美) LA

¡Ojo!
él 그는
el 정관사

문·법·콕·콕

03

MP3_02_03

뚜 띠에라 에스 그란데
¿Tu tierra es grande?
너의 고향 이다 커다란

노 에스 그란데 뻬로 아이 무초 뜨라피꼬
No es grande pero hay mucho tráfico.
아니다 커다란 그러나 있다 많은 교통

¿tu tierra es grande? 너의 고향 땅은 크니?

너 ← **tú** & **tu** → 너의

☐ Tú eres estudiante.	너는 학생이다.
☐ Yo soy tu padre.	나는 너의 아버지다.

no es grande pero hay mucho tráfico
(고향은) 크지는 않지만 교통량이 많아

부정문은 동사 앞에 no 사용!

있어요 ← **hay** vs **no hay** → 없어요

불특정한 사람이나 사물의 존재에 대한 표현으로
hay = 영 there is 또는 there are

mucho 많은

어미가 **o**인 형용사는 수식할 때 명사의 성·수에 따라 어미가 바뀝니다.

☐ much**o** tráfic**o**	많은 교통	(남성 단수명사)
☐ much**os** libr**os**	많은 책들	(남성 복수명사)
☐ much**a** pris**a**	많은 급함	(여성 단수명사)
☐ much**as** chic**as**	많은 여자애들	(여성 복수명사)

▶ Aquí hay muchos libros. 여기에 책들이 많아요.
　No hay prisa. 급할 것 없으니 천천히 해요.

aquí [아끼] 여기
prisa (f) 급함

04

🎧 MP3_02_04

끌라로
Claro.
당연하다

쏠로 아이 무차스 치까스 보니따스
Solo hay muchas chicas bonitas.
단지 있다 많은 여자애들 예쁜

● **solo hay muchas chicas bonitas** 예쁜 아가씨들이 많이 있을 뿐이야

> 형용사는 mucho처럼 명사 앞에 오기도 하지만 **주로 뒤에서 수식해요**.

☐ chic**o** alt**o**	키 큰 남자애	(남성 단수)
☐ chic**os** alt**os**	키 큰 남자애들	(남성 복수)
☐ chic**a** alt**a**	키 큰 여자애	(여성 단수)
☐ chic**as** alt**as**	키 큰 여자애들	(여성 복수)

▶ hay   un   chico   alto (스페인어) 키 큰 남자애가 한 명 있다
    ↑   ↑   ✗
  there is   a   tall   boy (영어)

un 하나의 (부정관사)

> 형용사는 ser 동사 등의 보어로 사용 시 주어의 **성·수**에 맞게 변화합니다.

☐ El chic**o** es alt**o**.	그 남자애는 키가 크다.
☐ La chic**a** es alt**a**.	그 여자애는 키가 크다.
☐ Yo soy alt**o**.	(남자) 나는 키가 크다.
☐ Yo soy alt**a**.	(여자) 나는 키가 크다.

¡Recuerde!

claro 분명한

Capítulo 2 친구들 | 39

패·턴·톡·톡

▶ 단어를 교체하여 읽고 들어보세요. 🎧 MP3_02_05

01 **Él es Jaime.**
그는 하이메입니다

① él profesor
   그 선생님

② ella estadounidense
   그녀 미국인

③ María alumna
   마리아 여학생

④ usted inteligente
   당신 똑똑한

¡Ojo!
inteligente
남성, 여성 동일하며 복수
일 때 inteligentes

MP3_02_06

02 El pueblo es tranquilo.
마을은 평온하다

① **el árbol**   **alto**
나무(m)   높은

② **el libro**   **nuevo**
책   새로운

③ **la casa**   **alta**
집   높은

④ **la revista**   **nueva**
잡지   새로운

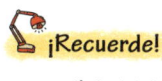

¡tranquilo! 진정해!

패·턴·톡·톡

▶ 단어를 교체하여 읽고 들어보세요.　　　MP3_02_07

03 No es **grande** pero hay **mucho tráfico**.
크지는 않지만 많은 교통량이 있다

① grande　　　mucha contaminación
　커다란　　　　많은 오염(f)

② difícil　　　muchos problemas
　어려운　　　　많은 문제들(m)(pl)

③ interesante　muchos espectadores
　재미있는　　　많은 관객들(m)(pl)

④ verdad　　　mucho crimen
　사실(f)　　　　많은 범죄(m)

*(pl) = 복수

problemas 문제점들
　*(남성명사)
espectadores 관객들

※ muchos crímenes
　많은 범죄들
　복수도 많이 사용
　강세부호 유의!

MP3_02_08

04 Hay un chico guapo.
한 명의 잘 생긴 남자애가 있다.

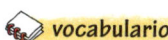
vocabulario
un 남성 부정관사
→ unos (복수형)
una 여성 부정관사
→ unas (복수형)

① un / árbol / alto
하나의 / 나무(m) / 높은

② unos / árboles / muy altos
얼마간의 / 나무들(pl) / 매우 높은

③ una / mujer / guapa
한 명의 / 여자 / 예쁜

④ unas / mujeres / muy guapas
몇 명의 / 여자들 / 매우 예쁜

⑤ muchas / chicas / bonitas
많은 / 여자애들 / 예쁜

Capítulo 2 친구들

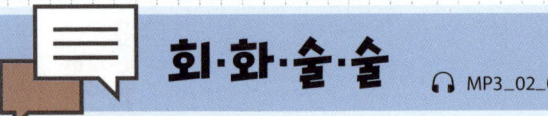

회·화·술·술 🎧 MP3_02_09

▶ 대화를 들으며 한국어로 말하세요.

F   Hola, Miguel. Buenas tardes.

M1   Hola, María. Buenas tardes. ¿Qué tal? Ah, María. Él es Jaime.

M2   Mucho gusto.

F   Encantada. ¿También eres estudiante? ¿Todo bien?

M2   Muy bien. El pueblo es muy tranquilo.

F   Es verdad. ¿Tu tierra es grande?

M2   No es grande pero hay mucho tráfico. Normalmente hay mucha contaminación y muchos crímenes. ¡Terrible!

F   Tranquilo, Jaime. Aquí no hay crímenes. Solo hay muchos árboles bonitos.

M2   Claro. Y también hay muchas chicas bonitas. María, ¡tú eres muy bonita!

F   Claro, ja ja ja. Adiós, amigos.

....

(Mmm... él es muy guapo...)

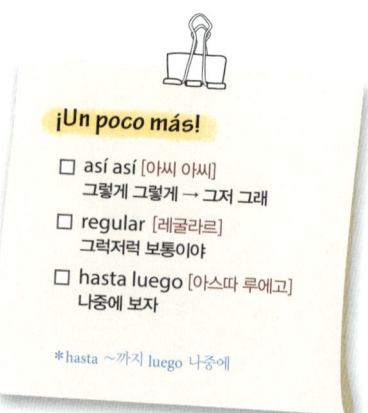

¡Un poco más!

☐ así así [아씨 아씨]
그렇게 그렇게 → 그저 그래

☐ regular [레굴라르]
그럭저럭 보통이야

☐ hasta luego [아스따 루에고]
나중에 보자

*hasta ~까지 luego 나중에

▶ 다음 해석을 보고 스페인어로 말하세요.

F   안녕, 미겔. 좋은 오후야!

M1   안녕, 마리아, 좋은 오후! 잘 지내? 아, 마리아야. 얘는 하이메야.

M2   반가워.

F   반갑다. 너도 학생이니? 지내면서 다 괜찮니?

M2   아주 좋아. 마을이 정말 조용해.

F   맞아. 네 고향은 크니?

M2   크지는 않은데 교통량이 많아.
       보통 오염도 심각하고 범죄도 많이 발생해. 말도 마!

F   안심해라, 하이메야. 여긴 범죄가 일어나지 않아. 예쁜 나무들만 있지.

M2   물론이지. 그리고 또 예쁜 여자애들도 많아. 마리아, 너 아주 예뻐!

F   당연하지, 하하하. 안녕, 친구들!
       (음..... 쟤 아주 미남이야....)

 Palabras y expresiones útiles

pueblo 마을, 국민, 민족 el pueblo coreano 한국 국민 | **tierra** 땅, 육지, 고향 ※ la Tierra 지구 |
pero 그러나 ※ perro 개 | **mucho** 형 많은 (성수 변화) 부 많이 (성수 불변) | **terrible** 끔찍한 |
¡tranquilo! 진정해! ¡tranquila! ← (상대가 여성인 경우) | **solo** 부 단지(=solamente, sólo) 형 홀로의, 하나인 |
amigo 친구 *amiga ← (친구가 여성인 경우) | **guapo** 잘 생긴, 예쁜(=bonito)

형 = 형용사   부 = 부사

문·제·척·척

🎧 MP3_02_10

1 다음 보기와 같이 바꾸세요.

| Modelo | Él es Jaime. → ¿Es él Jaime?   No, él no es Jaime. |

1 Ella es española. → _____

2 Pedro es médico. → _____

3 Usted es abogado. → _____

2 주어를 문장 뒤에 넣어 질문 후 부정문으로 대답을 해보세요.

| Modelo | tranquilo – pueblo
→ ¿Es tranquilo el pueblo?   No, no es tranquilo. |

1 alto – chico → _____

2 buena – niña → _____

3 interesante – libro → _____

3 다음을 스페인어로 말하세요.

1 여기에는 높고 예쁜 나무들이 많다 → _____

2 큰 집들이 많이 없다. → _____

3 후안은 똑똑하지는 않으나 매우 좋은 사람이다.

→ _____

¡Vamos a hablar!

México 멕시코

Capital México, D.F. (연방구) 멕시코 시티
Moneda oficial peso
Grupos étnicos mestizos온혈인 〉 indígenas원주민 〉 blancos백인

Quinceañera o Fiesta Rosa
15세 소녀 생일 파티

아메리카América 스페인어권 국가에서는 15세 여자 아이의 생일을 일종의 성인식rito iniciático처럼 파티fiesta를 성대하게 열어 줍니다. 아이는 이제 여성으로서 대접받으며 마치 공주가 된 기분을 느끼면서 즐겁고 기대에 부푼 생일을 맞이합니다.

Capítulo 3
La amistad y el amor
우정과 사랑

무료 MP3 바로 듣기

📚 vocabulario C

- **nada** 아무것도 〔나다〕
- **vida** 인생 〔비다〕
- **así es la vida** 사는 게 그래 〔아씨 에스 라 비다〕
- **ánimo** 힘내! 〔아니모〕
- **quién** 누구 〔끼엔〕
- **cómo** 어떻게 〔꼬모〕
- **genial** 천재적인 〔헤니알〕
- **perezoso** 게으른 〔뻬레쏘소〕
- **novia** 여친, 신부 〔노비아〕
- **corazón** 심장 〔꼬라쏜〕
- **caramba** 어구야 〔까람바〕

Objetivos

01 **ser** 동사 복수형

02 의문사

03 **estar** (상태 표현) & **estar** (위치 표현)

Texto tres 🎧 MP3_03_00

F Buenas noches, Jaime. ¿Qué tal?

M1 Muy bien, gracias. ¿Y tú?
Oye, Pedro. ¿Qué hay?

M2 Nada de nuevo. La verdad, hoy no es mi día. Bla bla bla...

M1 ¡Tranquilo! Así es la vida. Tú eres una persona paciente y muy inteligente. ¡Ánimo!

M2 Gracias.

F ¿Vosotros sois muy amigos?

M1 Claro. Eric, Pedro y yo somos muy amigos desde muy pequeños.

F ¿Quién es Eric? ¿Cómo es él?

M1 Aquel es Eric. Es guapo y muy inteligente. La verdad, él es genial pero muy perezoso, je je.
Es un buen amigo.

¡Oye, Eric! ¿Cómo estás? ¿Dónde está tu novia? ¿Cómo? ¿En tu corazón? ¡Caramba!

문·법·콕·콕

01 🎧 MP3_03_01

오예 께 아이
Oye. ¿Qué hay?
이봐 뭐가 있다

나다 데 누에보 오이 노 에스 미 디아
Nada de nuevo. Hoy no es mi día.
아무것도 대해 새로운 오늘은 아니다 나의 날

● **¿qué hay?** 뭐 별일 없이 지내?

> 편안한 **안부 묻기** 또는 어떤 **사물**이 있는지 물을 때 사용해요.

de 영 of, about, from

> *질문에 대한 대답
> ☐ Nada de nuevo. 뭐 별일 없어.
> [직역] 새로운 것에 대해 보자면 아무것도
>
> *다른 예
> ☐ ¿Qué hay en el parque? 공원에 무엇이 있니?
> 　Hay una fuente. 분수가 하나 있어요.

● **hoy no es mi día** 오늘 되는 일이 없네

día 날(日), 낮 (남성명사)	
☐ ¿Qué día es hoy? 　(Hoy) es domingo.	오늘은 무슨 요일이니? (오늘은) 일요일이야.
☐ todo el día	하루 종일 영 all day
☐ día y noche	낮이나 밤이나 (밤낮으로)

02
🎧 MP3_03_02

보소뜨로스 쏘이스 무이 아미고스
¿Vosotros sois muy amigos?
너희는 　이다 　매우 　우정이 있는

꼴라로 데스데 무이 뻬꼐뇨스
Claro, desde muy pequeños.
물론이지 　부터 　매우 　작은

¿vosotr**os** sois muy amig**os**? 너희들은 아주 친하니?

인칭 대명사 복수 + **ser** 동사

1	nosotros	**somos**	우리는 ~**이다**
2	vosotros	**sois**	너희는 ~**이다**
3	ellos	**son**	그들은 ~**이다**
	ellas	**son**	그녀들은 ~**이다**
	ustedes	**son**	당신들은 ~**이다**

▶ ser 동사 현재형 모두 집합! soy → eres es somos sois son 끝!

vosotros
스페인에서만 사용하고 중남미는 ustedes가 vosotros 용법 포함.

☐ nosotras　← 우리가 모두 여성인 경우
☐ vosotras　← 너희가 모두 여성인 경우

 ¡Ojo!
남녀가 함께 있는 경우 nosotros, vosotros, ellos 남성형을 사용해요.

nosotr**os** som**os** muy amig**os** desde pequeñ**os**
우리는 어릴 때부터 아주 친한 사이야

주어의 **성수**에 따른 **ser** 동사의 보어 성수 변화 복습!

☐ El niñ**o** es alt**o**.	남자애가 키가 크다.	(남성 단수)
☐ Los niñ**os** son alt**os**.	남자애들이 키가 크다.	(남성 복수)
☐ La niñ**a** es alt**a**.	여자애가 키가 크다.	(여성 단수)
☐ Las niñ**as** son alt**as**.	여자애들이 키가 크다.	(여성 복수)

문·법·콕·콕

03

MP3_03_03

끼엔 에스 에릭　　꼬모 에스 엘
¿Quién es Eric? ¿Cómo es él?
누구　이다　에릭　　어떻게　이다　그는

에스 운 부엔 아미고
Es un buen amigo.
이다　한　좋은　친구

● **¿quién es Eric?**　에릭이 누구니?

> ＊질문에 대한 대답 예
> ☐ Aquel es Eric.　　저 남자가 에릭이다.
> ☐ Eric es mi novio.　에릭은 내 남친이다.

aquel [아껠] 형 that

● **¿cómo es él?**　그는 (성격 또는 외모) 어떤 사람이니?

> ＊질문에 대한 대답 예
> ☐ Es alto y guapo.　키 크고 잘생겼다.
> ☐ Es paciente.　　　인내심이 있어. 끈기 있지.

※ ¿Cómo es él físicamente?　← 외모만 질문하는 경우

● **un buen amigo**　한 좋은 친구

> **bueno** 뒤에 남성 단수명사가 오면 어미 **o** 탈락!

▶ Él es un bue**n** chico.　걔 좋은 애야.

| ☐ una persona de bue**n** corazón | 한 마음씨 좋은 사람 |
| ☐ una buen**a** amiga | 한 좋은 (여자인) 친구 |

¡Recuerde!

persona (f) 사람
corazón (m) 심장

04 ¿Cómo estás (tú)?
꼬모 에스따스
어떻게 / 상태이다 / 너는

¿Dónde está tu novia?
돈데 에스따 뚜 노비아
어디에 / 있다 / 너의 / 애인

MP3_03_04

¿cómo estás? 넌 어떻게 지내니?

동사 **estar** (상태) ~ 하다

yo	estoy	nosotros	estamos
tú	estás	vosotros	estáis
él	está	ellos	están
ella	está	ellas	están
Ud.	está	Uds.	están

ustedes = Uds.

☐ (Yo estoy) muy bien, gracias. ¿Y tú?	난 아주 잘 지내. 고마워. 너는 어때?
☐ Estoy cansado.	(남자) 난 피곤한 상태야.
☐ Estoy muy cansada.	(여자) 난 매우 피곤해.
☐ Ellas están muy cansadas.	그녀들은 매우 피곤하다.

 **¡Recuerde!**
estar 동사 보어인 형용사도 주어에 따라 성수·변화!

¿dónde está tu novia? 네 여친은 어디에 있니?

동사 **estar** (위치) ~에 있다

☐ Yo estoy en casa.	난 집에 있다.
☐ ¿Dónde estás (tú) ahora?	넌 지금 어디에 있니?
☐ ¿Está Juan en la escuela?	후안은 학교에 있니?

en ~에
ahora 지금 [아오라]
escuela (f)
 학교 [에스꾸엘라]

Capítulo 3 우정과 사랑 | 53

 패·턴·톡·톡

▶ 단어를 교체하여 읽고 들어보세요. 🎧 MP3_03_05

01

¿Qué hay en el parque?
공원에 뭐가 있니?

Hay una fuente.
분수가 하나 있어요.

 vocabulario

a 영 to, at
coche(Esp) 자동차
carro(AmL) 자동차
sobre ~위에, 대해

① en la escuela
학교에

muchos estudiantes
많은 학생들

② en aquel cine
저 영화관(m)에는

una pantalla muy grande
매우 큰 스크린 한 개

③ a la derecha
오른쪽에

muchos coches
많은 자동차들

④ sobre la mesa
테이블위에

un vaso y una botella
글래스 잔 한 개와 병 하나

⑤ en el menú de hoy
오늘의 세트 정식에

sopa, ensalada, pescado y helado
수프, 샐러드, 생선 그리고 아이스크림

🎧 MP3_03_06

02

¿Sois vosotros muy amigos?
너희는 아주 친하니?

Claro, desde pequeños.
당연하지, 어릴 때부터 그랬어

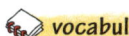
vocabulario

tímido 형 shy, timid
joven 젊은 (사람)
　*jóvenes(pl)
genial 천재인
temprano
　부 일찍 형 이른

① **son ellos**
그들은 입니까

inteligentes
똑똑한

niños
어릴 때부터

② **somos nosotras**
우리가 입니까

tímidas
수줍은, 소심한

niñas
어릴 때부터

③ **son ustedes**
당신들은 입니까

perezosos
게으른

jóvenes
젊을 때부터

④ **son ellas**
그녀들은 입니까

geniales
천재적인

muy temprano
매우 일찍

▶ 단어를 교체하여 읽고 들어보세요.　　　MP3_03_07

03　¿Cómo es él?　　Es inteligente.
　　　그 남자는 어떻습니까?　　똑똑합니다.

vocabulario
blanco 하얀, 타겟, 공란
*banco 은행, 벤치
bajo 낮은, 키가 작은

¡Ojo!
estudiante español
스페인 국적의 남학생
estudiante de español
스페인어 배우는 학생
스페인어과 학생

① ella　　　　　　muy simpática
　그녀　　　　　　매우 호감이 가는

② Pedro　　　　　delgado y muy chistoso
　뻬드로　　　　　마르고 아주 웃긴

③ la casa　　　　　blanca y baja
　그 집　　　　　　하얗고 낮은

④ tu profesor de　　una persona de buen
　español　　　　　corazón
　너의 스페인어 선생님　마음이 따뜻한 사람

🎧 MP3_03_08

04 ¿Cómo estás (tú)? Muy bien.
너는 어떻게 지내니? 매우 잘 지내.

vocabulario
gracias 고마워요
enfermo 아픈, 환자
un poco 영 a little, a few

① estás
넌 상태이니

muy bien, gracias. ¿Y tú?
아주 잘 지내, 고마워. 그리고 넌 어때?

② está Mario
마리오는 상태이니

él está enfermo
그는 아픈 상태이다

③ está María
마리아는 상태이니

ella está enferma
그녀는 아픈 상태이다

④ estáis (vosotros)
너희는 상태이니

estamos un poco cansados
우리는 조금 피곤하다

⑤ está Ud.
당신은 상태입니까

estoy un poco mal
저는 조금 안 좋아요

Capítulo 3 우정과 사랑 | 57

회·화·술·술

🎧 MP3_03_09

▶ 대화를 들으며 한국어로 말하세요.

F   Buenas noches, Jaime. ¿Qué tal?

M1 Muy bien, gracias. ¿Y tú?

   Oye, Pedro. ¿Qué hay?

M2 Nada de nuevo. La verdad, hoy no es mi día. Bla bla bla...

M1 ¡Tranquilo! Así es la vida. Tú eres una persona paciente y muy inteligente. ¡Ánimo!

M2 Gracias.

F   ¿Vosotros sois muy amigos?

M1 Claro. Eric, Pedro y yo somos muy amigos desde muy pequeños.

F   ¿Quién es Eric? ¿Cómo es él?

M1 Aquel es Eric. Es guapo y muy inteligente. La verdad, él es genial pero muy perezoso, je je. Es un buen amigo.

   ¡Oye, Eric! ¿Cómo estás? ¿Dónde está tu novia? ¿Cómo? ¿En tu corazón? ¡Caramba!

¡Un poco más!

☐ muchas gracias
  정말 감사해요
☐ de nada
  = no hay de qué
  천만에요

▶ 다음 해석을 보고 스페인어로 말하세요.

F 굿 이브닝, 하이메야. 지내기 어때?

M1 아주 좋아, 고마워. 넌 어때?
어이, 뻬드로. 뭐 좋은 일 없어?

M2 똑같지 뭐. 사실 말이지, 오늘은 뭐 되는 게 없어. 어쩌고 저쩌고…

M1 진정해라! 사는 게 다 그래. 넌 인내심도 있고 아주 똑똑하단다. 힘내!

M2 고마워.

F 너희는 아주 친해?

M1 물론이지. 에릭, 뻬드로 그리고 나, 우리는 아주 꼬맹이였을 때부터
아주 친한 사이야.

F 에릭이 누구야? 어떤 애야?

M1 저 사람이 에릭이야. 미남이고 아주 똑똑해.
사실 쟤는 천재지만 아주 게을러, 헤헤. 좋은 친구지.

**이봐, 에릭! 어떻게 지내? 너의 여친은 어디에 있니?
뭐라고? 네 마음속에? 아이고!**

 Palabras y expresiones útiles

oye 들어봐! 이봐, 야야 영 hey | **de** 영 of, about, from | **la verdad** 사실은, | **bla bla bla** 어쩌고 저쩌고 |
así 이렇게, 그렇게 | **paciente** 참을성 있는 | **ánimo** 기운 | **amigo/a** 영 friend 또는 friendly |
desde 영 since, from | **quién** 누구? ※ quiénes (pl) | **cómo** 어떻게? 뭐라고? (상대 말을 못 알아들었을 때) |
genial 천재(genio)인, 끝내주는 | **dónde** 어디? | **novia** 애인, 약혼자, 신부(≠novio) | **caramba** 어라, 아이쿠
(화남이나 놀람 감탄사)

문·제·척·척 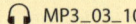 MP3_03_10

1 다음 보기와 같이 바꾸세요.

> Modelo
> cómo **ser** Luisa (alto) → ¿Cómo es Luisa? Ella es alta.
> cómo **estar** ella (enfermo) → ¿Cómo está ella? Está enferma.

1 cómo **ser** el camarero (simpático)
  cómo **estar** él (un poco cansado)

  → _____

  → _____

2 cómo **ser** tu novia (bonito)
  cómo **estar** ella (muy bien)

  → _____

  → _____

3 cómo **ser** los profesores (inteligente y muy simpático)
  cómo **estar** ellos (un poco enfermo)

  → _____

  → _____

¡Vamos a hablar!

Argentina 아르헨티나

Nombre oficial República Argentina
Capital Buenos Aires
Grupos étnicos Blancos (90%)

Tango
탱고

탱고의 기원에 대해서 아직도 논의가 있지만 탱고가 내뿜는 위상과 정신은 세계적으로 인정을 받고 있습니다. 남미 최남단 아르헨티나의 항구 도시 부에노스 아이레스Buenos Aires에 정착하게 된 흑인 노예들과 스페인 혈통의 혼혈 가우초gaucho(남미 목동)들이 항구 선창가나 변두리의 구석진 선술집에서 초라한 몇 개의 악기로 소외된 마음을 위로하곤 했던 것이 탱고의 시작이었습니다. 이러한 탱고의 리듬과 멜로디가 점차 댄스 음악música으로 발전되며 사람들을 끌어당기게 되었죠. 이후 탱고는 하층민의 음악으로 간주되어 사회 제도적 소외를 입기도 했지만 1919년 프랑스 파리에 소개되어 큰 인기를 누렸고, 이후 아르헨티나에서도 국가 차원에서 자부심을 갖고 탱고를 후원하게 되었습니다.

Clase extra 1 ▶ Escuche y repita. 🎧 MP3_C_01

A El uso de los artículos definidos (정관사 용법)

① **Mi bolso es barato pero el de María es caro.**
나의 핸드백은 값이 싸지만 마리아의 것은 비싸다.
* el (bolso) de María → 동일 단어 반복 생략하고 정관사 el만 사용!

② **Tu manera de hablar es muy buena pero la de Andrés es muy fea.**
너의 말하는 방식은 아주 좋지만 안드레스의 방식은 아주 흉해.
* la (manera de hablar) de Andrés → 반복되는 말을 생략하고 정관사 la만 사용!

③ **Los consejos del profesor son útiles pero los de mi primo son inútiles.**
선생님의 충고들은 유용한데 내 남자 사촌의 것들은 쓸모없다.
* los (consejos) de mi primo → 반복 단어 생략 후 정관사 los만 사용!
* útil 형 useful
* de + el professor → del(축약형 사용)

④ **Las maletas de Luis son ligeras pero las de José son pesadas.**
루이스의 가방들은 가볍지만 호세의 것들은 무겁다.
* las (maletas) de José → 여성 정관사 복수 las만 사용!
* maleta 명 suitcase

⑤ **Los viajeros llegan el martes.**
여행자들이 화요일에 도착한다.
* el martes → 정관사가 부사적으로 해석됨.
* llegar (도착하다) → 4과에서 학습합니다!

⑥ **Los miércoles visitamos a nuestro profesor.**
수요일마다 우리는 우리 선생님을 방문한다.
* (todos) los miércoles = cada miércoles (형 every wednsday)
* a nuestro profesor 우리 선생님을
  (사람 목적격 시 전치사 a 사용)
* visitar (방문하다) → 4과에서 학습합니다!

B Los números (숫자)

① cero   uno   dos   tres
   0   1   2   3

② Hay un pupitre y una silla en la clase.
교실에 (학생용) 책상 한 개와 의자가 하나 있다.

* (uno + 남성 단수명사) → 어미 o 탈락! ➜ 결국 숫자 uno와 부정관사는 동일한 것입니다.

③ cuatro   cinco   seis   siete   ocho   nueve   diez
   4   5   6   7   8   9   10

④ ¿Qué fecha es hoy? Es cinco de agosto.
오늘 며칠이죠? 8월 5일이요.

* fecha 날짜 | año 년 | semana 주 | mes 달 | día 일

⑤ ¿A qué (fecha) estamos hoy? Estamos a nueve de octubre.
오늘 며칠이죠? ← 오늘 우리는 무슨 날짜에 있죠?   10월 9일요.

* ¿Qué día (de la semana) es hoy? (요일 묻기)
  ¿Qué día (del mes) es hoy? (날짜 묻기) ← 많이 사용하지는 않아요!

⑥ primero   segundo   tercero   cuarto   quinto
   (영) first   second   third   fourth   fifth

* primero (또는 tercero) + 남성 단수명사 → 어미 o 탈락!
  p.ej. el primer piso (1층)
  * p.ej = por ejemplo (영) for example

⑦ Hoy es uno de enero. (Esp) = Hoy es primero de enero. (AmL)
오늘은 1월 1일 입니다.

⑧ sexto   séptimo   octavo   noveno   décimo
   sixth   seventh   eighth   ninth   tenth

* el siglo VIII → (el siglo octavo) → 8세기

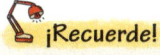

¡Recuerde!
1~9세기 (서수) | 10세기 (서수) 또는 (기수) | 11세기 이상 (기수) 사용!

La Tierra y la naturaleza
지구와 자연

무료 MP3 바로 듣기

📚 vocabulario D

| cof cof | helado | café caliente | por favor |
| 콜록 콜록 〔코프 코프〕 | 얼어 붙은 〔엘라도〕 | 뜨거운 커피 〔까페 깔리엔떼〕 | 부탁해요 〔뽀르 파보르〕 |

| pobre | gente | planeta | infierno |
| 불쌍한 〔뽀브레〕 | 사람들 〔헨떼〕 | 행성 〔쁠라네따〕 | 지옥 〔인피에르노〕 |

Objetivos

01 사계절

02 지시사

03 -ar 어미 동사

Texto cuatro

 MP3_04_00

F Hombre, José. ¿Cómo estás?

M Ah, señora López. Estoy....cof...cof... ¡Estoy helado! Un café caliente, por favor.

F Ay, pobre. Adelante. Ya estamos en invierno y hay mucha gente resfriada en este pueblo.

M Así es. Todo el mundo habla de este invierno adelantado y del calentamiento de la Tierra.

F ¡Eso es! Todavía nosotros cuidamos mal este planeta azul y hay un terrible cambio climático. Por eso, el invierno llega muy temprano.

M Es verdad. Es difícil aguantar el frío de este infierno... No, no... de este invierno.

F ¡Exacto! Ahora estamos cerca de un infierno demasiado frío, je je je. En todo caso, no es fácil estudiar la manera de salvar la Tierra.

calentamiento de la Tierra
지구 온난화 [깔렌따미엔또 데 라 띠에라]

cambio climático
기후변화 [깜비오 끌리마띠꼬]

문·법·콕·콕

01

Adelante. Ya estamos en invierno.
들어와 벌써 (우리는) 있다 에 겨울

Hay mucha gente resfriada.
있다 많은 사람들 감기 걸린

MP3_04_01

estamos en invierno 겨울이구나

~에 있다 ← **estar** → 상태가 ~ 하다

□ ¡Pobre! ¡Tú estás helado!	불쌍해라! 너 얼어붙었네!
□ Es verdad. (Ya) estamos en invierno. ¡Señora! un café caliente, por favor.	사실 그래요. (벌써) 날씨가 겨울이에요. 아주머니! 뜨거운 커피 한 잔 부탁해요.

helado 얼어붙은, 아이스크림

¡Ojo!
infierno 지옥

gente(f) 사람들

hay mucha gente resfriada en <u>este</u> pueblo
이 마을에 감기 걸린 사람들이 많아

지시사

	이것		그것		저것	
	남성형	여성형	남성형	여성형	남성형	여성형
단수	este	esta	ese	esa	aquel	aquella
	esto		eso		aquello	
복수	estos	estas	esos	esas	aquellos	aquellas
	중성형		중성형		중성형	

▶ 중성형 지시사를 제외하고 모두 [지시 형용사] 용법도 있어요!

*중성형 지시사 사용 예
□ por eso   그래서 ← (그것 때문에)
□ ¡Eso es!   바로 그거야!
□ ¿Qué es esto?   이게 뭐야? 이게 뭔 일이야?

02 Todo el mundo habla de este invierno.

모든 / 세상 / 말한다 / 대해 / 이 / 겨울

MP3_04_02

todo el mundo habla de este invierno (adelantado)
모든 사람이 (미리 찾아온) 이번 겨울에 대해 말한다

> 스페인어는 **-ar** **-er** **-ir** 어미를 가진 세 종류의 동사가 있어요

본 챕터는 estar & ser와는 달리 어미가 규칙 변화하는 -ar 동사를 다룹니다.

hablar 말하다 동 speak, talk

1	yo	habl**o**	nosotros	habl**amos**
2	tú	habl**as**	vosotros	habl**áis**
3	él ella Ud.	habl**a**	ellos ellas Uds.	habl**an**

☐ Yo hablo español.	난 스페인어를 말할 수 있어.
☐ ¿Hablas (tú) inglés?	넌 영어 하니?
☐ Él habla del calentamiento global.	그는 지구 온난화에 대해 말한다.
☐ Aquel hombre habla poco.	저 남자는 말을 별로 안 해.

▶ hablar 현재형 모두 집합!
　hablo → hablas　habla　hablamos　habláis　hablan 끝!

(본문에 사용된 -ar 동사)

☐ cuidar	돌보다	cuido	cuidas	cuida	cuidamos	cuidáis	cuidan
☐ llegar	도착하다	llego	llegas	llega	llegamos	llegáis	llegan
☐ aguantar	참다	aguanto	aguantas	aguanta	aguantamos	aguantáis	aguantan
☐ estudiar	공부하다	estudio	estudias	estudia	estudiamos	estudiáis	estudian
☐ salvar	구하다	salvo	salvas	salva	salvamos	salváis	salvan

---

todo el mundo 모든 사람, 전 세계
adelantado 앞당겨진

de+정관사 el → del
hombre 남자, 어이, 어머니!

문·법·콕·콕

03 Todavía cuidamos mal este planeta azul.
아직도 (우리는) 돌본다 나쁘게 이 행성 파란

El invierno llega temprano.
겨울이 도착한다 일찍

MP3_04_03

planeta(m) 행성
mujer 여자, 아내

¡Ojo!
a los niños 아이들을
사람 목적격→ 전치사 a 사용!

(nosotros) cuidamos mal este planeta azul
우리는 이 푸른 지구를 제대로 돌보지 않는다

보살피다 ← **cuidar** & **llegar** → 도착하다

☐ Mi mujer no cuida la casa.	내 마누라는 집을 돌보지 않아.
☐ Tu compañero (siempre) llega tarde.	네 동료는 (항상) 늦게 도착한다.
☐ Mi marido cuida bien a los niños.	내 남편은 애들을 잘 보살펴.

El Espacio 우주

fuerte 강한
esta noche (영) tonight
lleno (영) full
*estoy lleno 나 배불러

☐ sol	태양	El sol está fuerte.	해가 쨍쨍하다.
☐ luna	달	Esta noche hay luna llena.	오늘밤은 보름달이 뜨네.
☐ estrella	별	Ella es una gran estrella.	그녀는 대스타야.
☐ la Tierra	지구	La Tierra es redonda.	지구는 둥글다.

¡Ojo!
grande 위대한(명사 앞)
커다란(명사 뒤)
남녀 단수명사가 뒤에 오면 de 탈락!

Los Colores 색들

☐ negro	검은	El papel es negro.	그 종이는 검다.
☐ blanco	하얀	La nieve es blanca.	눈은 하얗다.
☐ rojo	빨간	Hay dos manzanas rojas.	빨간 사과 두 개가 있다.
☐ verde	초록	El semáforo está verde.	신호등이 녹색불이다.
☐ amarillo	노란	Mi color favorito es el amarillo.	내가 가장 좋아하는 색은 노란색이다.

04

MP3_04_04

Es difícil aguantar el frío.
어렵다   참는 것   추위

Estamos cerca de un infierno frío.
(우리는) 있다   ~가까이에   한   지옥   추운

---

es difícil aguantar el frío 추위를 참는 일은 어렵다

> 스페인어는 **동사원형**이 **동명사**입니다.

주어로 사용 시 주로 동사 뒤에 위치해요.

> **Es difícil estudiar** = 공부하는 것은 어렵다 = **It is difficult to study**

▶ No es fácil estudiar la manera de salvar la Tierra.
지구를 구할 방법을 연구하는 게 쉽지 않다.

manera de
~하는 방식

estamos cerca de un infierno (demasiado) frío
우리는 (너무) 추운 지옥 가까이에 있다

demasiado 너무 많이, 너무 많은

> ~가까이에 **cerca de** vs **lejos de** ~멀리에

☐ ¿Dónde está tu universidad? Está cerca del centro.	너의 대학교는 어디에 있니? 시내 가까이에 있다.
☐ La tienda está lejos de aquí.	그 상점은 여기서 멀어.
☐ Tú estás lejos de ser un adulto maduro.	너는 성숙한 어른이 되기에 멀었다.

maduro 성숙한, 익은
ser 된다는 것 영 being

 패·턴·톡·톡

▶ 단어를 교체하여 읽고 들어보세요. MP3_04_05

01

Estamos en invierno.
우리는 겨울에 있네요.

¡Hay mucha gente!   ¡En este pueblo¡
사람이 많이 있군요!   이 마을에!

 **vocabulario**

pleno 완전한
periodista(m)(f) 기자
enfrente de, (=frente a) ~정면에
al lado de ~옆에

① en primavera
봄에

② en otoño
가을에

③ en pleno verano
한 여름에

④ delante del hospital
병원 앞에

⑤ detrás de la escuela
학교 뒤에

⑥ al lado del hotel
호텔 옆에

muchas flores
많은 꽃들

muchos árboles
많은 나무들

muchos turistas
많은 관광객들

muchos periodistas
많은 기자들

un jardín muy bonito
아주 예쁜 정원

unos restaurantes
몇 개의 식당들

en el campo
시골에

en esta montaña
이 산에

en esta playa
이 해변에

enfrente de aquella puerta
저 문 정면에

en este lugar
이 장소에는

a la derecha de esa tienda
그 상점의 오른쪽에

🎧 MP3_04_06

02

¡Señora López!
로뻬스 부인!

Todo el mundo habla de este **invierno**.
모든 사람이 말하고 있지요, 이번 겨울에 대해서.

 ¡Ojo!

El señor Kim es coreano
La doctora Park es coreana
상대를 부르는 것이 아니면 관사 사용!

① Doctor — 박사 | todo el pueblo — 전 국민이 | gobierno — 정부

② señor — 미스터 | mi jefe — 제 상사 | error — 실수

③ señorita — 미스 | usted no — 당신은 안 한다 | caso — 사건

④ maestra — 선생님 | mi padre — 나의 아버지 | problema — 문제

▶ 단어를 교체하여 읽고 들어보세요.   🎧 MP3_04_07

03

> **Cuidamos mal este planeta.**
> 우리는 이 행성을 잘 돌보지 못합니다.
>
> **El invierno llega temprano.**
> 겨울이 일찍 옵니다.

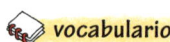

vocabulario
habitación (f) 방
　(pl) 강세 탈락
tiempo 시간, 날씨

① **este jardín**
　이 정원

② **estas habitaciones**
　이 방들

③ **estos datos**
　이 자료들

④ **a aquellos niños**
　저 어린이들

el jardinero
정원사

mamá
엄마

el jefe
상사

su madre
그들의 어머니

tarde
늦게

pronto
곧

a tiempo
제 시간에

deprisa
서둘러

¡Ojo!
a aquellos niños
　저 아이들을

🎧 MP3_04_08

04

Es difícil aguantar el frío.
추위를 참는 것이 어렵다.

En todo caso, estamos cerca de un infierno frío.
어찌됐건 우리는 추운 지옥 가까이에 있다.

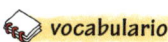
vocabulario

con 〔영〕 with
líder (m)(f) 지도자

① **estudiar mucho**
열심히 공부하기

en tercer año
3학년에

② **cuidar el medio ambiente**
환경을 돌보기

con un gran líder
한 훌륭한 지도자와 함께

③ **llegar esta tarde**
오늘 오후에 도착하기

de vacaciones
휴가 중인

④ **salvar este planeta**
이 행성을 구하기

cerca de un terrible futuro
끔찍한 미래 가까이에

⑤ **salvar la Tierra**
지구를 구하기

cerca de un infierno demasiado frío
너무나 추운 지옥 가까이에

회·화·술·술

🎧 MP3_04_09

▶ 대화를 들으며 한국어로 말하세요.

F   Hombre, José. ¿Cómo estás?

M   Ah, señora López. Estoy….cof…cof… ¡Estoy helado! Un café caliente, por favor.

F   Ay, pobre. Adelante. Ya estamos en invierno y hay mucha gente resfriada en este pueblo.

M   Así es. Todo el mundo habla de este invierno adelantado y del calentamiento de la Tierra.

F   ¡Eso es! Todavía nosotros cuidamos mal este planeta azul y hay un terrible cambio climático. Por eso, el invierno llega muy temprano.

M   Es verdad. Es difícil aguantar el frío de este infierno… no, no… de este invierno.

F   ¡Exacto! Ahora estamos cerca de un infierno demasiado frío, je je je. En todo caso, no es fácil estudiar la manera de salvar la Tierra.

▶ 다음 해석을 보고 스페인어로 말하세요.

F   어이, 호세야. 어떻게 지내?

M   아, 로뻬스 아주머니. 저는… 콜록…콜록… 완전 추워요.
    뜨거운 커피 좀 주세요.

F   저런 불쌍해라. 들어와. 벌써 겨울이고 이 마을에 사람들이
    감기에 많이 걸렸단다.

M   그러네요. 사람들이 올 겨울 빨리 찾아 온 겨울과 지구 온난화에 대해 말해요.

F   바로 그거지. 아직도 우리는 이 푸른 지구를 제대로 돌보지 않고 있고
    끔찍한 기후 변화가 있는 거지. 그래서 겨울이 아주 일찍 오는구나.

M   사실이에요. 이 지옥… 아니, 아니… 이번 겨울 추위를 참는 게 힘들어요.

F   정확하네. 지금 우리는 너무 추운 지옥 가까이에 있구나, 헤헤헤.
    어쨌거나 지구를 살릴 방법을 연구하는 게 쉽지는 않지.

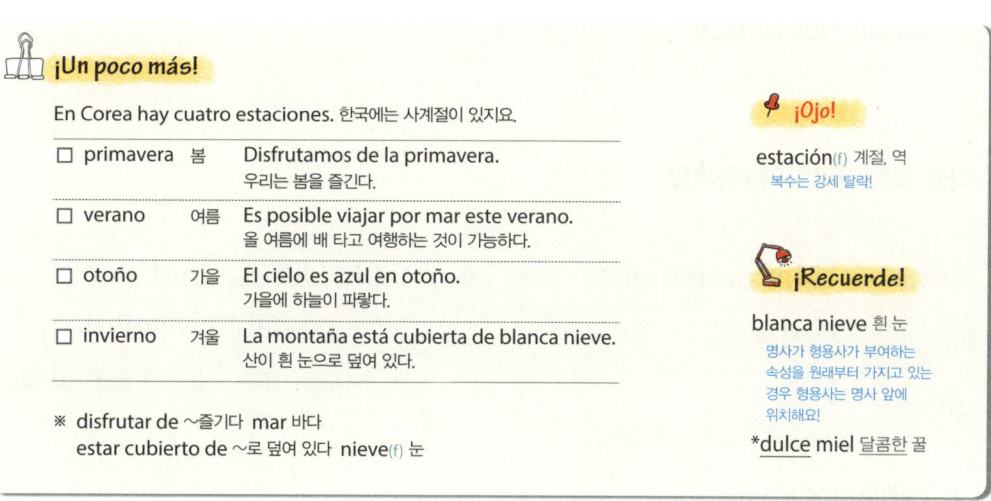

¡Un poco más!

En Corea hay cuatro estaciones. 한국에는 사계절이 있지요.

☐ primavera	봄	Disfrutamos de la primavera. 우리는 봄을 즐긴다.
☐ verano	여름	Es posible viajar por mar este verano. 올 여름에 배 타고 여행하는 것이 가능하다.
☐ otoño	가을	El cielo es azul en otoño. 가을에 하늘이 파랗다.
☐ invierno	겨울	La montaña está cubierta de blanca nieve. 산이 흰 눈으로 덮여 있다.

※ disfrutar de ~즐기다   mar 바다
   estar cubierto de ~로 덮여 있다   nieve(f) 눈

¡Ojo!

estación(f) 계절, 역
복수는 강세 탈락!

¡Recuerde!

blanca nieve 흰 눈
명사가 형용사가 부여하는
속성을 원래부터 가지고 있는
경우 형용사는 명사 앞에
위치해요!

*dulce miel 달콤한 꿀

 Palabras y expresiones útiles

adelante 앞으로, 들어와요, 들어와 | así es 그래요, 그렇더라 | por ~때문에, ~에 의해, ~쪽으로 | exacto 정확한,
정말로 그렇다

문·제·척·척   🎧 MP3_04_10

1 보기와 같이 인칭별로 바꾸어 큰 소리로 말하세요.

> Yo hablo español.
> Tú hablas español.
> Él habla español. Ella habla español. Ud. habla español.
> Nosotros hablamos español.
> Vosotros habláis español.
> Ellos hablan español. Ellas hablan español. Uds. hablan español.
>
> | Modelo | **hablar español** |
> |---|---|

1 estudiar español en la escuela

2 no llegar tarde

3 salvar a los turistas   ← 주어를 생략해보세요!

2 다음 보기와 같이 말하세요.

Modelo	hablar español (Ud.)	→ ¿Habla Ud. español? - Sí, yo hablo español. - No, yo no hablo español.

1 hablar inglés (tú)

2 estudiar chino en aquella escuela (vosotros)   ← 주어를 생략해보세요!

3 siempre llegar tarde (estos estudiantes de francés)   ← 긴 주어를 문장 끝에 놓아보세요!

3 다음 동사의 현재 시제를 주어 없이 인칭별로 읽어 보세요.

1 entrar 들어가다

2 limpiar 깨끗이 하다

4 다음 보기와 같이 말하세요.

Modelo	¿Es difícil llegar temprano?	→ Sí, es muy difícil llegar temprano. No, no es difícil llegar temprano.

1 ¿Es fácil hablar inglés?

2 ¿Es malo llegar tarde?

3 ¿Es bueno hablar de tu problema con tu padre?

capítulo 5
Los gustos
기호·취향

vocabulario E

- **entre** ~사이에
- **semana** 주
- **juntos** 함께
- **comprender** 이해하다
- **leer** 읽다
- **hecho** 팩트, 사실
- **idioma** (m) 언어
- **extranjero** 외국, 외국인, 외국의
- **además** 게다가
- **bailar** 춤추다
- **beber** 마시다
- **bucear** 스쿠버다이빙 하다

Objetivos

01 취미와 기호
02 직접목적대명사
03 **-er** 어미 동사

Texto cinco  MP3_05_00

F Tú estudias coreano, ¿no es verdad?
M Así es. Es muy difícil hablar coreano. Así que entre semana Jaime y yo lo estudiamos juntos.
F ¿Por qué estudiáis coreano?
M Lo estudiamos porque estamos interesados en la cultura coreana. Jaime ya comprende mucho coreano, pero yo no.
F De hecho, no es fácil aprender un idioma extranjero. No hay prisa. Tú eres paciente. Además, siempre lees muchas novelas coreanas.
M A propósito, ¿por qué no bebemos esta noche? Te invito yo.
F Gracias, pero no bebo alcohol. ¿Qué tal si bailamos salsa en la discoteca Estrella?
M Perdona. Yo no bailo.
F Entonces, ¿cuáles son tus gustos? ¿Bucear o cocinar?
M Adivina.

entre semana
주중에

문·법·콕·콕

01
MP3_05_01

¿Por qué estudiáis coreano? Lo estudiamos juntos
왜? / 너희 공부하니 / 한국어를 / 그것을 / 우리가 공부해 / 함께

porque estamos interesados en la cultura coreana.
왜냐하면 / 우리는 상태다 / 관심있는 / ~에 / 문화 / 한국의

lo estudiamos juntos porque estamos interesados en la cultura coreana
우리는 그것을 함께 공부하는데 왜냐하면 한국 문화에 관심이 있기 때문이다

직접목적대명사 (~를)
목적어를 간단하게 대신 받으며 동사 앞에 위치합니다

나를	me	nos	우리를
너를	te	os	너희를
그를, 그녀를, 당신을, 그것을	lo남 la여	los남 las여	그들을, 그녀들을, 당신들을, 그것들을

① Mi nieto **me** visita. 내 손자가 나를 방문한다.

　※ 동사 앞에 직접 목적대명사 me 위치!

② **Te** invito yo. 내가 너를 초대한다. (내가 살게)

(yo) te invito
주어 도치

　※ invitar 초대하다

③ ¿Tú **lo** visitas? 넌 그를 방문하니?

　※ (스페인) 남자 사람인 경우 lo, los 대신 → le, les 사용!

④ ¿Dónde estudias español? (Yo) **lo** estudio en la escuela.
넌 어디서 스페인어를 공부하니? 난 그것을 학교에서 공부한다.

　※ español (남성 명사) → lo 사용!

rico 부유한, 맛있는
(=sabroso)
así que 그래서

⑤ La sopa de verduras es rica, así que **la** preparamos.
야채 수프는 맛이 좋아. 그래서 우리는 그것을 준비한다.

　※ sopa 수프 (여성 명사) → la 사용!

02 Jaime ya comprende mucho coreano.
하이메 벌써 이해한다 많은 한국어

Además, tú lees muchas novelas coreanas.
게다가 넌 읽는다 많은 소설들 한국의

MP3_05_02

Jaime ya comprende mucho coreano
하이메는 벌써 한국어를 많이 이해한다

−er 어미 동사

comprender 이해하다

yo	comprend**o**	nosotros	comprend**emos**
tú	comprend**es**	vosotros	comprend**éis**
él ella usted	comprend**e**	ellos ellas ustedes	comprend**en**

leer 읽다 → leo lees lee leemos leéis leen

- ☐ ¿Comprendes? — (넌) 이해하겠니?
- ☐ Te comprendo perfectamente. — (난) 너를 100% 이해한다.
- ☐ ¿Dónde lees generalmente? — (넌) 보통 어디서 책을 보니?
- ☐ De vez en cuando leo en la biblioteca. — 난 이따금씩 도서관에서 책을 봐.

−er 동사들

☐ aprender 배우다	aprendo	aprendes	aprende	aprendemos	aprendéis	aprenden
☐ beber 마시다	bebo	bebes	bebe	bebemos	bebéis	beben
☐ comer 먹다	como	comes	come	comemos	coméis	comen

- ☐ Yo como mucha carne. — 난 고기를 많이 먹어.
- ☐ ¿Bebes agua o zumo? — 넌 물 또는 주스를 마시니?
- ☐ Yo no bebo alcohol. — 난 술을 마시지 않아.
- ☐ De hecho, no es fácil aprender un idioma extranjero. — 사실상 외국어를 하나 배운다는 것이 쉽지 않다.

---

ya 이미, 곧, 이제는

de vez en cuando 때때로

carne (f) 고기
de hecho (명) in fact

문·법·콕·콕

03
MP3_05_03

A propósito, ¿por qué no bebemos esta noche?
그런데 말이야 / 왜 / 우리 마시지 않느냐 / 오늘밤에

¿Qué tal si bailamos salsa en la discoteca Estrella?
어떠니 / 만일 / 우리 춤춘다 / 살사 / ~에서 / 나이트클럽 / 별

---

propósito (m) 목적
pagar 지불하다

¿por qué no bebemos esta noche? 오늘 밤 술 마시지 않을래?

¿por qué no ~? ~하는 게 어때? (끝을 내려 읽을 때)

☐ ¿Por qué usted no lo paga en efectivo? | 그것을 현찰로 지불하시면 안 될까요?

¿por qué no ~? 왜 ~하지 않니? (끝을 올려 읽을 때)

☐ ¿Por qué no lo estudias con ahínco? | 왜 넌 그것을 열심히 공부하지 않니?

---

si 만일~하면

¿qué tal si bailamos salsa? 우리 살사 추는 건 어때?

¿qué tal si ~? (~하면 어때)

qué tal 복습 및 활용

☐ ¿Qué tal (estás)?	어떻게 지내니?
☐ ¿Qué tal el partido de fútbol?	축구경기는 어땠니?
☐ ¿Qué tal vuestro padrastro?	너희들의 새아버지는 어떤 사람이니?
☐ ¿Qué tal si lo compramos? ¿De veras? Vale.	우리 그것을 사면 어때? 정말? 그래 좋아!

de veras 영 really

vale=de acuerdo
영 ok

04　Entonces, ¿cuáles son tus gustos?　¿Bucear o cocinar?
　　그러면　　어느 것들　이다　너의　취향들　　　수중 잠수 아니면 요리하기

🎧 MP3_05_04

Adivina.
맞혀봐

¿cuáles son tus gustos?　네가 좋아하는 것들(취미, 기호)은 뭐니?

¿cuál es tu OOO ?　너의 ○○○은 뭐니?

여러 가지의 많은 이름, 번호, 취미들 중에서 골라서 말하는 것이라 cuál 사용
→ 즉, 영어와 달라요!

cuál 영 which

☐ ¿Cuál es tu nombre?	너의 이름은 뭐니?
☐ ¿Cuál es tu número de teléfono?	네 전화번호는 뭐니?
☐ ¿Cuáles son tus libros?	어느 것들이 네 책들이야?

📌 ¡Ojo!
libros 복수형에 맞추어
→ tu**s**와 cuále**s**

---

adivina　네가 알아맞혀 봐!

명령법　너 ~ 해라!

동사 현재시제 **3인칭 단수**를 사용해요.

adivinar 영 guess

☐ Luis, estudia con tu primo.	루이스야, 네 사촌과 공부해라!
☐ Perdona.	용서해라 → 미안!
☐ Mamá, ¡compra muchos caramelos!	엄마, 캔디 많이 사!
☐ Espera un momento.	잠깐 기다려라!
☐ Mira.	봐라!

perdonar 용서하다
esperar 기다리다
mirar 영 look

Capítulo 5 기호 · 취향 | 83

패·턴·톡·톡

▶ 단어를 교체하여 읽고 들어보세요. 🎧 MP3_05_05

01

A ¿Por qué estudiáis coreano?
왜 너희는 한국어를 공부하니?

B Estamos interesados en la cultura coreana.
우리가 한국 문화에 관심이 있다.

Parte A

① estudias español 넌 스페인어를 공부하니

② llamas a Luis 넌 루이스에게 전화하니 (넌 루이스를 부르니)

③ bebéis mucha agua 너희는 물을 많이 마시니

④ ellos compran bebidas 그들이 음료들을 사니

Parte B

① estoy interesado en España
나는 스페인에 관심이 있어

② estoy preocupado por él
난 그에 대해 걱정하고 있다

③ hablamos mucho en voz alta
우리는 큰 소리로 말을 많이 한다

④ hoy es el cumpleaños de su tío
오늘이 그들의 삼촌 생일이다

vocabulario

voz(f) 목소리
bebida 음료
cumpleaños 생일
(단·복수 동형)
*feliz cumpleaños
영 happy birthday

🎧 MP3_05_06

02

A Jaime **comprende** mucho coreano.
하이메는 한국어를 많이 이해한다.

B Además, **tú lees** muchas novelas **coreanas**.
게다가 넌 한국 소설들을 많이 읽는다.

Parte A

① **yo comprendo** 난 이해한다

② **tú comprendes** 너는 이해한다

③ **Juan y tú comprendéis** 후안과 너는 이해한다

④ **nosotros comprendemos** 우리는 이해한다

Parte B

① **yo leo**   del país
난 읽는다   그 나라의

② **nosotros leemos**   hispanas
우리는 읽는다   스페인어권의

③ **tu familia lee**   españolas
너의 가족은 읽는다   스페인의

④ **él y tú leéis**   históricas
그 사람과 넌 읽는다   역사(historia)의

📌 **¡Ojo!**
Juan y tú leéis(Esp)
Juan y tú leen(AmL)
*(중남미) Uds.
 = 너희들, 당신들

Capítulo 5 기호 · 취향 | 85

 패·턴·톡·톡

▶ 단어를 교체하여 읽고 들어보세요.　　　🎧 MP3_05_07

03

A A propósito, ¿por qué no bebemos esta noche?
그런데 말이야, 오늘밤 우리 술 마시지 않을래?

B ¿Qué tal si bailamos salsa en la discoteca Estrella?
스타 클럽에서 살사 추는 건 어때?

 *vocabulario*

invitar a ～에 초대하다
almorzar(주로 AmL) 점심 먹다
*cemer 먹다, 점심 먹다 (Esp)
cenar 저녁 먹다

Parte A

① **leemos este libro juntos** 우리는 함께 이 책을 읽는다
② **aprendes portugués** 너는 포르투갈어를 배운다
③ **viajáis por Latinoamérica** 너희는 중남미를 여행한다
④ **comes queso** 너는 치즈를 먹는다

Parte B

① **trabajamos juntos**　　　**mi empresa**
　 우리 함께 일하다　　　　　내 회사

② **estudiamos inglés**　　　**el extranjero**
　 우리는 영어를 공부한다　　 외국

③ **os invito a almorzar**　　**Navidad**
　 너희를 점심 식사 초대한다　크리스마스
　 (내가 점심을 산다)

④ **aprendemos a nadar**　　**aquella piscina**
　 수영하는 법을 배우다　　　저 수영장

MP3_05_08

04

¿Cuál es tu afición?
너의 취미는 뭐니?

Es bucear.
스쿠버 다이빙입니다.

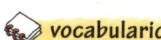

vocabulario

afición(f)
  *hobby [호비] (Esp)
  취미
la capital 수도
  *el capital 자본
su 당신의
once 11
doce 12

① tu sueño
   네 꿈

② la capital de Corea
   한국의 수도

③ tu marido ideal
   너의 이상적인 남편감

④ el propósito de su viaje
   당신의 여행 목적

⑤ tu domicilio
   너의 주소

viajar por todo el mundo
전 세계를 여행하기

Seúl
서울

un hombre hogareño
가정적인 남자

turismo
관광

la calle 11 N° 12
11번가 12호

Capítulo 5 기호 · 취향 | 87

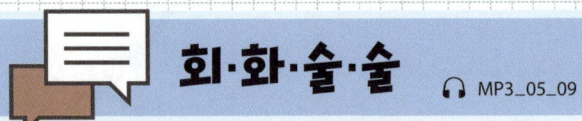

회·화·술·술

▶ 대화를 들으며 한국어로 말하세요.

F   Tú estudias coreano, ¿no es verdad?

M   Así es. Es muy difícil hablar coreano. Así que entre semana Jaime y yo lo estudiamos juntos.

F   ¿Por qué estudiáis coreano?

M   Lo estudiamos porque estamos interesados en la cultura coreana. Jaime ya comprende mucho coreano, pero yo no.

F   De hecho, no es fácil aprender un idioma extranjero. No hay prisa. Tú eres paciente. Además, siempre lees muchas novelas coreanas.

M   A propósito, ¿por qué no bebemos esta noche? Te invito yo.

F   Gracias, pero no bebo alcohol. ¿Qué tal si bailamos salsa en la discoteca Estrella?

M   Perdona. Yo no bailo.

F   Entonces, ¿cuáles son tus gustos? ¿Bucear o cocinar?

M   Adivina.

▶ 다음 해석을 보고 스페인어로 말하세요.

F 넌 한국어 공부하지, 그렇지 않니?

M 맞아. 한국어 하는 게 되게 어려워. 그래서 주중에 하이메와 내가 함께 그것을 공부한다.

F 왜 너희들은 한국어를 공부하니?

M 우리가 그것을 공부하는 건 왜냐하면 우리가 한국 문화에 관심을 갖고 있어서야.
하이메는 이제 (벌써) 한국어를 많이 이해하는데 나는 안 그래.

F 사실, 어떤 외국어를 배운다는 게 쉽지는 않지. 급할 것 없어. 넌 끈기가 있잖아.

게다가 넌 항상 한국 소설도 많이 읽고 있고.

M 그런데 말이야, 우리 오늘밤 술 마시지 않을래? 내가 살게.

F 고맙지만 내가 술을 마시지 않아. 우리 스타 나이트에서 살사 춤 추는 건 어떨까?

M 미안. 난 춤 안 춰.

F 그러면, 네가 좋아하는 것들은 뭐야? 스쿠버다이빙? 아니면 요리하기?

M 알아맞혀 보렴!

¡Un poco más!

☐ ¿no es verdad?   그렇지 않니? ← (부가 의문문)

Usted está cansado, ¿no es verdad? (또는 ¿verdad?) 당신은 피곤하시군요, 그렇지 않나요? (그렇죠?)

*때와 관련된 표현들

☐ esta noche	오늘밤	de madrugada	새벽에	todos los días	날마다
☐ esta tarde	오늘 오후	de día	낮에	cada día	매일
☐ esta mañana	오늘 아침	todo el día	하루 종일	cada semana	매주

Palabras y expresiones útiles

así que 그래서 | entre semana 주중에 | juntos 함께 ※ 여성만인 경우 juntas | de hecho 사실상 = en realidad 실제로 | idioma(m) 언어(=la lengua) ※ -ama -ema -oma -ima 어미 단어는 주로 남성 명사임! | además 게다가 *además de ~이외에도 | a propósito 그런데 말이야(=por cierto) 일부러 (=deliberadamente) | salsa 살사 춤, 소스 *salsa de tomate 케찹

Capítulo 5 기호·취향 | 89

문·제·척·척 🎧 MP3_05_10

1 동사를 변화해 문장을 읽고 의문사를 이용해 문장을 만드세요.

| Modelo | Juan **comer** en un restaurante italiano. ↓ Juan come en un restaurante italiano. | (dónde, él) → ¿Dónde come él? |

1 Nosotros **comer** pan en casa.　　→　(qué) (vosotros)

2 Los profesores **comer** con el director.　→　(con quién) (ellos)

3 Yo **comer** pan por la mañana.　　→　(cuándo) (tú)

2 위 1번 정답을 들어보세요.

3 다음 보기와 같이 말하세요.

| Modelo | beber (usted) mucha cerveza^{많은 맥주(f)}

enfadado^{화가 난} | → ¿Por qué bebe usted **mucha cerveza**?
— La bebo porque estoy muy <u>enfadado</u>. |

1 beber (Uds.) un chocolate caliente^{핫 초콜릿(m)}　estresado^{스트레스를 받은}

2 beber (las niñas) leche templada^{따뜻한 우유(f)}　nervioso^{긴장한}

3 beber (vosotros) agua tibia^{미지근한 물(f)}　borracho^{술이 취한}

4 위의 3번 정답을 들어보세요.

5 직접목적대명사와 제시된 말을 이용해 보기처럼 말하세요.

| Modelo | Yo siempre visito a mi abuela.
de vez en cuando ^{때때로} | → ¿Siempre la visitas?
— No, la visito de vez en cuando. |

1 Yo llamo a mi padre cada semana. 　　　una vez al día ^{하루에 한 번}
　난 매주 아버지에게 전화한다.

2 A veces preparamos las tapas. 　　　　nunca ^{결코 아니다}
　가끔 우리는 타파스를 준비한다.

3 También José ama a la chica inglesa. 　tampoco ^{또한 아니다}
　호세도 그 영국 여자애를 사랑한다.

capítulo 6

Las celebraciones
축하 행사

무료 MP3 바로 듣기

📚 vocabulario F

| hora 시간 | calle 거리 | vestido 드레스 | fiesta 파티 |

| regalar 선물하다 | ropa 옷 | veinte (숫자) 20 | echar de menos 그리워하다 |

| boda 결혼식 | abrir 열다 | regalo 선물 | terminar 끝내다 |

Objetivos

01 시간
02 간접목적대명사
03 -ir 어미 동사

Texto seis

F Papá, ¿qué hora es?
M1 Son las ocho. ¿No hay clase esta mañana?
F Sí, hay. Hasta luego, papá.
   (En la calle)
M2 Hola, Jimena. ¡Estás guapísima con ese vestido!
F Gracias. Mi padre siempre me regala ropa en mi cumpleaños.
M2 ¿Cuándo cumples años?
F El 20 de febrero. Es hoy.
M2 ¿De veras? Feliz cumpleaños, Jimena.
F Gracias.
   Ah, acabo de recibir un paquete de Cecilia, tu ex.
M2 ¿Dónde vive ella ahora?
F Vive en Los Ángeles. A veces ella me habla de ti.
M2 Es que todavía la echo de menos.
F ¡Pobrecito! Mañana es su boda… ¡Ánimo!
   Mi fiesta de cumpleaños es a las 6:00. ¡Estás invitado! A propósito, ¿a qué hora terminas el trabajo?
   (en casa de Jimena)
M2 **Cumpleaños feliz, cumpleaños feliz, cumpleaños querida Jimena, cumpleaños feliz~** ¡Feliz cumpleaños! ¿Por qué no abres mi regalo?

문·법·콕·콕

01

¿Qué hora es? Son las ocho.
무슨　시간　이니　이다　여덟

¡Estás guapísima con ese vestido!
넌 상태다　아주 예쁜　~함께　그　드레스

MP3_06_01

¿qué hora es? 몇 시니?

시간 묻기

무슨 시각입니까?
↓
¿Qué hora es?

시간 말하기

하루 24시간 딱 정해진 시간들 중 하나의 시간 입니다.
↓　　　　　　　↓　　　↓　↓
la정관사　　　una　hora　es

¡Ojo!
hora → (f)

동사 **es**를 문장 앞으로 보내고 (hora)는 생략합니다.
La una hora es → Es la una (hora) → Es la una

☐ Es la una.	1시입니다.
☐ Es la una y diez.	1시 10분입니다.
☐ Son las dos.	2시입니다.(두 시부터는 복수)

10 minutos
생략!

(tú) estás guapísima con ese vestido 넌 그 드레스 입으니 아주 예쁘다

본질 Ser vs Estar 상태

☐ Tú eres guapa.	넌 예쁘다.	**guapo**	Tú estás guapa.	너 지금 예쁜데.
☐ Tú eres alto.	넌 키가 크구나.	**alto**	Tú estás alto.	너 키가 커졌구나.
☐ Yo soy feliz.	난 행복한 사람이다.	**feliz**	Yo estoy feliz.	난 지금 행복해.

guapísimo/a
(형용사+ísimo)
↑
(강조형)

02 Mi padre me regala ropa en mi cumpleaños.
내 아버지는 나에게 선물한다 옷을 나의 생일날에

¿Cuándo cumples años? Es 20 de febrero. Es hoy.
언제 (나이) 먹다 나이 이다 2월 20일 오늘이야

MP3_06_02

---

regalar 선물하다

mi padre me regala ropa en mi cumpleaños
우리 아버지가 내 생일날에 나에게 옷을 선물해 줘

간접 목적대명사 (~에게) – 동사 앞에 위치합니다.

나에게	me	nos	우리에게
너에게	te	os	너희에게
그에게 그녀에게 당신에게	le	les	그들에게 그녀들에게 당신들에게

□ A veces ella me habla de ti. | 가끔 그녀는 나에게 너에 대해 말한다.

¡Recuerde!
de ti
↑
de tú (X)

---

cumplir (나이)를 먹다
año 해, 연(年) 영 year

¿cuándo cumples años (tú)? 네 생일은 언제니?

–ir 어미 동사

yo	cumplo	nosotros	cumplimos
tú	cumples	vosotros	cumplís
él ella usted	cumple	ellos ellas ustedes	cumplen

▶ Él cumple 10 años en marzo. 걔는 3월에 10살이 된다.

□ vivir 살다	vivo	vives	vive	vivimos	vivís	viven
□ recibir 받다	recibo	recibes	recibe	recibimos	recibís	reciben
□ abrir 열다	abro	abres	abre	abrimos	abrís	abren

문·법·콕·콕

03

Acabo de recibir un paquete de Cecilia, tu ex.
난 막~했다 / 받다 / 소포 한 개 / ~부터 / 쎄실리아 / 너의 전 여친

Es que todavía la echo de menos.
실은 / 아직도 / 걔를 / 그리워하고 있어

MP3_06_03

(yo) acabo de recibir un paquete de Cecilia, tu ex
내가 너의 전 여친인 쎄실리아로부터 소포 하나를 막 받았다

acabar de inf. 막 ~했다

현재형으로 완료된 상황을 표현합니다.

| ☐ El cartero acaba de llegar. | 집배원이 막 도착했다. |

es que todavía (yo) la echo de menos
실은 아직도 (난) 그녀를 그리워해

es que 영 the thing is

echar de menos ~를 그리워하다

| ☐ Yo echo mucho de menos a mis padres. | 난 부모님을 많이 그리워하고 있어. |

※ 본문 -ir 동사 예문 두 개 체크!

| ☐ ¿Dónde vive ella ahora? | 지금 그녀는 어디에 사니? |
| ☐ ¿Por qué no abres mi regalo? | 내 선물을 열어 보지 않을래? |

04

MP3_06_04

¿A qué hora terminas el trabajo?
에 　 무슨 　 시각 　 (너는) 끝낸다 　 일

Mi fiesta de cumpleaños es a las 6:00. ¡Estás invitado!
나의 　 생일 파티 　 이다 　 6시에 　 상태다 　 초대된

---

terminar 영 finish

¿a qué hora terminas el trabajo? 넌 언제 일을 끝내니?

> **¿a qué hora?** 몇 시에?

☐ ¿A qué hora desayunas?	넌 몇 시에 아침을 먹니?
☐ Generalmente desayuno con mi familia a las siete de la mañana.	보통 나는 아침 7시에 가족들과 함께 아침을 먹는다. *(de la mañana 오전의)

desayunar 아침 먹다
mañana 오전, 내일

mi fiesta de cumpleaños es a las seis 내 생일파티가 6시에 있어. **¡estás invitado!** 너 초대하니까 와!

> **ser** (모임, 파티, 식사, 회의 등이) 열린다

☐ La reunión es a las tres de la tarde.	모임이 오후 3시입니다.
☐ La cena es a las ocho de la noche.	저녁 식사는 밤 8시입니다.
☐ La fiesta de despedida es en el tercer piso.	송별 파티는 3층입니다.

tarde 오후(f), 늦게
piso 영 floor

Capítulo 6 축하 행사 | 97

# 패·턴·톡·톡

▶ 단어를 교체하여 읽고 들어보세요.　　　　🎧 MP3_06_05

01

¿Qué hora es?
몇 시니?

Son las ocho.
8시야.

 **vocabulario**

cuarto 15분, 네 번째, 방
medio 절반의
menos 마이너스

*Es mediodía.
　정오입니다.
*Es casi medianoche.
　거의 자정입니다.

① ocho y diez　8시 10분

② diez de la mañana　오전 10시

③ once de la noche　밤 11시

④ tres de la tarde　오후 3시

⑤ 3:15 (tres y cuarto)　3시 15분

⑥ cuatro y media　4시 30분
　*media (hora)

⑦ dos en punto　2시 정각

⑧ seis y pico　6시 조금 넘음

⑨ nueve menos cinco　9시 5분 전

⑩ cero horas　0시

MP3_06_06

02 Mi padre me regala ropa en mi cumpleaños.
내 아버지는 내 생일날 나에게 옷을 선물해줘.

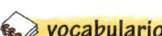
vocabulario
marca 브랜드, 상표
al inf. ~할 때, ~하자 마자
ganar 영 gain, earn, win
recuerdo 기념품, 기억, 추억, 안부(pl)
después de ~의 후에
antes de ~전에
subir 오르다

① te
너에게

un ordenador portátil
노트북 컴퓨터 한 대

en tu cumpleaños
너의 생일에

② le
그녀에게

una muñeca
인형 한 개

en Nochebuena
크리스마스 이브에

③ os
너희에게

mucho dinero
많은 돈

en vuestra boda
너희의 결혼식에

④ me
나에게

ropa de buena marca
브랜드 옷

al ganar mucho dinero
많은 돈을 벌 때

⑤ le
그에게

un montón de recuerdos
한 더미의 기념품들

después de viajar por Europa
유럽을 여행하신 후에

⑥ les
그들에게

algo
뭔가

antes de subir al tren
기차에 오르기 전에

Capítulo 6 축하 행사 | 99

 패·턴·톡·톡

▶ 단어를 교체하여 읽고 들어보세요.　　 MP3_06_07

03

A　Acabo de **recibir un paquete**.
난 막 소포 한 개를 받았다.

B　Es que todavía **la** echo de menos.
실은 아직도 난 그녀를 그리워해.

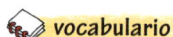 **vocabulario**

empezar
(=comenzar)
시작하다, 시작되다
*lo = le (특히 Esp)
*los = les (특히 Esp)

Parte A

① visitar a su jefa　당신의 여자 상사를 방문하다
② volver de África　아프리카에서 돌아오다
③ empezar la clase　수업을 시작하다
④ llamar al señor Kim　김 선생님에게 전화하다
⑤ merendar con mis hijos　내 자식들과 간식을 먹다

Parte B

① te　너를
② os　너희를
③ las　그녀들을
④ lo　그를, (남자) 당신을
⑤ les　그들을, (남자) 당신들을

🎧 MP3_06_08

04

¿A qué hora terminas el trabajo?
너는 몇 시에 일을 끝내니?

Lo termino a las 8:00.
난 8시에 그것을 끝낸다.

 **vocabulario**

más o menos 대략
cenar 저녁 먹다
a mediodía
　= al mediodía
　정오에

① **termina la clase de español**
스페인어 수업이 끝나다

la clase termina
수업은 끝난다

② **llega Ud. a la oficina**
당신은 사무실에 도착한다

(yo) llego
난 도착한다

③ **llegáis a la librería**
너희는 서점에 도착한다

llegamos más o menos
우리는 도착해요, 대략

④ **cenan ellos**
그들은 저녁식사를 한다

cenan
그들은 저녁을 먹는다

회·화·술·술

▶ 대화를 들으며 한국어로 말하세요.

F   Papá, ¿qué hora es?

M1   Son las ocho. ¿No hay clase esta mañana?

F   Sí, hay. Hasta luego, papá.

(En la calle)

M2   Hola, Jimena. ¡Estás guapísima con ese vestido!

F   Gracias. Mi padre siempre me regala ropa en mi cumpleaños.

M2   ¿Cuándo cumples años?

F   El 20 de febrero. Es hoy.

M2   ¿De veras? Feliz cumpleaños, Jimena.

F   Gracias. Ah, acabo de recibir un paquete de Cecilia, tu ex.

M2   ¿Dónde vive ella ahora?

F   Vive en Los Ángeles. A veces ella me habla de ti.

M2   Es que todavía la echo de menos.

F   ¡Pobrecito! Mañana es su boda… ¡Ánimo!

    Mi fiesta de cumpleaños es a las 6:00. ¡Estás invitado!

    A propósito, ¿a qué hora terminas el trabajo?

(en casa de Jimena)

M2   Cumpleaños feliz, cumpleaños feliz, cumpleaños querida Jimena, cumpleaños feliz~

    ¡Feliz cumpleaños! ¿Por qué no abres mi regalo?

▶ 다음 해석을 보고 스페인어로 말하세요.

F 아빠, 몇 시야?
M1 8시다. 오늘 아침에 수업 없어?
F 아니, 있어. 나중에 봐요, 아빠.

(거리에서)

M2 안녕, 히메나. 너 그 드레스 입으니 되게 예쁜데!
F 고마워. 아버지가 내 생일이면 항상 내게 옷을 선물해 줘.
M2 네 생일은 언제야?
F 2월 20일. 오늘이야.
M2 정말? 생일 축하해, 히메나야.
F 고마워,
아, 너의 전 여친 세실리아로부터 소포를 하나 막 받았어.

M2 걔는 지금 어디 살아?
F LA에 살아. 걔가 가끔 나에게 너에 대해 말한다.
M2 실은 아직도 난 걔가 그리워.
F 불쌍해라! 내일이 걔 결혼식이야…
힘내! 내 생일파티가 6시거든.
너도 와!
그런데 말이야 넌 일은
몇 시에 끝내니?

(히메나 집에서)

M2 생일 축하합니다, 생일 축하합니다,
사랑하는 히메나 생일 축하합니다~
생일 축하한다!
내 선물 풀어 보지 않을래?

¡Un poco más!

hasta luego	나중에 봐	hasta ahora	좀 있다 바로 봐	hasta siempre	안녕 (오랜 작별 내포)
hasta mañana	내일 보자	hasta el martes	화요일에 봐	hasta nunca	이걸로 더는 볼 일 없어
hasta pronto	곧 보자	hasta la vista	또 보자구		

Palabras y expresiones útiles

hasta luego 영 see you later | calle(f) 영 street | ese, esa 그 (지시사) | guapísimo/a = muy guapo/a | ropa 옷 | cumplir ~살이 되다, 이행하다 | ¿de veras? 정말?(=¿de verdad?) | acabar 끝내다, 끝나다(=terminar) | ánimo 기운 | trabajo 영 work, job

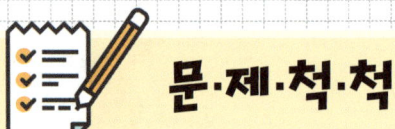

문·제·척·척 🎧 MP3_06_10

1 다음 보기처럼 말하세요.

| Modelo | Yo **abrir** la puerta.
↓
Yo abro la puerta. | (qué, tú)
→ ¿Qué abres tú? |

1 Nosotros **abrir** la puerta.   →   (qué) (vosotros)

2 Yo **vivir** en Seúl.   →   (dónde) (tú)

3 Él **cumplir** 20 años en febrero.   →   (cuándo) (él)

2 위 1번 정답을 들어보세요.

3 다음 보기와 같이 말하세요.

| Modelo | vivir (tú) con tu familia

un pariente^{한 명의 친척} | → ¿Vives con tu familia?
— Sí, vivo con mi familia.
— No, no vivo con mi familia. Vivo con un pariente. |

1 vivir (Ud.) en la ciudad   el campo^{시골}

2 abrir (los niños) la puerta   la ventana^{창문}

3 recibir (tú) muchos regalos   muchas cartas^{많은 편지들}

4 위의 3번 정답을 듣고 따라하세요.

5 밑줄 친 말을 이용해 묻고 답하세요.

| Modelo | Siempre como pan.
me, tú | → ¿No me compras pan?
— Sí, te compro pan.
— No, no te compro pan. |

1 Yo tomo verduras todos los días.　　　　　*me, vosotros*

2 Ellos comen muchas frutas.　　　　　　　*les, ellas*

3 Nosotros bebemos leche　　　　　　　　　*nos, usted*

6 다음 대화를 스페인어로 작문하세요.

1 지금 몇 시니? – 세 시야.

→ _____

2 수업이 몇 시에 시작하니? – 오후 4시 15분에 시작해요.

→ _____

¡Recuerde!

empezar 시작하다(vt)(vi)
어간도 바뀌는 불규칙 동사를 하나 미리 소개합니다.
emp**ie**zo emp**ie**zas emp**ie**za empezamos empezáis emp**ie**zan

Clase extra 2 ▶ Escuche y repita. 🎧 MP3_C_02

A Las preposiciones

①
de	con	por	para	a
~의 ~에 대해 ~부터	~가지고 ~와 함께	~때문에 ~에 의해 ~쪽으로	~위한 ~하기 위해 ~향하여	~에 ~에게 ~(사람)를

② **Ella habla mal de usted y de mí.**
그녀는 당신과 나에 대해 안 좋게 말한다.
* 전치사 (con 제외) 뒤에 오는 yo, tú → **mí, ti**

③ **Tú cantas conmigo y ella baila con Miguel.**
넌 나와 노래하고 그녀는 미겔과 춤을 춘다.
* con + yo → **conmigo**, con + tú → **contigo**
* **cantar** 노래하다 **bailar** 춤추다

④ **Por esta razón mi nieto no visita a su abuelo.**
이런 이유 때문에 내 손자가 자기 할아버지를 방문하지 않아요.
* **nieto/a** 손자, 손녀 **su** 그의, 그녀의

④ **A veces mi sobrina llama a su novio por la noche.**
가끔 내 여자 조카는 밤에 애인을 불러. (애인에게 전화해)
* **a veces** 가끔 **sobrino/a** 조카 **llamar** 영 call
* **por la noche** = **en la noche** (일부 AmL)

⑤ **Cada fin de semana estudiamos coreano para (luego) visitar Corea.**
우리는 (나중에) 한국을 방문하기 위해 한국어를 주말마다 공부해요.
* **cada fin de semana** = **los fines de semana** 주말마다

⑥
¿a José?	¿a ella?	¿a usted?	¿a ti?	¿a mí?
호세를? 호세에게?	그녀를? 그녀에게?	당신을? 당신에게?	너를? 너에게?	나를? 나에게?

B Los pronombres directos (acusativos)

(전치사 a + 사람) ~을		직접목적대명사
a mí 나를	→	me
a ti 너를		te
a él 그를 a ella 그녀를 a usted 당신을		lo⁽남⁾ la⁽여⁾
a nosotros 우리를	→	nos
a vosotros 너희를		os
a ellos 그들을 a ellas 그녀들을 a ustedes 당신들을		los⁽남⁾ las⁽여⁾

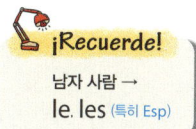

¡Recuerde!
남자 사람 →
le, les (특히 Esp)

다음 예문을 잘 보세요!

amar 사랑하다 odiar 싫어하다	yo amo a ti tú odias a mí	→	te amo me odias	te amo a ti me odias a mí	a ti te amo a mí me odias
	(×) 사용불가		(○) 일반형	(○) 강조형	(○) 도치 강조형

▶ 즉 a mí, a ti, a él 이하 모두 →(강조나 추가 설명) 또는 (동사가 없는 경우 상기 **A**-⑥ 처럼)사용하는 중복형입니다!

C Los pronombres indirectos (dativos)

(전치사 a + 사람) ~에게		간접목적대명사
a mí 나에게	→	me
a ti 너에게		te
a él 그에게 a ella 그녀에게 a usted 당신에게		le
a nosotros 우리에게	→	nos
a vosotros 너희에게		os
a ellos 그들에게 a ellas 그녀들에게 a ustedes 당신들에게		les

다음 예문을 잘 보세요!

prestar 빌려주다 preguntar 질문하다	yo presto a ti tú preguntas a mí	→	te presto… me preguntas…	
	(×) 사용불가		(○) 일반형	간접형 중복형도 강조 용법 가능!

▶ 즉 a mí, a ti, a él 이하 모두 →(강조나 추가 설명) 또는 (동사가 없는 경우 상기 **A**-⑥ 처럼)사용하는 중복형입니다!

Capítulo 7
Las ocupaciones
직업

무료 MP3 바로 듣기

📚 vocabulario G

| cama 침대 | tiempo 날씨, 시간 | fuera de casa 집 밖에 | calor 더위 |

| playa 해변 | socorrista 구조대원 | bombero 소방관 | fuego 불 |

| helado 아이스크림 | local 가게 | ¡guau! 와우! | ya está 이제 됐다! |

Objetivos

01 날씨

02 불규칙 변화 동사

03 긍정어 **vs** 부정어

Texto siete  MP3_07_00

F1 Elisa, ¿aún estás en la cama? ¿No sales?
F2 Mamá, ¿qué tiempo hace hoy?
F1 Hace sol.
F2 Yo no salgo porque hoy no tengo ningún compromiso fuera de casa.

Alguien llama a la puerta.

F2 ¿Quién es?
M Soy Luis.
F2 Hola, Luis. Adelante. Estás en tu casa. Ay, tengo calor.
M Claro, estamos en pleno verano. Hace mucho calor.
F2 Espera, abro la ventana… Ya está.
M ¡Guau! La ventana da a la playa. Mira, allí veo a un socorrista. Yo también quiero ser socorrista.
Ah, dicen que tu padre es bombero, ¿verdad?
Yo quiero ser bombero para ayudar a los demás.
F2 Ah, ¿quieres helado?
M Sí, sí, por favor. Tengo debilidad por el helado. Algún día quiero ser el dueño de una heladería.
F2 Ja ja ja, tú quieres hacer muchas cosas en el futuro.
¿Qué tal si yo trabajo en tu local como tu esposa? … ¿Luis? ¿A dónde vas?

문·법·콕·콕

01

¿Aún estás en la cama? ¿No sales?
아직 넌 있다 침대에 안 나가니

¿Qué tiempo hace hoy? Hace sol.
무슨 날씨 만든다 오늘 만든다 태양

MP3_07_01

¿no sales (tú)? 너 안 나가니?

1인칭 불규칙 변화 동사

☐ salir	나가다, 출발하다	**salgo**	sales	sale	salimos	salís	salen
☐ ver	보다	**veo**	ves	ve	vemos	veis	ven
☐ poner	놓다, (TV, 라디오) 켜다	**pongo**	pones	pone	ponemos	ponéis	ponen
☐ dar	주다	**doy**	das	da	damos	dais	dan
☐ hacer	하다, 만들다	**hago**	haces	hace	hacemos	hacéis	hacen

*veis, dais 강세 표시가 없어요!

☐ Hoy yo no salgo de casa.	오늘은 집에서 나가지 않아요.
☐ Allí veo a un socorrista.	저기에 구조대원 한 명을 본다.
☐ ¿Por qué no pones la televisión?	TV를 켜면 어때?
☐ Te doy mucho dinero.	난 너에게 많은 돈을 준다.
☐ La ventana da a la playa.	창문이 해변을 향해 있다.

dar a ~향해 있다

¿qué tiempo hace hoy? 오늘 날씨는 어때요?

날씨 표현

날씨 표현 시 **주어 없이 3인칭 단수 hace** 사용
↓ ↓
오늘 (하늘이) 무슨 날씨를 만드나요?

☐ Hace sol.	맑은 날씨다. ← (하늘이 태양을 만든다)
☐ Hace calor.	덥다. ← (하늘이 더위를 만든다)

02 Tengo calor. Yo también quiero ser socorrista para ayudar a los demás.

(난)가진다 | 더위 | 나 | 또한 | 원한다 | 되기를
구조대원 | ~위해 | 도와주다 | 을 | 타인들

🎧 MP3_07_02

(yo) tengo calor 나는 덥다 (나는 더위를 가진다)

반복해서 외워야 하는 **불규칙 동사**

tener 영 have
tengo → tienes tiene tenemos tenéis tienen

☐ Tenemos un compromiso.	저희가 약속이 하나 있어요.
☐ Tengo una reserva a nombre de Kim Se Jo.	제가 김세호라는 이름으로 예약을 했습니다.
☐ Pero si tienes miedo al fuego… Ya no tengo miedo al fuego.	그러나 만일 네가 불에 대한 두려움이 있다면… 난 이제 더 이상 불을 두려워하지 않아.

miedo a ~에 두려움
ya no 영 no longer

yo quiero ser socorrista para ayudar a los demás
난 남들을 돕기 위해서 구조대원이 되고 싶다

ayudar 도와주다
próximo 영 next
*cosa 영 thing

반복해서 외워야 하는 **불규칙 동사**

querer 영 love, want, want to
quiero → quieres quiere queremos queréis quieren

☐ Te quiero mucho.	내가 너를 많이 사랑해.
☐ ¿Quieres helado?	너 아이스크림 먹을래?
☐ Tú quieres hacer muchas cosas.	넌 많은 것들을 하고 싶구나.

 ¡Ojo!

Yo **quiero ir** al cine el martes próximo. (o)
난 다음 화요일에 영화관에 가고 싶다.

Yo ~~quiero a ir~~ al cine el martes próximo. (x)

문·법·콕·콕

03

MP3_07_03

Dicen que tu padre es bombero.
말들 한다 ~임 너의 아버지 이다 소방관

Algún día quiero ser bombero.
어떤 날 난 원한다 되기 소방관

---

*(Ellos) **dicen** que
↓
They **say** that

dicen que tu padre es bombero
(사람들이) 너의 아버지가 소방관이라고 말하더라

> **decir** 영 say, tell
> digo → dices dice decimos decís dicen

algún día 영 some day
fuera de 영 out of

algún día quiero ser bombero 언젠가 난 소방관이 되고 싶다

> 긍정문에 사용 **alguno** 긍정어 ← 어떤 → 부정어 **ninguno** 부정문에 사용

뒤에 남성 단수명사가 오면 어미 o 탈락 → algún, ningún

☐ ¿Hay algún hotel por aquí?	여기 주변에 어떤 호텔이 있나요?
☐ Hoy no tengo ningún compromiso fuera de casa.	오늘 밖에서 약속이 하나도 없어요. (어떤 약속도 없어요)

> anyone 또는 somebody **alguien** 긍정어 ← 누군가 → 부정어 **nadie** nobody 또는 anyone

☐ Alguien llama a la puerta.	누군가 문을 노크한다. (초인종을 누른다)
☐ No hay nadie en casa.	집에 아무도 없다.

📌 **¡Ojo!**
부정어가 동사 뒤에 오면 *no 사용!

04 ¿Qué tal si yo trabajo en tu local como tu esposa?
만일 ~라면 어때 내가 일한다 너의 가게에서 ~로서 너의 아내

¿A dónde vas?
~에 어디 (넌) 간다

MP3_07_04

---

local 점포(m), 현지의

¿qué tal si yo trabajo en tu local como tu esposa?
내가 네 아내가 되어 너의 가게에서 일하면 어때?

como 형 as, like

☐ Yo quiero tener éxito como actriz.	난 여배우로 성공하고 싶다.
☐ Bienvenido a mi casa. Como siempre, estás en tu casa.	내 집에 온 것을 환영한다! 늘 그렇듯이 네 집처럼 편하게 여겨. (직역) 너는 너의 집에 있다.

éxito(m) 성공
*bienvenido
상대가 여성이면
↓
bienvenid**a**

¿a dónde vas (tú)? 너 어디에 가니?

ir 가다
voy → vas va vamos vais van

☐ Yo voy a la escuela.	난 학교에 간다.
☐ Los domingos vamos a la iglesia.	일요일마다 우리는 교회 (성당)에 가요.
☐ ¿A dónde quieres ir este verano?	올 여름에 넌 어디에 가고 싶니?

 패·턴·톡·톡

▶ 단어를 교체하여 읽고 들어보세요.　　　MP3_07_05

01

¿Qué tiempo hace hoy?
오늘 날씨 어때요?

Hace sol.
화창하다.

① **calor**
더위

② **frío**
추위

③ **fresco**
선선함

④ **un poco de calor**
약간의 더위

⑤ **mucho frío**
많은 추위

⑥ **buen tiempo**
좋은 날씨

⑦ **mal tiempo**
나쁜 날씨

 ¡Ojo!
형용사 malo (나쁜)
＋ 남성단수명사 시
어미 탈락 →
mal tiempo

MP3_07_06

02 Tengo calor.
난 덥다.

vocabulario

debilidad(f) 약함, 약점
 (=punto débil)
débil 약한(≠fuerte)

① **hambre**
배고픔(f)

② **sed**
갈증(f)

③ **sueño**
졸림(m)

④ **fiebre**
열(f)

⑤ **prisa**
급함(f)

⑥ **10 años**
10살

⑦ **debilidad por el helado**
아이스크림이면 꼼짝 못함

⑧ **miedo al fuego**
불에 대한 공포

⑨ **mucho calor**
많은 더위

⑩ **mucha hambre**
많은 배고픔

Capítulo 7 직업 | 115

 패·턴·톡·톡

▶ 단어를 교체하여 읽고 들어보세요.   MP3_07_07

03 Quiero ser socorrista para ayudar a los demás.
나는 남을 돕기 위해 구조대원이 되고 싶어.

 *vocabulario*
rápido 빠른, 빨리 (=rápidamente)
vuelta 회전, 돌아옴, 거스름돈

① quiero
난 원한다

② tú quieres
넌 원한다

③ el joven quiere
그 젊은이는 원한다

④ queremos
우리는 원한다

⑤ ella y tú queréis
그와 넌 원한다

⑥ ellos quieren
그들은 원한다

⑦ yo quiero
난 원한다

bombero
소방관

millonario
백만장자

presidente
대통령

escritoras
여성 작가들

ricos
부유한

adultos
성인들

el dueño de una heladería
아이스크림 가게의 주인

apagar el fuego rápido
불을 빨리 끄다

dar la vuelta al mundo
세계일주를 하다

cambiar muchas cosas
많은 것들을 바꾸다

escribir buenas novelas
좋은 소설들을 쓰다

comer bien y vivir bien
잘 먹고 잘 살다

gozar de su soltería
그들의 독신 생활을 누리다

tomar helado siempre
항상 아이스크림을 먹다

04

¿A dónde vas?
너 어디에 가니?

Voy a casa.
난 집에 간다.

① **vas**
너는 간다

② **va usted**
당신은 간다

③ **vais**
너희는 간다

④ **van José y su hija**
호세와 그의 딸

⑤ **va ella los domingos**
일요일마다 그녀는 간다

voy
난 간다

yo voy
저는 갑니다

vamos
우리는 간다

ellos van
그들은 간다

ella va
그녀는 간다

la escuela
학교

la oficina
사무실

la playa
해변

la heladería
아이스크림 가게

la iglesia
교회 (성당)

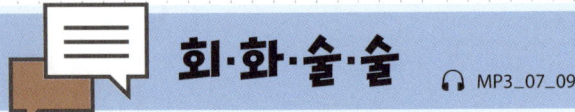

회·화·술·술

▶ 대화를 들으며 한국어로 말하세요.

F1 Elisa, ¿aún estás en la cama? ¿No sales?

F2 Mamá, ¿qué tiempo hace hoy?

F1 Hace sol.

F2 Yo no salgo porque hoy no tengo ningún compromiso fuera de casa.

Alguien llama a la puerta.

F2 ¿Quién es?

M   Soy Luis.

F2 Hola, Luis. Adelante. Estás en tu casa. Ay, tengo calor.

M   Claro, estamos en pleno verano. Hace mucho calor.

F2 Espera, abro la ventana… Ya está.

M   ¡Guau! La ventana da a la playa.
    Mira, allí veo a un socorrista. Yo también quiero ser socorrista.
    Ah, dicen que tu padre es bombero, ¿verdad?
    Yo quiero ser bombero para ayudar a los demás.

F2 Ah, ¿quieres helado?

M   Sí, sí, por favor. Tengo debilidad por el helado.
    Algún día quiero ser el dueño de una heladería.

F2 Ja ja ja, tú quieres hacer muchas cosas en el futuro.
    ¿Qué tal si yo trabajo en tu local como tu esposa?
    … ¿Luis? ¿A dónde vas?

▶ 다음 해석을 보고 스페인어로 말하세요.

F1 엘리사야, 아직도 자니? 안 나가니?

F2 엄마, 오늘 날씨 어때요?

F1 화창하다.

F2 오늘 안 나가요. 밖에서 약속이 하나도 없어요.

누군가 대문 초인종을 누른다

F2 누구세요?

M   루이스야.

F2 안녕, 루이스. 어여 들어와. 편히 있어라. 아이, 난 덥다.

M   당연하지. 한여름이야. 날씨가 아주 더워.

F2 기다려, 내가 창문을 열게. 됐다!

M   와! 창문으로 해변이 보이네. 봐봐, 저기 구조원 한 명이 보이네.
    나도 구조원이 되고 싶어. 아, 너의 아버지가 소방관이시라는데, 그러니?
    나는 남들을 도와주기 위해 소방관이 되고 싶어.

F2 아, 아이스크림 먹을래?

M   그래, 그래, 부탁해. 난 아이스크림이라면 사족을 못 써.
    언젠가 아이스크림 가게를 차리고 싶어.

F2 하하하, 넌 앞으로 하고 싶은 게 되게 많구나.
    내가 너의 아내가 되어 네 가게에서 일하면 어떻겠어?
    …… 루이스야? 너 어디 가?

> **Palabras y expresiones útiles**
>
> aún 아직(=todavía) | salir 나가다(≠entrar) 출발하다(≠llegar) | tiempo 날씨, 시간, 시절 | llamar a la puerta 노크하다, 초인종 누르다 | esperar 기다리다, 바라다, 기대하다 | ¡guau! 우아! (감탄사), 멍멍! (개) | demás 다른 나머지의 (성수변화 없음) ※ los demás 타인들

Capítulo 7 직업 | 119

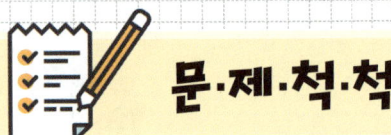

🎧 MP3_07_10

1 querer 동사를 이용해 보기와 같이 질문과 대답을 하세요.

| Modelo | (qué, hacer, Juan) ↓ ¿Qué quiere hacer Juan? | (nadar) → Él quiere nadar. |

1 (qué, comer, tú) → (carne)
2 (dónde, vivir, Ud.) → (en Sevilla)
3 (dónde, estudiar, ellos) → (en la biblioteca)
4 (quién, hablar, conmigo) → (la señorita Kim)
5 (cuándo, visitar el museo, vosotros) → (el miércoles próximo)

2 위 1번 정답을 듣고 따라하세요.

3 동사를 인칭에 맞게 읽은 뒤 보기와 같이 말하세요.

| Modelo | Yo **tener** un perro, ¿y tú? ↓ Yo tengo un gato, ¿y tú? | → Yo también tengo un gato. |

1 Ella (tener) una casa, ¿y usted?
2 Nosotros (tener) un hijo y una hija, ¿y ellos?
3 Vosotros (tener) mucho dinero, ¿y ellas?

4 위 3번 정답을 듣고 따라하세요.

5 동사를 인칭에 맞게 읽은 뒤 제시된 말로 대답을 하세요.

| Modelo | ¿Qué **hacer** tú en casa?
↓
¿Qué haces tú en casa? | hacer los deberes^{숙제하다}

→ Hago los deberes en casa. |

1 ¿Qué (hacer) usted en la escuela?　　enseñar español^{스페인어를 가르치다}

2 ¿Con quién (hacer) la comida vosotros?　　con un cocinero^{요리사와}

3 ¿Qué (hacer) tu hermana antes de viajar?　　hacer la maleta^{짐을 꾸리다}
　*antes de inf. ～전에 ≠ después de ～후에

4 ¿Cuándo (hacer) una fiesta tus padres?　　cuando (yo) les visito^{내가 그들을 방문할 때}

6 위 5번 정답을 듣고 따라하세요.

7 다음 문장을 스페인어로 말하세요.

1 호세가 어떤 컵^{copa}을 탁자 위에 놓느냐?

　아뇨, 그는 어떤 병도 탁자 위에 놓지 않아요.

2 주유소^{gasolinera}가 하나도 없다.

3 넌 누군가와 영화관에 가니?

　아니, 난 누구와 영화관에 가지 않아. 혼자^{solo} 가.

4 어제부터^{desde ayer} 내 아들이 열이 많이 나요.

capítulo 8
El vecindario
동네

무료 MP3 바로 듣기

vocabulario H

| edificio | piso | vecina | venir |
| 빌딩 | 아파트 | 이웃집 여자 | 오다 |

| caballero | ruido | dormir | sentir |
| 신사 | 소음 | 자다 | 느끼다 |

| juguetón | dulce | sueño |
| (남자)장난꾸러기 | 달콤한 | 꿈, 수면, 졸림 |

Objetivos

01 현재분사
02 감탄문
03 소유사

Texto ocho 🎧 MP3_08_00

En un edificio de pisos

M ¿Quién llama?
F Soy la vecina de abajo.
M Buenas noches, señora.
¿A qué viene usted?
F Disculpe, caballero. Es que hacen mucho ruido en su casa. ¿Hay algún problema? No puedo dormir…
M Ah, lo siento mucho. Mis hijos están jugando sin parar.
¡Qué niños tan juguetones!
F Ya entiendo. Creo que sus hijos no son diferentes de los míos, je je je. Buenas noches, caballero. Dulces sueños.

문·법·콕·콕

01 ¿Quién llama? ¿A qué viene usted?
누가 부른다 무엇에 온다 당신

MP3_08_01

¿quién llama? (노크 또는 초인종 누르신 분은) 누구시죠?

llamar 부르다

☐ ¿Quién llama? Soy (yo) la vecina de abajo.	누구시죠? 아래 층에 사는 사람이에요.
☐ Te llamo mañana.	내일 전화할게.
☐ Llama a la policía, por favor.	경찰 좀 불러 줘. (tú 긍정명령)

vecino/a 이웃, 주민
abajo 아래에

¿a qué viene usted? 무슨 일로 오신 거죠?

venir 오다
vengo → vienes viene venimos venís vienen

☐ ¿De dónde vienes?	너 어디서 오는 거니?
☐ Venimos a preguntarte algo.	우리는 너에게 뭔가 물어보러 왔다.

de 영 from

▶ 왕래동사 ir, venir 등은 목적 표현 시 전치사 **a** 즐겨 사용 (그 외는 보통 **para** 사용)
▶ Ella trabaja para ganar dinero. 그녀는 돈을 벌기 위해 일한다.

02 Disculpe, caballero. Es que hacen mucho ruido.

실례해요 / 신사분 / 실은 / 만든다 / 많은 / 소음

No puedo dormir.

(난) 할 수가 없다 / 자다

MP3_08_02

(yo) no puedo dormir 난 잠을 잘 수가 없다

poder 할 수 있다
puedo → puedes puede podemos podéis pueden

☐ No puedo dormir, pues hacen mucho ruido en su casa.	제가 잠을 잘 수 없어요. 당신 집에서 (사람들이) 많이 시끄럽게 해서요.
☐ ¿En qué puedo servirla, señorita?	뭘 도와드릴까요, 아가씨? *en qué = 무엇에 있어서

pues 저기, 왜냐하면
servir 영 serve
*señorita = Srta.

※ 본문 표현 1개 더 체크!

☐ Lo siento mucho.	정말 미안합니다. 영 I'm really sorry

▶ sentir 현재 (siento sientes siente sentimos sentís sienten)

sentir 느끼다, 유감이다

Capítulo 8 동네 | 125

문·법·콕·콕

03 Mis hijos están jugando sin parar.
나의 자식들이 / 상태다 / 놀이를 하면서 / ~없이 / 멈추다

¡Qué niños tan juguetones!
무슨 / 애들이 / 그렇게 / 장난 좋아하는

MP3_08_03

---

mis hijos están jugando sin parar
우리 아이들이 멈추지 않고 놀고 있는 중입니다

jugar (게임, 운동)놀이를 하다

(estar + 현재분사) → ~하고 있는 중이다

□ hablar	→	hablando
□ comer	→	comiendo
□ escribir	→	escribiendo

| □ ¿Qué estás haciendo (tú)? Estoy estudiando. | 너 뭐 하는 중이니? 난 공부하는 중이야. |

¡qué niños tan juguetones! 아이들이 어찌나 장난꾸러기들인지!

juguetón 형 playful
↓
juguetones (pl)

감탄문 ① qué + 명사 + tan + 형용사

| □ ¡Qué edificio tan alto! | 무슨 빌딩이 그렇게 높은지! |
| □ ¡Qué casas tan altas! | 무슨 집들이 그렇게 높은지! |

04 (Yo) creo que sus hijos no son diferentes de los míos.

(난) ~라고 생각해 　 당신 자식들은 　 다르지 않다

나의 것들로부터

MP3_08_04

---

creo que sus hijos no son diferentes de los míos
당신의 자식들이 저의 자식들과 다르지 않다고 생각합니다

| 명사 앞에 사용 **mi** (전치형) ← 소유 형용사 → (후치형) **mío** 명사 뒤에 사용 |

※ 두 형태 모두 형용사임 → 명사에 따라 성 또는 수 변화를 해요!

전치형	mi	tu	su	nuestro	vuestro	su
	↓	↓	↓	↓	↓	↓
후치형	mío	tuyo	suyo	nuestro	vuestro	suyo

creer que 동 think 또는 believe that

 **¡Recuerde!**
su, suyo 그의, 그녀의, 당신의, 그들의, 그녀들의, 당신들의

후치형 사용법

① 앞에 정관사를 사용하고 명사 생략 시 소유대명사를 만듦

☐ Tus hijos son estudiosos pero los (hijos) míos son perezosos.	너의 자식들은 공부에 열심인데 나의 것(자식)들은 게으르다.

estudioso 형 studious, scholar

② Ser 동사 다음에 놓아 일반 형용사처럼 사용할 수 있음

☐ Este libro es mío.	이 책은 나의 것이다.
☐ El gusto es mío.	기쁨은 내 것이다. (만나 뵙게 되어 반가운 쪽은 접니다)
☐ Señora, ¿es suya esta cartera?	아주머니, 이 지갑이 당신의 것입니까?
☐ La culpa es mía.	내 잘못이다. (직역) 잘못은, 나의, 입니다.

culpa 명 fault

Capítulo 8 동네 | 127

 패·턴·톡·톡

▶ 단어를 교체하여 읽고 들어보세요.　　　MP3_08_05

01

Es que hacen mucho ruido.
실은 많이 시끄럽습니다.

No puedo dormir.
제가 잘 수가 없어요.

① haces
　너는 만든다

　puedo estudiar
　난 공부할 수 있다

② hacéis
　너희는 만든다

　podemos hablar
　우리는 말할 수 있다

③ hacemos
　우리는 만든다

　podéis ver la tele
　너희는 TV 볼 수 있다

④ hago
　난 만든다

　puedes descansar
　넌 쉴 수 있다

⑤ el bebé hace
　아기가 만든다

　puede acostarle el hombre
　그 남자가 그를 재울 수 있다

⑥ Uds. hacen
　당신들은 만든다

　pueden leer los alumnos
　학생들이 읽을 수가 있다

🎧 MP3_08_06

02 Mis hijos están jugando sin parar.
제 자식들이 쉬지 않고 놀고 있는 중입니다.

① **hablando**
말하면서

② **comiendo fideos**
국수를 먹으면서

③ **subiendo a la montaña**
산에 오르면서

④ **discutiendo**
말다툼하면서

⑤ **llorando**
울면서

⑥ **escribiendo algo**
뭔가 쓰면서

⑦ **gritándome**
나에게 소리치면서

¡Recuerde!

mis hijos están gritándome
= mis hijos me están gritando
간접·직접 목적대명사는 현재분사 뒤에 찰싹 붙여 사용할 수 있고 강세유지를 위해 강세부호 필요!
gritando
→ gritándome

 패·턴·톡·톡

▶ 단어를 교체하여 읽고 들어보세요.　🎧 MP3_08_07

03 ¡Qué niños tan juguetones!
아이들이 참 장난꾸러기들이야!

 *vocabulario*

precioso 형 precious, beautiful, lovely
hablador/ra 형 talkative
maleducado 예의 없는 (≠cortés, educado)
introvertido 내성적인 (≠extrovertido)

① **malos**
나쁜

② **preciosos**
사랑스러운, 어여쁜

③ **habladores**
수다스러운

④ **maleducados**
버르장머리 없는

⑤ **pobres**
가난한, 불쌍한

⑥ **introvertidos**
내성적인

⑦ **tímidos**
소심한, 수줍은

MP3_08_08

04 Creo que sus hijos no son diferentes de los míos.
내가 생각하기에는 당신 자식들이 내 자식들과 다르지 않아요.

① **mis niños** 나의 아이들 **los tuyos** 너의 것들

② **tus hijas** 너의 딸들 **las mías** 나의 것들

③ **mis alumnos** 나의 학생들이 **los vuestros** 너희 것들

④ **sus consejos** 당신의 충고들 **los míos** 나의 것들

⑤ **sus casas** 그들의 집들 **las vuestras** 너희의 것들

⑥ **sus preguntas** 그들의 질문들 **las tuyas** 너의 것들

⑦ **sus problemas** 당신들의 문제점들 **los de María** 마리아의 것들

*Sus hijos son como los míos.
 당신 자식들은 내 자식들같이 똑같군요.

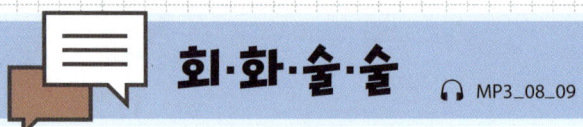

▶ 대화를 들으며 한국어로 말하세요.

En un edificio de pisos

M ¿Quién llama?

F Soy la vecina de abajo.

M Buenas noches, señora. ¿A qué viene usted?

F Disculpe, caballero. Es que hacen mucho ruido en su casa. ¿Hay algún problema? No puedo dormir…

M Ah, lo siento mucho. Mis hijos están jugando sin parar. ¡Qué niños tan juguetones!

F Ya entiendo. Creo que sus hijos no son diferentes de los míos, je je je. Buenas noches, caballero. Dulces sueños.

▶ 다음 해석을 보고 스페인어로 말하세요.

한 아파트 동에서

M 누구세요?

F 아래층입니다.

M 안녕하세요, 아주머니. 무슨 일로 오셨죠?

F 실례해요, 선생님. 실은 댁에서 소음이 크네요.
 뭐 문제라도 있나요? 제가 잠을 잘 수 없네요.

M 아, 정말 죄송해요. 제 자식들이 쉬지 않고 노네요.
 어찌나 장난꾸러기들인지!

F 알겠어요. 댁 자녀분들이 제 아이들과 다르지 않다고 생각해요. 헤헤헤.
 안녕히 계세요, 선생님. 잠 잘 주무시고요.

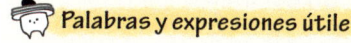 **Palabras y expresiones útiles**

piso 층, 아파트(Esp), 바닥 | abajo 아래에(≠arriba) | caballero 영 gentleman(≠dama), knight | hacer ruido 영 make a noise | domir 자다(duermo duermes duerme dormimos dormís duermen) | jugar 영 play *jugar al fúbol 축구를 하다 *tocar el piano 피아노를 치다 | juguetón(m) / juguetona(f) 장난 좋아하는 | ser diferente de (또는 a) ~와 다르다 | sueño 꿈, 졸림, 수면
*feliz fin de semana 즐거운 주말 보내라! *igualmente 너도 그래라!

문·제·척·척 🎧 MP3_08_10

1 보기와 같이 인칭별로 바꾸어 큰 소리로 말하세요.

> Soy coreano. Eres coreano.
> Él es coreano. Ella es coreana. Ud. es coreano.
> Somos coreanos. Sois coreanos.
> Ellos son coreanos. Ellas son coreanas. Uds. son coreanos.
>
> | Modelo | **ser coreano** |

1. venir de la playa
2. hacer ruido
3. estar haciendo ruido
4. no poder dormir
5. dormir mucho
6. jugar al fútbol
7. estar jugando a videojuegos
8. querer llamar a Pedro
9. entender
10. creer

2 보기와 같이 현재 진행형으로 질문과 대답을 하세요.

| Modelo | ¿Qué **hacer** Ud. en casa? ↓ ¿Qué **está haciendo** Ud. en casa? | charlar con mi familia 가족과 담소를 나누다 → Yo estoy charlando con mi familia. |

1. ¿Qué **hacer** tú ahora en la escuela?   enseñar español 스페인어를 가르치다
2. ¿Con quién **hacer** la comida vosotros?   con un cocinero 요리사와
3. ¿Qué **hacer** tu hermana ahora?   deshacer la maleta 짐을 풀다
4. ¿Dónde **hacer** la fiesta tus padres?   en el jardín 정원에서

3 위 2번 정답을 듣고 따라하세요.

¡Vamos a hablar!

Barcelona, España 스페인 바르셀로나

La Sagrada Familia
성 가족 성당

스페인의 세계적인 건축가 가우디가 1889년 시작한 미완성 작품입니다.

Parque Güell
구엘 공원

환상적인 동화 속 모습을 보여주는 공원으로 안또니오 가우디의 독특한 건축양식을 보여줍니다.

El conflicto
갈등

무료 MP3 바로 듣기

📚 vocabulario I

delante de	casa particular	pasar	mire
~앞에	개인 주택	발생하다	보세요

marido	aparcar	garaje	pensar
남편	주차하다	차고	생각하다

retirar	molestar	fin de semana
후퇴시키다	괴로움을 주다, 괴롭히다	주말

Objetivos

01 시시비비
02 **tener** 동사활용
03 미래표현

Texto nueve

Delante de una casa particular

F   Señor, ¿qué le pasa?
M   Mire, a veces tengo que salir de casa a esta hora, pero su marido suele aparcar el coche delante de mi garaje. ¿Qué hago?
F   Ay, lo siento mucho, señor. La culpa es mía. Acabo de aparcar el coche sin pensar en nada. Enseguida voy a retirarlo.
M   Bueno, gracias por entenderme.
F   No, no, señor. Siento molestarle a usted. Esta noche voy a hablar de esto con mi marido.
    Feliz fin de semana, señor.
M   Gracias, igualmente.

문·법·콕·콕

01 ¿Qué le pasa?
뭐가 / 당신에게 / 발생하다

MP3_09_01

- ¿qué le pasa? 무슨 일 있으세요?

영 happen ← pasar → 영 pass

☐ ¿qué pasa?	뭔 일이니?, 별 일 없이 지내니?
☐ ¿pasa algo?	무슨 문제라도 있니?
☐ No pasa nada.	아무 일도 없어요.
☐ Quiero pasar las vacaciones en casa de mis abuelos.	난 할아버지 할머니 집에서 방학을 보내고 싶다.

02 Tengo que salir a esta hora.

나는 해야 한다   나가다   이 시각에

MP3_09_02

(yo) tengo que salir a esta hora
난 이 시간에 나가야 합니다

tener 가지고 있다
salir 나가다, 출발하다
correr 뛰다, 흐르다

tener que inf. ~해야 한다	
☐ Tengo que correr.	난 뛰어야 한다.
☐ Tenemos que estudiar.	우리는 공부해야 한다.

※ 본문 표현 1개 더 체크!

☐ Gracias **por entender**me.	저를 이해해주셔서 감사합니다.

▶ entender (현재) entiendo entiendes entiende entendemos entendéis entienden

☐ No le entiendo nada.	난 그를 전혀 이해 못 한다.

Capítulo 9 갈등 | 139

문·법·콕·콕

03 pero su marido suele aparcar el coche…
그러나 당신의 남편이 하곤 한다 주차하다 자동차를

MP3_09_03

delante de
영 in front of
garaje(m) 차고

su marido suele aparcar el coche delante de mi garaje 당신 남편이 늘 나의 차고 앞에 자동차를 주차하곤 합니다

soler + inf. 늘 ~ 하는 편이다
suelo → sueles suele solemos soléis suelen

coger 영 catch

☐ Yo suelo coger el taxi.	난 대게 택시를 타곤 한다. *tomar el taxi (AmL)
☐ Solemos descansar aquí	우리는 여기서 쉬곤합니다.

04 Acabo de aparcarlo sin pensar en nada.
제가 막 ~했어요   그것을 주차하다   ~없이   생각하다   대해   아무것도

Enseguida voy a retirarlo.
즉시   ~할 것이다   그걸 치우다

MP3_09_04

---

acabo de aparcarlo sin pensar en nada
제가 아무 생각 없이 그것을 막 주차했습니다

sin ~없이
*부정이므로 nada 사용

pensar 생각하다
pienso → piensas   piensa   pensamos   penséis   piensan

☐ Yo pienso que él es inteligente.	난 그가 똑똑하다고 생각해.
☐ Siempre pienso en ella.	항상 난 그녀를 생각해.

pensar en 영 think about

(yo) voy a retirarlo   제가 그것을 치울게요

ir a inf. ~할 것이다 영 be going to

☐ Esta noche voy a hablar de esto con mi marido.	오늘 밤 제가 이것에 대해 남편과 얘기할게요.
☐ ¿Qué vas a hacer mañana?	넌 내일 뭐 할 거니?

Capítulo 9 갈등

▶ 단어를 교체하여 읽고 들어보세요.

01 ¿Qué le pasa?
당신 무슨 일인가요?

① **te**
너에게

② **os**
너희에게

③ **le**
당신에게

④ **les**
그들에게

⑤ **te**
너에게

⑥ **les**
당신들에게

02 Tengo que salir.
난 출발해야 한다.

vocabulario
llevar 데려가다, 가져가다, 휴대하다, 지니다, 입고 있다
retirar 철수시키다, 인출하다
sacar 꺼내다, 인출하다, (사진)찍다, (점수)받다
nota 메모, 점수

① tengo — llegar a las cuatro
난 해야 해 — 4시에 도착하다

② tienes — entrar en el cine
넌 해야 해 — 영화관에 들어가다

③ tenemos — llevarte al cine
우리는 해야 해 — 영화관에 데려가다

④ tenéis — ir al colegio
너희는 해야 해 — 학교에 가다

⑤ tenemos — retirar algún dinero
우리는 해야 해 — 얼마간의 돈을 인출하다

⑥ tengo — sacar buenas notas
난 해야 해 — 좋은 점수들을 받다

▶ 단어를 교체하여 읽고 들어보세요.   MP3_09_07

03 **Él suele** aparcar el coche **aquí**.
그는 여기에 곧잘 주차한다.

① **yo suelo** 난 하곤 한다
ahí 그곳에

② **tú sueles** 너는 하곤 한다
allí 저기에

③ **ella suele** 그녀는 하곤 한다
por aquí 이 근방에

④ **Ud. suele** 당신은 하곤 한다
lejos de aquí 여기서 먼 곳에

⑤ **ellos suelen** 그들은 하곤 한다
cerca de aquí 여기 가까이에

⑥ **solemos** 우리는 하곤 한다
en este lugar 이 자리에

MP3_09_08

04 Voy a retirar el coche.
제가 차를 치울게요.

① voy — retirarlo
내가 — 그것을 치우다

② voy — hablar de esto
내가 — 이 일에 대해 말할게요

③ voy — hablar de esto con mi marido
내가 — 이 일에 대해 남편과 말할게요

④ vas — llorar
네가 — 울다

⑤ él va — cancelar el vuelo
그는 — 비행을 취소하다

⑥ vamos — jugar al fútbol
우리는 — 축구하다

⑦ nunca vais — prestarle el dinero a José
결코 너희는 — 그 사람 호세에게 돈을 빌려주다

⑧ ellos no van — decirme la verdad
그들은 안 하다 — 내게 사실을 말하다

⑨ ¿qué vas — hacer?
넌 무엇을 — 하다

Capítulo 9 갈등 | 145

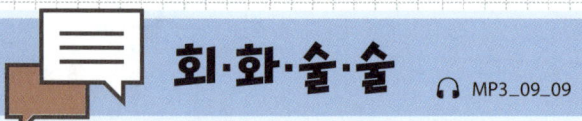

▶ 대화를 들으며 한국어로 말하세요.

Delante de una casa particular

F　Señor, ¿qué le pasa?

M　Mire, a veces tengo que salir de casa a esta hora, pero su marido suele aparcar el coche delante de mi garaje. ¿Qué hago?

F　Ay, lo siento mucho, señor. La culpa es mía. Acabo de aparcar el coche sin pensar en nada. Enseguida voy a retirarlo.

M　Bueno, gracias por entenderme.

F　No, no, señor. Siento molestarle a usted. Esta noche voy a hablar de esto con mi marido. Feliz fin de semana, señor.

M　Gracias, igualmente.

▶ 다음 해석을 보고 스페인어로 말하세요.

개인 주택 앞에서

F   선생님, 무슨 일 있으세요?

M   보세요. 가끔 제가 이 시간에 집에서 나가야 하는데
        댁 남편이 제 차고 앞에 차를 주차해 놓기 일쑤이니 제가 어쩌죠?

F   아, 정말 죄송해요. 선생님. 제 잘못입니다.
        제가 지금 막 아무 생각 없이 자동차를 주차했네요. 즉시 치울게요.

M   네, 이해해 주셔서 감사합니다.

F   아니, 아닙니다, 선생님. 폐 끼쳐서 죄송해요.
        오늘밤에 남편과 이 일에 대해 말하겠습니다. 즐거운 주말 보내세요, 선생님.

M   고마워요. 그쪽도요.

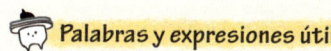 **Palabras y expresiones útiles**

marido 남편 (=esposo) | gracias por ~ ~에 대해 감사하다 | molestar 괴롭히다(vt) 괴로움을 주다(vi)
※ 사물이 주어이면 보통 (vi)로 사용 Me molesta el ruido 내게 소음이 괴로움을 준다 (시끄러워 죽겠군)

문·제·척·척 🎧 MP3_09_10

1 주어진 단어로 보기와 같이 질문과 대답을 하세요.

| Modelo | (qué, hacer, Juan)
↓
¿Qué tiene que hacer Juan? | (escribirme una carta)
→ Él tiene que escribirme una carta. |

1 (qué, comer, tú) → (carne)
2 (dónde, vivir, Ud.) → (en Sevilla)
3 (dónde, estudiar, ellos) → (en la biblioteca)
4 (quién, hablar, conmigo) → (la señorita Kim)
5 (cuándo, visitar, el museo, vosotros) → (el miércoles próximo)

2 위 1번 정답을 듣고 따라하세요.

3 주어진 단어로 보기와 같이 질문과 대답을 말해보세요.

| Modelo | (qué, hacer, Juan)
↓
¿Qué va a hacer Juan? | (escribirme una carta)
→ Él va a escribirme una carta. |

1 (qué, comer, tú) → (carne)
2 (dónde, vivir, Ud.) → (en Sevilla)
3 (dónde, estudiar, ellos) → (en la biblioteca)
4 (quién, hablar, conmigo) → (la señorita Kim)
5 (cuándo, visitar, el museo, vosotros) → (el miércoles próximo)

4 위 3번 정답을 듣고 따라하세요.

5 다음 문장을 스페인어로 말하세요.

> 오늘밤 넌 뭐 할 거니? → 남친과 영화관에 갈 거야.

→ _____

capítulo 10

Ropa, comida y techo (I)

의식주 (I)

무료 MP3 바로 듣기

vocabulario

techo 지붕, 천장	sopa 수프	pollo 치킨	muy hecho 잘 익힌
poco hecho 레어	de postre 후식으로	zumo 주스	naranja 오렌지
fresa 딸기	vaso 글래스	hielo 얼음	sed 갈증

Objetivos

01 식당
02 미래시제
03 간목 + 직목

Texto diez

MP3_10_00

En un restaurante

F Buenas tardes, caballero. ¿Qué desea?
M Quiero una sopa de pollo. Y… pediré una carne asada también.
F ¿Cómo la quiere? ¿Muy hecha o poco hecha? Ah… Muy bien, caballero. ¿Quiere algo más?
M ¿Qué hay de postre?
F Tenemos zumo de naranja y helado de fresa.
M Tomaré helado de fresa. Y un vaso de agua con hielo, por favor. Tengo mucha sed.
Ah, perdone. ¿Tienen el periódico de ayer?
F Sí, caballero. Ya se lo traigo.

문·법·콕·콕

01 Pediré una carne asada.
주문할게요 　 하나의 　 고기 　 구운

MP3_10_01

pediré una carne asada 까르네 아사다 주문할게요

미래형 (영 will)

pedir 요구하다, 주문하다

yo	pediré	nosotros	pediremos
tú	pedirás	vosotros	pediréis
él ella usted	pedirá	ellos ellas ustedes	pedirán

enviar 보내다	enviaré	enviarás	enviará	enviaremos	enviaréis	enviarán
comer 먹다	comeré	comerás	comerá	comeremos	comeréis	comerán
vivir 살다	viviré	vivirás	vivirá	viviremos	viviréis	vivirán

동사원형에 붙이는 **미래형** 어미는 ar, er, ir 동사 모두 동일!

desear 원하다

☐ De postre, ¿qué desea? Tomaré helado de fresa.	디저트로는 (당신은) 뭘 드실래요? 딸기 아이스크림 먹을래요.
☐ Yo la compraré si usted me hace un poco de descuento.	(만일 당신이) 저에게 약간의 할인을 해 주시면 그것을 살게요.
☐ ¿Nevará o lloverá?	눈이 올까 아니면 비가 올까?

¡Recuerde!

날씨 동사는 **3인칭 단수만** 사용해요

02 ¿Cómo la quiere?
어떻게 그걸 원하세요

¿Muy hecha o poco hecha?
웰던 레어

MP3_10_02

¿cómo la quiere (usted)? 그것을 어떻게 해 드릴까요?

스테이크 굽기 표현은 지역마다 달라요
muy hecho 웰던 **al punto** 미디엄 **poco hecho** 레어

hecho 형 done, made

	스페인	멕시코
웰던	muy hecho	bien cocido
미디엄	no muy hecho	término medio
레어	vuelta y vuelta	poco cocido

☐ ¿Cómo quiere la carne? 그 고기는 어떻게 해서 드릴까요?

☐ La quiero muy hecha. 웰던으로 해 주세요.
(직역) 그걸 원해요, 웰던 상태인.

※ 음식 어휘를 알아봅시다!

tapas	주로 술과 곁들이는 소량으로 나오는 스페인 음식
queso	치즈
ensalada	샐러드
tortilla	계란과 채소로 만든 오믈렛(Esp), 옥수수나 밀가루 전병(AmL)
chuleta	스테이크식 고기 요리
tinto	레드 와인
jamón	스페인 특산물인 돼지 다리를 숙성한 햄
merluza	대구
gamba	새우(Esp)

Capítulo 10 의식주 (I)

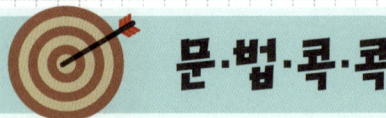

03 ¿Quiere algo más?
원하세요 뭔가 더

¿Tienen el periódico de ayer?
가지고 있다 신문 의 어제

- **¿Quiere algo más?** 더 필요한 것 없으세요?

  algo 영 something, anything
  más 영 more

- **¿Tienen el periódico de ayer?** (당신들은) 어제 신문 있으세요?

anteayer	ayer	hoy	mañana	pasado mañana
그제	어제	오늘	내일	모레

* pasado 철자 유의!

04 De acuerdo. Se lo traigo.

오케이 　 당신께 그걸 제가 가져옵니다

MP3_10_04

ya se lo traigo 곧 당신에게 그것을 가져오겠습니다

lo 그것을 영 it = el periódico

traer 가지고 오다
traigo → traes　trae　traemos　traéis　traen

간접 · 직접목적대명사 동시 사용 복습

간 · 목 (~에게)	
me	nos
te	os
le	les

직 · 목 (~를)	
me	nos
te	os
lo, la	los, las

두 목적대명사가 동시에 문장에 올 경우 (간접 목적대명사)가 앞에 위치합니다.

lo 그 일을, 그 사실을

☐ Te lo voy a decir. = Voy a decírtelo.	내가 너에게 그것을 말할 거야. ※ decírtelo 강세표시 유의!

두 목적대명사가 모두 3인칭인 경우 (간접 목적대명사 le, les) → se로 바뀝니다.

a José 중복 강조형
(생략 가능)

☐ **Le** escribiré **una carta** (a José).	난 **그에게** (호세에게) **편지 한 통**을 쓸 거야.
☐ **Se la** escribiré (a José) ↑ ~~Le~~ **la** escribiré (a José)	난 **그에게** (호세에게) **그것을** 쓸 거야.

 패·턴·톡·톡

▶ 단어를 교체하여 읽고 들어보세요.   🎧 MP3_10_05

01 Quiero **una carne asada**.
전 까르네 아사다를 원합니다.

 **vocabulario**
sombrero 명 hat
*gorra 명 cap
corto 짧은(≠largo)
pañuelo 손수건
*toalla 수건

① un filete
스테이크

② comprar una camisa
셔츠 한 개를 사다

③ llevar un sombrero
모자를 착용하고 있다

④ unos pantalones
바지 한 벌(pl)

⑤ comprar un pañuelo
손수건을 사다

⑥ encontrar un piso
아파트를 구하다

 **¡Recuerde!**
soy alegre 난 명랑하다
　(본질)
estoy alegre 난 기쁘다
　(상태)

🎧 MP3_10_06

02

¿Cómo la quiere?
고기는 어떤 걸 드릴까요?

La quiero muy hecha.
웰던으로 주세요.

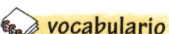

comunicado 교통이 이루어진, 성명서

① lo   poco hecho
그것을   레어

② la   blanca
그것을   흰

③ lo   marrón
그것을   브라운

④ los   cortos
그것들을   짧은

⑤ lo   de color
그것을   색이 있는

⑥ lo   bien comunicado con el metro
그것을   역세권인

Capítulo 10 의식주 (I)

▶ 단어를 교체하여 읽고 들어보세요.　　　　　　　　　　🎧 MP3_10_07

03 Se lo traigo (a usted).
당신에게 그것을 가져올게요 (바로 당신에게).

① te lo　　　　　　(a ti)
너에게 그것을　　　　너에게

② se la　　　　　　(a Ud.)
당신에게 그것을　　　당신에게

③ os lo　　　　　　(a vosotros)
너희에게 그것을　　　너희들에게

④ se los　　　　　　(a ustdes)
당신들에게 그것들을　당신들에게

⑤ os las　　　　　　(a vosotros)
너희에게 그것들을　　너희들에게

⑥ se lo　　　　　　(a ellos)
그들에게 그것을　　　그들에게

⑦ se lo　　　　　　(a este niño)
그에게 그것을　　　　이 아이에게

MP3_10_08

04 Pediré una carne asada.
저는 구운 고기를 주문할게요.

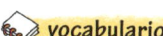

tomar el sol
일광욕 하다

① **tomaré**
전 먹을게요

② **¿tomarás**
넌 먹을 거니?

③ **él tomará**
그는 탈 것이다

④ **¿no tomará usted**
당신은 타지 않을 건가요?

⑤ **tomaremos**
우리는 취할 것이다

⑥ **¿tomaréis**
너희는 탈 거니?

⑦ **los turistas tomarán**
관광객들은 취할 것이다

helado de fresa
딸기 아이스크림

helado de vainilla
바닐라 아이스크림

el metro
전철

el tren de las tres?
3시 열차

el aire
공기

el autobús?
버스

el sol
태양

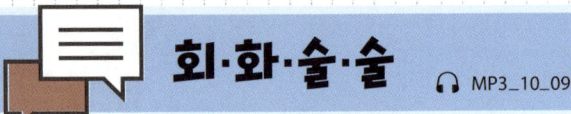

▶ 대화를 들으며 한국어로 말하세요.

En un restaurante

F Buenas tardes, caballero. ¿Qué desea?

M Quiero una sopa de pollo.
Y… pediré una carne asada también.

F ¿Cómo la quiere? ¿Muy hecha o poco hecha?
Ah… Muy bien, caballero. ¿Quiere algo más?

M ¿Qué hay de postre?

F Tenemos zumo de naranja y helado de fresa.

M Tomaré helado de fresa. Y un vaso de agua con hielo, por favor. Tengo mucha sed.
Ah, perdone ¿Tienen el periódico de ayer?

F Sí, caballero. Ya se lo traigo.

¡Un poco más!
☐ ¿En qué puedo servirla, señorita?
뭘 도와드릴까요 아가씨?

▶ 다음 해석을 보고 스페인어로 말하세요.

어느 식당에서

F 안녕하세요, 선생님. 무엇을 드릴까요?

M 치킨 수프 주세요. 그리고… 까르네 아사다도 주문할게요.

F 고기를 어떻게 해 드릴까요? 웰던 아니면 레어로 할까요?
아, 네 좋습니다, 선생님. 뭐 더 필요하신 것은 없으세요?

M 디저트는 뭐가 있죠?

F 저희가 오렌지 주스와 딸기 아이스크림을 갖고 있습니다.

M 딸기 아이스크림을 먹을게요. 그리고 얼음물 한 잔 부탁합니다.
몹시 갈증이 나네요. 아, 저기요. (당신들은) 어제 신문 (가지고) 있나요?

F 네, 선생님. 곧 가져다 드릴게요.

 Palabras y expresiones útiles
desear 원하다 (deseo deseas desea deseamos deseáis desean) | **¿qué desea?** 뭐 원하세요? 뭘 도와드릴까요? | **más** 더 많은. 더 많이(≠menos) | **zumo** 주스 *jugo(AmL) | **fresa** 딸기 *sandía 수박 uva 포도

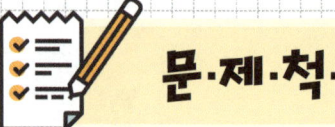 

문·제·척·척 🎧 MP3_10_10

1   다음 보기와 같이 말하세요.

> ⓐ **pido** → pides, pide, pedimos, pedís, piden
> ⓑ **estoy pidiendo** → estás pidiendo, está pidiendo, estamos pidiendo, estáis pidiendo, están pidiendo
> ⓒ **quiero pedir** → quieres pedir, quiere pedir, queremos pedir, queréis pedir, quieren pedir
> ⓓ **tengo que pedir** → tienes que pedir, tiene que pedir, tenemos que pedir, tenéis que pedir, tienen que pedir
> ⓔ **puedo pedir** → puedes pedir, puede pedir, podemos pedir, podéis pedir, pueden pedir
> ⓕ **voy a pedir** → vas a pedir, va a pedir, vamos a pedir, vais a pedir, van a pedir
>
> **Modelo**   **pedir**

1   tomar

2   tomar helado

3   estudiar

4   llevar 가지고 가다, 휴대하다

5   comer algo sabroso 뭔가 맛있는 것을 먹다

6   escribir

¡Vamos a hablar!

El encierro
소몰이 축제

산 페르민 축제는 수 세기 전 성페르민을 기리기 위해 시작한 축하 행사로 매년 스페인 도시 빰쁠로나에서 열립니다. 이 축제의 가장 유명한 활동(행사) 중 하나는 엔시에로(소몰이 축제)입니다. 매년 빰쁠로나 거리는 대략 10여 마리의 황소들 앞에서 뛸 준비가 된 용감한 수천 명의 남자로 가득 찹니다.

El encierro 소몰이 축제

Capítulo 11

Ropa, comida y techo (Ⅱ)

의식주 (Ⅱ)

무료 MP3 바로 듣기

📖 vocabulario K

al aire libre	costar	camiseta	caro
바깥에, 노천의	비용이 들다	티셔츠	비싼

me gusta	a cuadros	cambio	plato
나는 좋아한다	체크무늬의	거스름돈, 잔돈	접시, 요리

sabroso	sorpresa	alegre
맛있는	서프라이즈	기쁜, 명랑한

Objetivos

01 쇼핑
02 가격
03 단순가정

Texto once

En el mercado al aire libre

M ¿En qué puedo servirla, señorita?
F Perdone, ¿cuánto cuesta esta camiseta?
M Ah, no es cara. Cuesta 15 euros.
F Me gusta mucho esta camiseta a cuadros. La compraré si me hace un poco de descuento.
M De acuerdo. Se la dejo en 13 euros. Esta le quedará muy bien, seguro. Aquí tiene el cambio.

En casa de los López

M Ah, cariño. ¿Ya estás en casa?
F Papá, mira. ¿Cómo me queda esta camiseta?
M ¡Qué bonita es la camiseta! Te va bien con los pantalones. A propósito, ¿no tienes nada para mí? Hoy es el Día del Padre…
F Tengo preparado un plato muy sabroso para ti.
M ¡Qué sorpresa! ¡Estoy muy alegre!

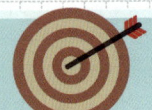

문·법·콕·콕

01 ¿Te gusta esta camiseta a cuadros?
너에게 기쁨을 주다   이   티셔츠   체크 무늬의

🎧 MP3_11_01

¿te gusta esta camiseta a cuadros?
이 체크 무늬 티셔츠가 네 마음에 드니?

gustar ~에게 즐거움을 주다

간·목 (~에게)			직·목 (~를)	
me	nos		me	nos
te	os		te	os
le	les		lo, la	los, las

 ¡Ojo!
동사원형이 동명사임!

☐ Me gusta el café.	난 커피를 좋아해. (직역) 커피가 나에게 즐거움을 준다.
☐ Nos gusta esquiar.	우리는 스키 타는 것을 좋아해요. (직역) 스키 타기가 우리에게 즐거움을 준다.

※ gustar 같은 종류의 동사들은 역구조 동사라고 하며 주어가 보통 동사 뒤에 위치합니다.

☐ ¿Qué te gusta?	넌 뭐 좋아해? (직역) 뭐가 너에게 즐거움을 주니?
☐ (A mí) me gusta el café.	(저는요) 전 커피를 좋아해요.

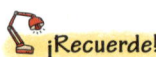 **¡Recuerde!**
중복형(a mí)은 강조 또는 부연설명 시 사용하고, 생략되는 경우도 많아요!

02 Perdone, ¿cuánto cuesta esta camiseta?
실례해요 얼마나 비용이 들다 이 티셔츠

MP3_11_02

● **perdone, ¿cuánto cuesta esta camiseta?**
저기요, 이 티셔츠 얼마예요?

costar 비용이 나가다
cuesto → cuestas cuesta costamos costáis cuestan

☐ ¿Cuánto cuesta este abrigo?	이 외투 얼마예요?
☐ Cuesta 50 dólares. Aquí tiene el cambio.	50달러입니다. 여기 거스름돈요. (직역) 여기 (당신이) 거스름돈 갖는다.
☐ Esta camiseta cuesta 15 euros, pero se la dejo en 13 euros.	이 티셔츠는 15유로입니다. 그러나 당신에게 그걸 13유로에 드리죠.

cincuenta 50
cambio 거스름돈
trece 13
quince 15
dejar 남기다, 놔두다

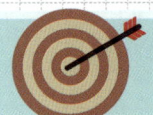

문·법·콕·콕

03 MP3_11_03

¿Cómo me queda esta camiseta?
어떻게 나에게 상태다 이 티셔츠

¡Qué bonita es la camiseta!
참으로 예쁜 입니다 티셔츠가

○ ¿cómo me queda esta camiseta? 이 티셔츠 나에게 어때?

quedar ~상태로 남아 있다	
☐ Esta falda te queda muy bien.	이 치마는 너에게 아주 잘 어울린다.
☐ Nos quedan dos huevos.	우리에게 계란 2개가 남았다.

※ 유사 표현
La camiseta te va bien con los pantalones, seguro.
티셔츠가 네 바지와 잘 어울린다, 확실히 그래.

seguro 영 for sure, safe, sure

○ ¡qué bonita es la camiseta! 참 예쁘구나 그 티셔츠가!

감탄문 ② **qué** + 형용사 + 동사 + 주어	
☐ ¡Qué altos son aquellos edificios!	참으로 높구나, 저 빌딩들은!
☐ ¡Qué bellas son aquellas princesas!	참 예쁘구나, 저 공주님들은!

감탄문 ③ **qué** + 명사	
☐ ¡Qué calor!	무슨 더위가 이런지! (아이고 더워라)
☐ ¡Qué sorpresa! ¿Ya estás en casa?	아이고 놀래라! 벌써 집에 왔니?

04 Tengo preparado un plato muy sabroso para ti.

갖고 있다 / 준비가 된 / 요리 / 매우 / 맛있는 / 너를 위한

MP3_11_04

tengo preparado un plato muy sabroso para ti
너를 위해 내가 아주 맛있는 요리를 하나 준비해 놓았다

(**tener** + 과거분사 + 목적어) → ~를 ~해 놓았다

과거분사 만드는 방법

hablar	→	hablado
comer	→	comido
vivir	→	vivido

☐ Tengo escondido tu dinero.	내가 너의 돈을 숨겨 놓았다.
☐ Tengo escondidas sus joyas.	내가 그녀의 보석들을 숨겨 놓았다.
☐ Tengo pensado salir dentro de tres días.	난 3일 뒤에 출발할 것을 생각해 놓았다.

※ 과거분사나 형용사가 동명사(salir)와 결합 시 남성형(pensado)을 사용합니다.

---

esconder 숨기다
dentro de 엥 in, inside

 패·턴·톡·톡

▶ 단어를 교체하여 읽고 들어보세요.　　　MP3_11_05

01

¿Cuánto cuesta **esta camiseta**?
이 티셔츠 얼마에요?

→ Cuesta **15 euros**.
15유로입니다.

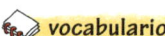 *vocabulario*
habitación gemela(AmL) 트윈룸

① esta blusa
이 블라우스

quince dólares
15달러

② este bolso
이 핸드백

cuarenta euros
40유로

③ el arroz
쌀

cinco euros el kilo
킬로 당 5유로

④ el dólar en México
멕시코에서 1달러

veinte pesos
20페소

⑤ un vuelo a Londres
런던 비행편

setecientos dólares
700달러

⑥ una entrada al cine
영화 입장권

diez dólares
10달러

⑦ el billete de ida y vuelta
왕복 티켓

sesenta euros
60유로

⑧ la habitación con dos camas para una noche
1박 트윈룸

setenta dólares
70달러

02

¿Cómo me queda esta camiseta?
이 티셔츠가 내게 어때 보여?

→ **Te queda muy bien.**
너에게 아주 잘 어울린다.

vocabulario

abrigo de piel 가죽 외투
amplio 넓은, 넉넉한

① este peinado
이 헤어스타일

② este abrigo
이 외투

③ aquel vestido
저 드레스

④ aquella cazadora
저 점퍼

⑤ ese jersey
그 스웨터 (Esp)

⑥ esta rebeca
이 가디건

⑦ este traje
이 수트

muy bien
아주 잘

pequeño
작은

ajustado
꼭 맞는, 꼭 끼는

grande
큰

holgado
여유 있는

fea
추한

fenomenal
끝내 줘

▶ 단어를 교체하여 읽고 들어보세요. 🎧 MP3_11_07

03

¿Qué te gusta?
넌 뭘 좋아하니?

(A mí) me gusta el café.
(나는 말이야) 나는 커피가 좋아.

① os 너희들에게 　　(a nosotros) nos 우리에게
② le 당신에게 　　　(a mí) me 나에게
③ les 당신들에게 　 (a nosotras) nos 우리에게
④ le 그녀에게 　　　(a ella) le 그녀에게
⑤ les 그들에게 　　 (a ellos) les 그들에게
⑥ le 그에게 　　　　(a él) le 그에게
⑦ le 그에게 　　　　(a Pedro) le (뻬드로) 그에게

🎧 MP3_11_08

04 Tengo preparado un plato muy sabroso para ti.
내가 널 위해 아주 맛이 좋은 요리를 준비해 놓았지.

① **vosotros** 너희들

② **usted** 당신

③ **ustedes** 당신들

④ **ella** 그녀

⑤ **ellos** 그들

⑥ **él** 그

⑦ **mí mismo** 바로 나 자신

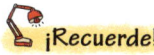

¡Recuerde!

mismo 영 same
↓
화자가 여성이면
para mí misma

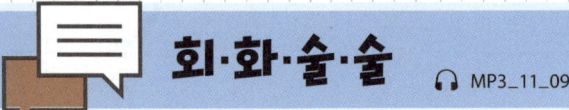

▶ 대화를 들으며 한국어로 말하세요.

En el mercado al aire libre

M ¿En qué puedo servirla, señorita?

F Perdone, ¿cuánto cuesta esta camiseta?

M Ah, no es cara. Cuesta 15 euros.

F Me gusta mucho esta camiseta a cuadros.
La compraré si me hace un poco de descuento.

M De acuerdo. Se la dejo en 13 euros.
Esta le quedará muy bien, seguro. Aquí tiene el cambio.

En casa de los López

M Ah, cariño. ¿Ya estás en casa?

F Papá, mira. ¿Cómo me queda esta camiseta?

M ¡Qué bonita es la camiseta! Te va bien con los pantalones.
A propósito, ¿no tienes nada para mí?
Hoy es el Día del Padre…

F Tengo preparado un plato muy sabroso para ti.

M ¡Qué sorpresa! ¡Estoy muy alegre!

¡Un poco más!
☐ ¿En qué puedo servirle, señor? 뭘 도와드릴까요?
*le = 남자 당신을

▶ 다음 해석을 보고 스페인어로 말하세요.

노천 시장에서

M 뭘 도와드릴까요, 아가씨?

F 저기요, 이 티셔츠 얼마예요?

M 아, 비싸지 않아요. 15유로예요.

F 이 체크 무늬 티셔츠가 아주 마음에 들어요. 조금만 깎아주시면 살게요.

M 그러죠. 13유로에 드릴게요. 이게 당신에게 아주 어울릴 거예요, 진짜로.

로뻬스 씨 (사람들, 가족) 집에서

M 아, 얘야. 벌써 집에 왔니?

F 아빠, 봐봐. 이 티셔츠 내게 어때?

M 참 예쁘구나 티셔츠가! 네게 바지하고 잘 맞는다.
그런데 말이야, 나에게 줄 건 아무것도 없냐? 오늘이 아버지날인데…

F 아빠를 위해 아주 맛있는 요리를 만들어 놓았지.

M 아구 깜짝이야! 아이고 좋아라.

 Palabras y expresiones útiles

perdone 실례해요 (직역) 용서하세요 → 상대방 부르는 다른 표현 **oiga** (여봐요, 들어보세요) | **seguro** 확실한, 안전한, 확실히, 보험 | **cambio** 거스름돈, 잔돈, 변화 | **plato** 접시, 요리 *tenedor 포크 cuchara 숟가락 |
servilleta 냅킨

 **문·제·척·척** 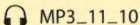 MP3_11_10

1 주어진 단어로 보기와 같이 질문과 대답을 말해보세요.

| Modelo | (tú, el vino) ↓ ¿Te gusta el vino? | (la cerveza) → No, no me gusta el vino. Me gusta la cerveza. |

1 (tú, bailar) → (cantar)
2 (usted, la ciudad) → (el campo)
3 (Juan, ir al cine) → (jugar al fútbol)
4 (tus hermanas, las fresas) → (las manzanas)
5 (vosotros, vivir con vuestros padres) → (solos)

2 위 1번 정답을 듣고 따라하세요.

3 알맞은 간접 대명사로 보기와 같이 질문 후 대답을 하세요.

| Modelo | (Tú) ↓ ¿Qué te gusta? | (bailar) → Me gusta bailar. → Bailaré |

1 (ellos) → tocar el piano
2 (ustedes) → beber y charlar
3 (María) → cuidar el jardín
4 (vosotros) → ir a la playa a nadar
5 (Juan y usted) → leer para ser escritores

4 위 3번 정답을 듣고 따라하세요.

¡Vamos a hablar!

Perú 페루

Capital Lima
Forma de gobierno República democrática
Moneda sol

Machu Picchu
마추피추

페루의 수도는 리마Lima이며 고대 잉카인의 수도는 페루 남부에 위치한 꾸스꼬Cuzco입니다. 이곳에서 페루레일 또는 잉카레일 기차편을 이용해 마추피추와 가장 인접한 아구아스 깔리엔떼스Aguas Calientes 종착역으로 갑니다. 높은 계곡 위에 위치한 이 공중도시는 스페인 정복자들의 공격을 피하기 위해 세워진 것으로 1911년 미국의 역사학자에 의해 발견되었습니다. 엄청난 크기의 돌을 운반하여 정교한 다면체로 쌓아올린 건조물은 모두의 탄성을 자아냅니다. 옛날 그대로의 흐릿하면서도 짙은 안개는 우리를 역사 속으로 시간 이동을 시키는 듯합니다.

페루고유의 [잉카콜라]

[꾸스꼬] 한가로이 쉬고 있는 인디언들과 동물 야마 llama

capítulo 12
Ir al extranjero (I)
외국에 가기 (I)

무료 MP3 바로 듣기

📚 vocabulario L

aeropuerto	avión	azafata	mostrador
공항	비행기	여승무원	카운터

ropa	llevar	cuál	viaje
옷	휴대하다	어느 것	여행

viajero	vale
여행자	OK

Objetivos

01 공항

02 입국신고

03 **cuánto** (얼만큼)

Texto doce

En el aeropuerto

F ¿Tiene usted algo que declarar?
M No tengo nada que declarar. Solo llevo ropa.
F ¿Cuál es el propósito de su viaje?
M Es turismo.
F Vale. ¿Puedo ver su pasaporte?
M Aquí lo tiene Ud.
F ¿Cuánto tiempo va a permanecer en España, caballero? Ah, una semana. Vale. Puede pasar, caballero.
M (Mmm… Ella es un poco seca con los viajeros…)

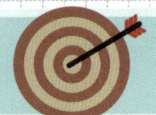

문·법·콕·콕

01 ¿Tiene usted algo que declarar?
가지다 / 당신은 / 뭔가 / 신고를 해야 하는

MP3_12_01

- ¿tiene usted algo que declarar? 세관 신고할 것이 있나요?

  tener 목적어 que inf. ~ 할 ~ 을 가지고 있다

☐ No tengo nada que declarar. Solo llevo ropa.	저는 신고할 게 아무것도 없습니다. 저는 단지 옷만 휴대하고 있습니다.
☐ ¿Qué le pasa, señora? ¿Tiene algo que decirme?	(당신에게) 무슨 일 있으세요, 아주머니? 뭔가 저에게 할 말이 있으세요?

  pasar
  영 happen, pass

※ ¿Hay algo de comer en la nevera? 냉장고에 뭔가 먹을 게 있니?
  No hay nada de beber. 마실 게 하나도 없다.

※ 전치사 con 활용

☐ Ella es amable conmigo.	그녀는 나에게 친절하다.
☐ Él es un poco seco con los viajeros.	그는 여행자들에게 조금 까칠하다.

  seco 영 dry

02

¿Cuál es el propósito de su viaje?
어느 것 이다   목적   당신 여행의

🎧 MP3_12_02

Es turismo.
이다 관광

● ¿Cuál es el propósito de su viaje? 여행 목적은 무엇인가요?

스페인 관광청 로고

스페인은 다음과 같이 행정 구역을 분류합니다.

중앙정부 → Comunidad Autónoma 자치 지방 (17개) + Ciudad Autónoma 자치 시(市) (2개)
                    ↓
            Provincia 주 (50개)

예) Andalucía 자치 지방 → Granada 주 → Granada 주도 capital

Capítulo 12 외국에 가기 (Ⅰ) | 181

문·법·콕·콕

03 ¿Puedo ver su pasaporte?
내가 볼 수 있다   당신의 여권을

MP3_12_03

● ¿puedo ver su pasaporte?   여권 좀 보여주시겠습니까?

□ ¿Puedo usar tu teléfono?	네 전화 좀 쓸 수 있겠니?
□ Vale. (Usted) puede pasar.	좋아요. 통과하세요.

vale 영 OK

04 ¿Cuánto tiempo va a permanecer usted?

얼마나 많은 / 시간 / 체류할 것이다 / 당신은

MP3_12_04

¿cuánto tiempo va a permanecer (usted) en España, caballero? 스페인에서 얼마동안 머무르실 건가요, 선생님?

cuánto 영 how many, how much

☐ ¿Cuántas horas duermes al día? Normalmente duermo seis horas por día.	넌 하루에 몇 시간 자니? 보통 하루에 6시간 잠을 잔다.
☐ ¿A cuántos estamos hoy?	오늘 며칠이에요? (상용 표현임)
☐ ¡Cuántos viajeros!	얼마나 많은 여행객들이야!
☐ ¿Cuánto vale esta cartera? ¿Cuánto es (todo)?	이 지갑은 얼마예요? (다 해서) 얼마예요?

al día = por día
하루 당

 ¡Recuerde!

valer 가치가 나가다
(현재형) valgo vales
vale valemos valéis
valen

▶ 단어를 교체하여 읽고 들어보세요.   MP3_12_05

01 ¿Tienes algo que hacer?
너는 뭔가 할 것이 있니?

① tienes / algo / decirme
  년 있니 / 뭔가 / 나에게 말하다

② tenéis / mucho / hacer
  당신은 있나요 / 많음 / 하다

③ no tienes / nada / ocultar
  너는 없니 / 아무것도 / 숨기다

④ tiene usted / algo / declarar
  당신은 있나요 / 뭔가 / 신고하다

⑤ no tiene Ud. / nada / agradecernos
  당신은 없나요 / 아무것도 / 우리에게 감사하다

⑥ tienes / tanto / contarme
  년 있니 / 그렇게 많음 / 내게 말하다

⑦ ya no tengo / nada / perder
  난 더 이상 없니 / 아무것도 / 잃다

🎧 MP3_12_06

02 ¿Cuál es el propósito de su viaje?
여행 목적은 무엇인가요?

① **tu nombre**
너의 이름

② **tu apellido**
너의 성

③ **su edad**
당신의 나이

④ **su nacionalidad**
당신의 국적

⑤ **la capital de Corea**
한국의 수도

⑥ **tu número de teléfono**
너의 전화번호

⑦ **la dirección electrónica de José**
호세의 이메일 주소

 ¡Recuerde!

@ → arroba
.com → punto com

▶ 단어를 교체하여 읽고 들어보세요.　　　MP3_12_07

03 ¿Puedo ver su pasaporte?
당신의 여권을 볼 수 있을까요?

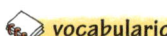 **vocabulario**

dejar 영 let, leave
deber 영 must, should
lo que (yo) debo hacer 영 what I must do

① ver la televisión
　TV 보다

② ver las fotos
　사진들을 보다

③ ver al profesor
　선생님을 보다

④ acompañarte
　너를 따라 같이 가다

⑤ visitarle pasado mañana
　모레 당신을(그를) 찾아뵙다

⑥ entrar en la sala ahora mismo
　지금 당장 홀에 들어가다

⑦ salir de aquí
　여기서 나가다

⑧ llegar a la comisaría dentro de 20 minutos
　20분이면 경찰서에 도착하다

⑨ aplazar el examen al miércoles
　시험을 수요일로 연기하다

⑩ dejar para mañana lo que debo hacer hoy
　오늘 제가 해야 하는 것을 내일로 미루다

🎧 MP3_12_08

04 ¿Cuánto tiempo va a permanecer usted?
당신은 얼마 동안 체류하실 겁니까?

necesitar 영 need
*necesitar + inf.
영 need to
libertad (f) 자유
*libre 자유로운
gratuito 무료인
gratis 공짜로

① **va a trabajar usted**
일할 것이다

② **necesita dormir usted**
잠을 잘 필요가 있다

③ **debe estar Ud. aquí**
여기에 있어야 한다

④ **quiere vivir allí**
그곳에서 살고 싶다

⑤ **puede aguantar Ud. este frío**
이 추위를 참을 수 있다

⑥ **tiene que soportarle usted**
그 남자를 참아내야 한다

⑦ **luchará usted por la libertad**
자유를 위해 싸울 것이다

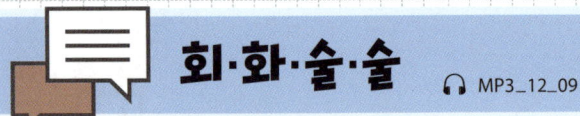

▶ 대화를 들으며 한국어로 말하세요.

En el aeropuerto

F ¿Tiene usted algo que declarar?

M No tengo nada que declarar. Solo llevo ropa.

F ¿Cuál es el propósito de su viaje?

M Es turismo.

F Vale. ¿Puedo ver su pasaporte?

M Aquí lo tiene Ud.

F ¿Cuánto tiempo va a permanecer en España, caballero? Ah, una semana. Vale. Puede pasar, caballero.

M (Mmm… Ella es un poco seca con los viajeros…)

▶ 다음 해석을 보고 스페인어로 말하세요.

공항에서

F 신고할 것이 있나요?

M 신고할 것은 없습니다. 옷만 휴대하고 있습니다.

F 여행 목적은 무엇인가요?

M 관광입니다.

F 좋습니다. 여권 좀 볼 수 있을까요?

M 여기 있습니다.

F 스페인에서 얼마나 계실 겁니까, 선생님?
아, 1주일. 좋습니다. 가셔도 좋습니다, 선생님.

M (음… 저 사람은 여행자들에게 조금 까칠하네…)

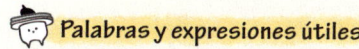 **Palabras y expresiones útiles**

llevar 지니다, 휴대하다, 착용하고 있다, 가지고 가다 | **seco** 건조한, 마른, 까칠한 ※ secar 말리다 mojar 적시다

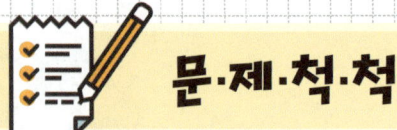

문·제·척·척

1 다음 문장의 괄호에 알맞은 말을 넣어 말하세요.

1. Yo (   ) en una compañía de seguros. 저는 보험회사에서 일합니다.

2. ¿Hasta (   ) hora trabajas? 넌 몇 시까지 일하니?

3. Trabajamos (   ) nueve (   ) cinco. 우리는 9시부터 5시까지 일합니다.

4. ¿Cómo (   ) usted? 어떻게 지내세요?

5. Buenas tardes, ¿qué (   ) a tomar? 안녕하세요? 손님들께서는 무엇을 드실 건가요?

6. Quiero un café con (   ). 전 밀크 커피를 주세요.

7. ¿Quieren (   ) más? ¿Quieren una (   )?
   손님들 뭔가 더 필요하세요? 맥주 한 잔 드릴까요?

8. ¿Para (   ) es el bocadillo de queso?
   치즈 바게트 샌드위치는 어느 분께서 드실 건가요?

9. Es para (   ). 제가 먹을 겁니다.

10. ¿(   ) quién es el coche? 그 차는 누구의 것입니까?

11. Mi casa está muy (   ) de aquí. 나의 집은 여기서 매우 멀어.

12. Disculpe, ¿dónde (   ) una farmacia? 실례지만 어디에 약국이 하나 있나요?

13. ¿(   ) un supermercado por aquí? 여기 주변에 슈퍼마켓이 하나 있나요?

14. (   ) un momento. 잠깐 기다려.

15. La comisaría está al (   ) del banco nacional. 경찰서는 국립은행 옆에 있습니다.

16. La tienda está (   ) el banco y el teatro. 그 상점은 은행과 극장 사이에 있습니다.

17 La sopa está muy (   ). ¿(   ) calentarla?
수프가 아주 차갑네요. 이걸 좀 데워줄 수 있어요?

18 La (   ) está quemada. ¿Puede cambiarla?
고기가 탔어요. 이걸 바꿔 주실 수 있나요?

19 ¿A qué hora (   ) el tren para Madrid?
마드리드로 가는 열차는 몇 시에 출발해요?

20 De (   ) = No hay de (   ) 천만에요.

21 (   ) una habitación. 방 하나 원합니다.

22 ¿Para (   ) noches la quiere? 몇 박으로 쓰실 건가요?

23 ¿(   ) es por noche? 1박에 얼마인가요?

24 ¿Puedo (   ) con tarjeta de crédito? 신용카드로 돈 내도 됩니까?

25 ¿Cuánto (   ) una botella de vino? 와인 한 병에 얼마인가요?

26 ¿(   ) hay en el menú del día? 오늘의 세트 메뉴에는 어떤 것이 있나요?

27 De primero (   ) ensalada. 첫 코스로 샐러드가 있습니다.

28 ¿Cuántos años (   )? 넌 몇 살이니?

29 ¿Tengo (   ) cambiar de línea en el metro?
전철에서 다른 호선으로 갈아타야 하나요?

30 Jorge es (   ) mi hijo. Es muy travieso. 호르헤는 내 아들같다. 아주 개구쟁이야.

Clase extra 3 ▶ Escuche y repita. 🎧 MP3_C_03

A 전치사 para, por 그리고 con

① **luchar por** ~를 위해 싸우다

Los esclavos negros lucharon por la libertad.

흑인 노예들은 자유를 위해 투쟁했다.

* por의 첫 번째 뜻은 (~때문에)입니다. 즉 자유 때문에 싸운다는 애틋한 느낌이 전해집니다.

② **morir por** ~를 위해 죽다

¿Por qué deben morir estos jóvenes inocentes por la justicia y la democracia?

왜 이 죄 없는 젊은이들이 정의와 민주주의를 위해 죽어야 합니까?

* inocente 죄 없는(≠culpable)

③ **salir para** ~를 향해 출발하다

El jefe ya había salido para Barcelona cuando le llamé.

상사는 내가 전화했을 때 벌써 바르셀로나로 출발했다.

* hacia ~향하여, ~경에 ← (동사 hacer 불완료과거 hacía와 구분 주의)
* 밑줄 친 시제는 추후 학습합니다.

④ **para** ~하기 위해

¿Tienes tiempo para hablar conmigo?

나와 말할 시간이 있니?

* 보통 (~하기 위해서)라고 하면서 많이 사용하는 전치사가 para이지만 단어에 따라서 우리가 이미 학습했듯이 전치사 por 또는 a를 사용하는 경우도 있다는 것 기억해 두세요!

⑤ **con** ~에게 (친절한, 화가 난, 못되게 구는)

Ese caballero es muy amable con todas las mujeres.

그 신사는 모든 여자들에게 정말 친절하다.

* (~에게) 라고 하면 보통 전치사 a 사용이 떠오르지만 이렇게 전치사 con 사용 문형도 있습니다. 즉, 어떤 사람과 함께 있거나 그 사람을 가지고 어떤 행태를 보이는 것으로 이해할 수 있겠습니다.

Ella es un poco seca con los viajeros.

그 여자는 여행객들에게 무뚝뚝하다. (말이 짧다)

* seco 건조한, 마른

Él es muy malo conmigo.
그는 나에게 아주 못되게 군다.

Estoy enfadado contigo.
난 너에게 화가 난다.

Ella está muy enojada con usted.
그녀는 당신에게 아주 화가 나 있어요.

* enojado(AmL)

¡Recuerde!

접속사 y (그리고)

☐ español e inglés	뒤에 i- 시작 단어가 오는 경우
☐ padre e hijo	뒤에 hi- 시작 단어가 오는 경우
☐ tigre y hiena	뒤에 hie- 시작 단어가 오는 경우 [해석] 호랑이와 하이에나
☐ ¡Y Isabel!	감탄문 글 머리에 오는 경우 변화 없음
☐ ¿Y Ignacio?	의문문 글 머리에 오는 경우 변화 없음

접속사 o (또는)

☐ siete u ocho	뒤에 o- 시작 단어가 오는 경우
☐ flores u hojas	뒤에 ho- 시작 단어가 오는 경우 [해석] 꽃들 또는 잎들

capítulo 13

Ir al extranjero (Ⅱ)
외국에가기 (Ⅱ)

무료 MP3 바로 듣기

📚 vocabulario M

- **comisaría** 경찰서
- **perder** 잃어버리다
- **cartera** 지갑
- **robar** 훔치다
- **bajar del tren** 열차에서 내리다
- **dinero en efectivo** 현찰
- **gemelo** 쌍둥이(의)
- **de madrugada** 새벽에

Objetivos

01 가능법 (영 would)
02 현재완료
03 재귀대명사 **se**

Texto trece 🎧 MP3_13_00

En la comisaría

F   Oiga. ¿Me podría ayudar?
M1 ¿Qué le pasa, señora?
F   Es que he perdido la cartera. Creo que me la han robado al bajar del tren.
M1 Un momentito, señora. Mire, ¿no es suya esta cartera?
F   Ah, es mía. ¿Dónde la han encontrado? Vamos a ver… Pues, a excepción del dinero en efectivo… Todo está completo.

En el hotel

M1 Tengo una reserva a nombre de Kim Se Jo.
F   Perdone. ¿Me podría repetir su nombre despacio?
M1 Ah, me llamo Kim Se Jo. A propósito, ¿cuánto cuesta la habitación con dos camas para una noche? Me gustaría cambiar de habitación.
F   Ah, el precio es igual pero hoy no queda ni una sola habitación con camas gemelas. Lo siento mucho…
M2 Amor mío, ¿a qué hora te levantarás mañana? ¡Vaya! ¿Que dejaremos el hotel de madrugada?

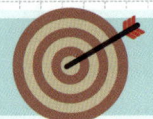

문·법·콕·콕

01 Oiga. ¿Me podría ayudar?
여봐요 / 저를 / 도와주실 수 있는지

MP3_13_01

¿me podría ayudar (usted)? 절 좀 도와주실 수 있는지요?

가능법 (영 would)

ser 동사 →	yo	sería	nosotros	seríamos
	tú	serías	vosotros	seríais
	él ella Ud.	sería	ellos ellas Uds.	serían

gustar	gustaría	gustarías	gustaría	gustaríamos	gustaríais	gustarían
poder	podría	podrías	podría	podríamos	podríais	podrían

poder 동사
미래시제 어간 변화와
동일!

① ¿**Podría** hablar contigo un momento?
　 could I
잠깐 너와 말 좀 할 수 있을까?
(정중성)

② **Me gustaría** cambiar de habitación.
　 I would like to
방을 좀 바꾸고 싶어요.
(희망성)

cambiar de (무관사)
～바꾸다
despacio 부 천천히

¿Me podría repetir su nombre despacio?
제게 성함을 천천히 다시 말해 주실 수 있을까요?

02

MP3_13_02

Es que he perdido la cartera.
실은 제가 잃은 상태예요 지갑

Vamos a ver…
(우리가) 봅시다…

he perdido la cartera 제가 지금 지갑을 분실했습니다

(**haber** 현재시제 + 과거분사) = (현재완료)

yo	**he** perdido	nosotros	**hemos** perdido
tú	**has** perdido	vosotros	**habéis** perdido
él ella Ud.	**ha** perdido	ellos ellas Uds.	**han** perdido

☐ Creo que me la han robado al bajar del tren. — 제가 열차에서 내릴 때 (누군가들이) 내게서 그것을 훔쳤다고 생각해요.

☐ ¿Dónde la han encontrado? — 어디에서 그것을 (당신들이, 사람들이) 찾았나요?

¡Ojo!
haber 바로 뒤의 과거분사는 성수변화 없음

al inf.
~할 때, 하자마자

문·법·콕·콕

03 (Yo) me llamo Kim Se Jo.
나는 자신을 부른다 김세호라고

🎧 MP3_13_03

(yo) me llamo Kim Se Jo 제 이름은 김세호입니다

재귀 대명사 Se 자기 자신을 (자신에게)

나 자신을	me	nos	우리 자신을
너 자신을	te	os	너희 자신을
그 (그녀, 당신, 그것) 자신을	se	se	그들 (그녀들, 당신들, 그것들) 자신을

▶ ¿Cómo te llamas (tú)?   이름이 어떻게 되니 (넌)?
　　　　　　　　　　　　(직역) 어떻게 넌 너 자신을 부르니?

se 명 oneself
*직접·간접 목적대명사와 문장위치는 동일

Se 사용법 하나 더! 타동사 + Se = 자동사

levantar	들어 올리다		**levantarse**	일어나다
levanto	levantamos	→	me levanto	nos levantamos
levantas	levantáis		te levantas	os levantáis
levanta	levantan		se levanta	se levantan

Yo **me** levanto temprano.　　　　난 일찍 일어납니다.
   I　myself　lift　　　　　　　　　(난 나 자신을 들어 올린다 일찍)

☐ ¿A qué hora te levantas (tú)?　　　넌 몇 시에 일어나니?

☐ ¿A qué hora te levantarás mañana?　내일 몇 시에 일어날 거야?

04

MP3_13_04

El precio es igual. No queda ni una sola habitación con camas gemelas.
요금은 이다 같은 남아 있지 않다 조차 하나의 유일한 방 가진 침대들 쌍둥이의

● no queda ni una sola habitación con camas gemelas 트윈룸은 한 개도 남지 않았습니다

부정문에 사용 ~조차 ← **ni** → 또는, ~도 부정문에 사용

| ☐ No tengo ni idea. | 전혀 모르겠다. (생각조차 가지지 않는다) |
| ☐ Yo no tomo (ni) helado **ni** yogur.
↑
Yo tomo helado y yogur. | 난 아이스크림도 요구르트도 먹지 않아. |

solo 형 홀로의, 하나인
solo 부 단지

괄호의 첫 번째 ni
생략 가능!

Capítulo 13 외국에 가기 (II)

 패·턴·톡·톡

▶ 단어를 교체하여 읽고 들어보세요.   🎧 MP3_13_05

01 ¿Me podría **ayudar**?
저를 좀 도와 주실 수 있을런지요?

 **vocabulario**

me 저를, 저에게
tarjeta 카드, 명함
  (=tarjeta de presentación)
paraguas (m) 우산
  (단복수 동형)
recoger 영 pick up

① **pasar la sal**
   소금을 건네주다

② **dar su tarjeta**
   당신의 명함

③ **presentar al jefe**
   상사를 소개하다

④ **prestar el paraguas**
   우산을 빌려주다

⑤ **recoger el jabón**
   비누를 줍다

⑥ **mandar el archivo**
   파일을 보내다

⑦ **decir dónde vive él**
   그가 어디에 사는지 말하다

⑧ **repetir su nombre despacio**
   당신의 이름을 천천히 반복하다

MP3_13_06

02 He perdido la cartera.
제가 지갑을 잃어버렸어요.

vocabulario

tirar 던지다
　*tirar de 당기다
　*empujar 밀다
esconder 숨기다
　(=ocultar)
quemar 태우다.
　무지 뜨겁다
devuelto devolver
　(되돌려주다)
　과거분사
visto ver (보다)
　과거분사

① **has vendido**
　네가 팔았다

② **hemos tirado**
　우리가 버렸다

③ **mi mujer ha escondido**
　내 마누라가 숨겼다

④ **habéis quemado**
　너희가 태웠다

⑤ **ella me ha devuelto**
　그녀가 내게 되돌려주었다

⑥ **un pasajero ha encontrado**
　승객 한 분이 발견했다

⑦ **ustedes han visto**
　당신들이 봤다

⑧ **¿dónde han encontrado… ?**
　어디서 당신들이 발견했죠

Capítulo 13 외국에 가기 (Ⅱ) | 201

패·턴·톡·톡

▶ 단어를 교체하여 읽고 들어보세요.　🎧 MP3_13_07

03
¿Cómo **te llamas**?
네 이름은 어떻게 되니?

Me llamo Kim Se Jo.
난 김세호라고 해.

vocabulario
huésped(m)(f)
투숙객, 숙박 손님
*invitado/a
초대 손님
*cliente(m)(f)
고객, 손님
*visitante(m)(f)
방문객 (박물관 등)

① se llama Ud.
당신 자신을 부르세요?

② se llama el joven
그 젊은이는 자신을 불러요?

③ se llama aquel huésped
저 투숙객은 자신을 불러요?

④ se llaman tus alumnos
네 학생들은 자신들을 부르니?

⑤ os llamáis
너희는 자신들을 부르니?

⑥ me llamo
난 자신을 부르니?

me llamo
나 자신을 부른다

él se llama
그는 자신을 부른다

él se llama
그는 자신을 부른다

ellos se llaman
Yoel y José
그들은 자신들을 부른다,
요엘 그리고 호세라고

nos llamamos
Yoel y José
우리는 자신들을 부른다,
요엘 그리고 호세라고

te llamas
넌 자신을 부른다

04 ¿A qué hora te levantarás mañana?
내일 넌 몇 시에 일어날 거니?

① **se levantará usted**
당신은 일어날 것이다

② **se levantará el joven**
그 젊은이는 일어날 것이다

③ **se levantará él**
그는 일어날 것이다

④ **se levantarán ellos**
그들은 일어날 것이다

⑤ **os levantaréis**
너희는 일어날 것이다

⑥ **nos levantaremos**
우리는 일어날 것이다

회·화·술·술   MP3_13_09

▶ 대화를 들으며 한국어로 말하세요.

En la comisaría

F   Oiga. ¿Me podría ayudar?

M1 ¿Qué le pasa, señora?

F   Es que he perdido la cartera.
    Creo que me la han robado al bajar del tren.

M1 Un momentito, señora. Mire, ¿no es suya esta cartera?

F   Ah, es mía. ¿Dónde la han encontrado? Vamos a ver…
    Pues, a excepción del dinero en efectivo…
    Todo está completo.

En el hotel

M1 Tengo una reserva a nombre de Kim Se Jo.

F   Perdone. ¿Me podría repetir su nombre despacio?

M1 Ah, me llamo Kim Se Jo. A propósito, ¿cuánto cuesta la habitación con dos camas para una noche?
    Me gustaría cambiar de habitación.

F   Ah, el precio es igual pero hoy no queda
    ni una sola habitación con camas gemelas.
    Lo siento mucho…

M2 Amor mío, ¿a qué hora te levantarás
    mañana? ¡Vaya! ¿Que dejaremos
    el hotel de madrugada?

¡Un poco más!

☐ en efectivo 현찰로
☐ al contado 현찰로, 일시불로
☐ a plazos 할부로

▶ 다음 해석을 보고 스페인어로 말하세요.

경찰서에서

F   이 보세요. 저 좀 도와줄 수 있을런지요?

M1   무슨 일입니까, 아주머니?

F   실은 제가 지갑을 분실했어요. 생각해 보니 기차에서 내릴 때 훔쳐갔어요.

M1   잠깐만요, 아주머니. 저기 보세요. 이 지갑이 당신 것 아닌가요?

F   아, 제 거예요. 어디서 찾으셨어들?

어디 봅시다… 에, 저기, 현금 말고는… 전부 있네요.

호텔에서

M1   김세호라는 이름으로 예약을 했는데요.

F   저기 (실례지만).
이름을 천천히 다시 말씀해 주실 수 있을까요?

M1   아, 저는 김세호입니다.
그런데 말이죠, 침대가 두 개인 방은 1박에 얼마입니까?
방을 바꾸고 싶은데요.

F   아, 요금은 같지만 오늘 트윈룸이 하나도 없습니다.
정말 죄송합니다.

M2   여보, 내일 몇 시에 일어날 거야?
아이고야! 우리가 새벽에 체크아웃할 거라고?

Palabras y expresiones útiles

oiga 여보세요 (상대를 부르면서 또는 전화를 걸거나 통화 중 상대를 부르면서) *****diga** 여보세요 (전화를 받으면서) | **robar** 훔치다 *****ladrón / ladrona** 도둑, 강도 | **reserva** 예약 *****reservación**(AmL) | **despacio** 천천히 (=lentamente) (≠rápido, rápidamente)

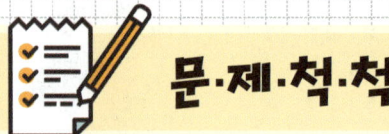

문·제·척·척

1 주어진 단어로 보기와 같이 질문과 대답을 말해보세요.

| Modelo | (qué, hacer, Juan) ↓ ¿Qué le gustaría hacer a Juan? | nadar → (A Juan) le gustaría nadar. |

1 (qué, comer, tú)   → (carne)
2 (dónde, vivir, usted)   → (en Sevilla)
3 (dónde, estudiar, ellos)   → (en la biblioteca)
4 (quién, hablar, conmigo)   → (la señorita Kim)
5 (cuándo, visitarme, vosotros) → (el miércoles próximo)

2 제시된 말로 보기와 같이 질문과 대답을 하세요. (1, 2인칭은 주어를 생략하세요)

| Modelo | ¿A qué hora **levantarse** tú? ↓ ¿A qué hora **te levantas**? | a las 7:00 de la mañana (a mediodía 정오에) → Generalmente me levanto a las siete de la mañana. Mañana me levantaré a mediodía. |

1 ¿A qué hora levantarse usted?   a las 10:45 de la mañana   al amanecer 동이 틀 때
2 ¿A qué hora levantarse tu padre?   a las 8:15 de la mañana   al atardecer 날이 저물 때
3 ¿A qué hora levantarse vosotros?   a las 7:30 de la mañana   al anochecer 밤이 될 때

| 4 | ¿A qué hora levantarse los niños? | a las 11:10 de la mañana | al oscurecer 어두워질 때 |
| 5 | ¿A qué hora levantarse tú? | a las 9:05 de la noche | de madrugada 새벽에 |

※ antes del mediodía 정오 전에

3 주어진 동사를 현재완료로 질문과 대답을 말해보세요.

| Modelo | (qué, hacer, Juan, esta tarde) ¿Qué ha hecho Juan esta tarde? | nadar en la piscina → Esta tarde él ha nadado en la piscina |

1 (qué, comer, tú, esta mañana) → (carne)
2 (dónde, encontrar, la cartera, ustedes) → (en el baño)
3 (dónde, estudiar, ellos, hoy) → (en la biblioteca)
4 (quién, decir, te, lo) → (tú)
5 (a quién, visitar, vosotros) → (al padre de Clara)

Capítulo 14
El hospital
병원

무료 MP3 바로 듣기

📚 vocabulario N

| diarrea | dolor de cabeza | estómago | atender |
| 설사 | 두통 | 위 | (진료, 응대)하다 |

| ven aquí | acostar | análisis de orina | sangre |
| 이리 와라 | 눕히다 | 소변 검사 | 혈액 |

| náuseas | enteritis | Dios mío | hombro |
| 구토 | 장염 | 신이시여! | 어깨 |

Objetivos

01 병원
02 **tú** 긍정 명령 불규칙
03 재귀동사 명령법

Texto catorce

En el hospital

F ¿Qué le duele?
M Me duele la cabeza y tengo diarrea.
Doctora, mi hijo tiene dolor de estómago.
¿Podría atenderle antes?
F Vale. Ven aquí, niño. ¿Cómo te llamas?
Bueno, Pedro, ¿te duele mucho el estómago?
Pedro, acuéstate en la cama, por favor.
¿Te duele si te aprieto aquí?
M ¿Qué tiene mi hijo, doctora? ¿Es algo grave?
F A ver… ¿Han vomitado ustedes antes de venir aquí?
M No, doctora. Pero yo tengo náuseas.
F Primero, les haremos un análisis de orina y sangre.
Parece que tienen enteritis.
M Oh, Dios mío.

문·법·콕·콕

01

MP3_14_01

¿Qué te duele? ¿Te duele el estómago?
무엇이 네게 고통주니   네게 고통주니   위가

Me duele la cabeza.
내게 고통을 줘   머리가

¿qué te duele? 어디가 아프니?

> **doler** ~에게 고통을 주다
> (현재형) duelo dueles duele dolemos doléis duelen

☐ ¿Qué le duele (a usted)?	어디가 아프세요?
	(직역) 무엇이 당신에게 고통을 주나요?
Me duele la cabeza.	머리가 아픕니다.
	(직역) 머리가 나에게 고통을 줍니다.
*Yo tengo dolor de cabeza.	머리가 아파요.
	(직역) 저는 두통을 가지고 있습니다.

☐ ¿Te duele el estómago?	배가 아프니?
	(직역) 위가 너에게 고통을 주니?
*¿Tienes dolor de estómago?	배가 아프니?
	(직역) 너는 위통을 가지고 있니?

☐ ¿Te duele si te aprieto aquí?	내가 여기 누르면 아프니?

*apretar (현재형) aprieto aprietas aprieta apretamos apretáis aprietan

apretar 영 press
*empujar 영 push

02 ¿Has vomitado?
너는 토했니

Tengo diarrea y náuseas.
난 가진다   설사   와   메스꺼움을

MP3_14_02

vomitar 토하다

¿has vomitado? 너 토했니?

현재완료 확인!
he has ha hemos habéis han + 과거분사

- ¿Han vomitado ustedes antes de venir aquí?
- No. ¿Es algo grave?
- Parece que tienen enteritis.

당신들은 여기 오시기 전에 토했나요?

아니요. 뭔가 심각한 건가요?
장염에 걸린 것 같습니다.

*parecer (현재형) parezco pareces parece parecemos parecéis parecen

parece que
영 it seems that
(가주어 it 없음)
(que=주어)

※ haber 동사 현재 3인칭은 두 개입니다.
　→ **ha** (완료시제 조동사에 사용)
　→ **hay** (이미 배운 용법입니다)

※ haber 바로 뒤의 과거분사는 성수변화 없습니다.
　Ella ha vomitad**o**.

Capítulo 14 병원 | 211

문·법·콕·콕

03 ¿Podría atenderle antes?
할수있나요 진료하다 그를 전에

🎧 MP3_14_03

Ven aquí, niño.
와라 여기에 얘야

- ¿podría atenderle antes? 쟤를 (그 전에) 먼저 진료해 주실 수 있을까요?

  atender (의사) 진료하다, (승무원, 점원 등) 응대하다

  *atender (현재형) atiendo atiendes atiende atendemos atendéis atienden

atención(f)
주의, 관심

- **ven aquí** 이리 와라 = **ven acá** (특히 AmL)

  tú 긍정 명령형 따로 암기해야 하는 동사들   너 ~ 해라!

📌 ¡Ojo!
sal(f) 소금
él ve 그는 본다

venir	오다	**ven**		hacer	하다, 만들다	**haz**
salir	나가다	**sal**	→	decir	말하다	**di**
tener	갖고 있다	**ten**		ser	이다	**sé**
poner	놓다, 켜다	**pon**		ir	가다	**ve**

qué tener + 주어
영 what's the matter with + sb

☐ ¿Qué tiene mi hijo? Dime la verdad.	내 아들이 무슨 일이 있는 건가요? 나에게 사실을 말해라!
☐ Sé bueno, niño. Sé buena, niña.	착하게 굴어라, 얘야!

04 Acuéstate en la cama. A ver…
눕혀라, 너 자신을   침대에   어디 보자

Les haremos un análisis de orina y sangre.
당신들에게 할 겁니다   분석   의 소변 그리고 혈액

🎧 MP3_14_04

---

sangre(f) 피

acuéstate en la cama 침대에 누워라!

acostar 눕히다 → **acostarse** 눕다 (자신을 눕히다)
(현재형) acuesto acuestas <u>acuesta</u> acostamos acostáis acuestan

① acu**e**sta 넌 눕혀라 (tú 긍정 명령 시 3인칭 단수 사용, 읽을 때 강세는 **e**)

② te 너 자신을 (재귀대명사도 긍정 명령 시 동사 뒤에 찰싹 붙음)

▶ ① + ② = **acuéstate** 너 자신을 눕혀라
주의 강세 부호가 없을 시 acuest**a**te, 즉 강세 위치가 변동됩니다.

les haremos un análisis de orina y sangre
저희가 당신들 소변과 혈액검사를 할 거예요

미래시제 불규칙 복습
하다, 만들다 ← **hacer** & **poder** → 할 수 있다

hacer   haré harás hará <u>haremos</u> haréis harán
poder   podré podrás podrá podremos podréis podrán

Capítulo 14 병원 | 213

▶ 단어를 교체하여 읽고 들어보세요. 🎧 MP3_14_05

01

¿Qué te duele?
넌 어디가 아프니?

Me duele la cabeza.
난 머리가 아프다.

① le / me / el estómago
당신에게 / 나에게 / 위

② te / me / la garganta
너에게 / 나에게 / 목구멍

③ os / nos / el estómago
너희에게 / 우리에게 / 위

④ te / me / el brazo
너에게 / 내게 / 팔

⑤ le / a mi hijo le / todo el cuerpo
그에게 / 내 아들에게 / 몸 전체

⑥ te / a mí no me / nada
너에게 / 나에게 ~아니다 / 아무것도

⑦ le / a Lola le / la pierna
그녀에게 / 롤라에게 / 다리

¡Recuerde!

me duele todo el cuerpo 몸살 났어
me duelen las muelas 이가 아파요 (la muela 어금니)
¿qué le duele (a Lola)? (롤라) 그녀는 어디가 아프니?

02 Niño, ven aquí.
애야, 여기에 와라!

① **sal de aquí**
여기에서 나가라

② **pon el abrigo en el armario.**
외투를 장에 놓아라

③ **haz los deberes**
숙제해라

④ **dímelo**
내게 그걸 말해라

⑤ **ten paciencia**
참아라

⑥ **sé bueno**
착하게 굴어라

⑦ **haz la maleta**
짐을 꾸려라

 패·턴·톡·톡

▶ 단어를 교체하여 읽고 들어보세요.   🎧 MP3_14_07

03 Parece que tienen enteritis.
당신들은 장염인 것 같습니다.

 *vocabulario*

seguir 통 continue, follow
(현재형) sigo sigues sigue seguimos seguís siguen
pasarlo bien 통 have a good time
divertirse 통 have fun

① estás enfermo
네가 아프다

② va a llover
비가 올 것이다

③ él está enamorado de ti
그는 너에게 반했다

④ ella sigue pensando en mí
그녀는 계속해서 날 생각한다

⑤ él está durmiendo.
그는 자고 있는 중이다

⑥ la habitación está desordenada
방이 어지럽혀진 상태다

⑦ ellos lo están pasando bien
그들은 즐거운 시간을 보내는 중이다

⑧ ella va a divertirse bailando
그녀는 춤 추면서 재미있게 놀 것이다

⑨ está lloviendo a cántaros
비가 퍼붓고 있는 중이다

⑩ es algo grave
뭔가 심각한 것이다

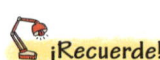 ¡Recuerde!

seguir + ing
계속해서~하다
durmiendo 자다
(dormir) 현재분사

MP3_14_08

04 Acuéstate.
(너) 누워라.

① **levántate**
일어나라

② **cierra la ventana**
창문을 닫아라

③ **abre los ojos**
눈을 떠라

④ **mírate en el espejo**
거울을 봐라

⑤ **despiértate**
잠을 깨라

⑥ **lava la ropa**
옷을 빨아라

⑦ **lávame la cara**
얼굴을 씻어 줘 (내게 얼굴을 씻어라)

⑧ **lávate**
씻어라 (너 자신을 씻어라)

⑨ **lávate las manos**
손 씻어라 (너 자신에게 손들을 씻어라)

⑩ **ponle el abrigo a Juan**
너는 후안 그에게 외투를 입혀라

¡Recuerde!

despertar(se)
(자신을) 깨우다
(현재형) despierto
despiertas
<u>despierta</u>
despertamos
despertáis
despiertan

회·화·술·술

▶ 대화를 들으며 한국어로 말하세요.

En el hospital

F   ¿Qué le duele?

M   Me duele la cabeza y tengo diarrea.
Doctora, mi hijo tiene dolor de estómago.
¿Podría atenderle antes?

F   Vale. Ven aquí, niño.
¿Cómo te llamas? Bueno, Pedro,
¿te duele mucho el estómago?
Pedro, acuéstate en la cama, por favor.
¿Te duele si te aprieto aquí?

M   ¿Qué tiene mi hijo, doctora?
¿Es algo grave?

F   A ver…
¿Han vomitado ustedes antes de venir aquí?

M   No, doctora. Pero yo tengo náuseas.

F   Primero, les haremos un análisis de orina y sangre.
Parece que tienen enteritis.

M   Oh, Dios mío.

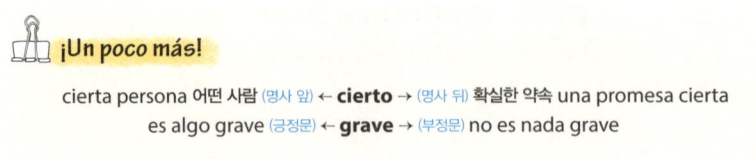

¡Un poco más!

cierta persona 어떤 사람 (명사 앞) ← **cierto** → (명사 뒤) 확실한 약속 una promesa cierta
es algo grave (긍정문) ← **grave** → (부정문) no es nada grave

▶ 다음 해석을 보고 스페인어로 말하세요.

병원에서

F   어디가 아프세요?

M   머리가 아프고 설사를 해요.
의사 선생님, 제 아들이 배가 아파요.
걔를 먼저 봐 주실래요?

F   그러죠. 얘야 이리 와라.
이름이 어떻게 되니?
그래, 뻬드로야. 배가 많이 아프니?
뻬드로 침대에 좀 누워라.
여기 누르면 아프니?

M   제 아들이 뭔 일이죠? 뭐 심각한 건가요?

F   어디 봅시다. 여기 오기 전에 구토를 하셨나요들?

M   아니요, 선생님. 그러나 제가 구역질이 나요.

F   우선 두 분 소변과 혈액 검사를 할 거예요.
장염에 걸린 것 같아요.

M   아, 맙소사.

 Palabras y expresiones útiles

dolor(m) 고통 | atender 유의해서 살펴 주다 | acostarse 눕다, 잠자리에 들다 ~boca abajo 엎드려 눕다 |
apretar 누르다(vt) 누름을 주다(vi)(본문 중)

문·제·척·척

1 주어진 단어로 보기와 같이 질문과 대답을 말해보세요.

Modelo	(Juan, la cabeza) ↓ ¿Le duele la cabeza a Juan?	el estómago 위 → No, no le duele la cabeza. Le duele el estómago.

1 (tu amigo, la cabeza)   → el brazo derecho 오른쪽 팔

2 (usted, la pierna izquierda) → las rodillas 무릎들

3 (ellos, los pies)   → el pecho 가슴

4 (tú, las piernas)   → las muelas 어금니들

5 (vosotros, los hombros)   → el cuello 목

2 다음 문장을 스페인어로 작문하세요.

1 언제부터 desde cuándo 넌 머리가 아픈 거니? – 월요일부터 desde.

   → _____

2 3일 전부터 desde hace 루이스와 난 한국어를 공부한단다.

   → _____

3 모든 사람들이 todo el mundo 이따금씩 de vez en cuando 두통을 겪는다.

   → _____

¡Vamos a hablar!

Toledo, España 스페인 똘레도

똘레도는 1986년 세계문화유산으로 등재된 도시입니다. 타호강으로 둘러싸여 있으며 중세시대의 모습을 간직하고 있습니다.

capítulo 15
El transporte
교통

무료 MP3 바로 듣기

vocabulario 0

- **parada de autobús** 버스정거장
- **disculpe** 실례해요
- **teatro** 극장
- **siglo** 세기
- **veintiuno** 21
- **amable** 친절한
- **metro** 전철
- **línea número dos** 2호선
- **por supuesto** 물론
- **por cierto** 그런데 말이죠
- **espejo** 거울
- **cita** 약속

Objetivos

01 교통
02 비교법
03 **se** 무인칭 용법

Texto quince   🎧 MP3_15_00

En una parada de autobús

F Disculpe, ¿este autobús va al Teatro El Siglo XXI?
M No, señora.
F ¿Qué número de autobús va allí?
M El 32. Pero viene cada hora. ¿Por qué no toma Ud. el metro? Es más rápido que el autobús. Mire, si toma el metro, tiene que cambiar a la línea número dos en la estación Flores.
F Ah, muchas gracias, señor. Muy amable.

Tomando el taxi

M Buenos días, señorita.
F Buenos días. ¿Me lleva a la Plaza Central?
M Vale. ¿Es usted japonesa? ¿De dónde es usted?
F Ah, soy coreana… Sí, sí. Por supuesto… Por cierto, ¿cuánto se tarda en llegar allí?
M Se tarda más o menos diez minutos.
F Ah…
   (Bueno, entonces podré ir al baño a mirarme en el espejo antes de acudir a la cita, je je je…)

문·법·콕·콕

01 ¿Qué número de autobús va al teatro El Siglo XXI?

무슨 / 번호 / 의 / 버스가 / 간다
21세기 극장에

MP3_15_01

- ¿qué número de autobús va al teatro El Siglo XXI?
  몇 번 버스가 21세기 극장가에 가나요?

왕래동사 복습
ir 가다 **venir** 오다 **volver** 돌아오다(가다) **acompañar** 따라가다

☐ Disculpe, señor policía. ¿Este autobús va al Teatro Nacional?	실례합니다, 경찰관 아저씨. 이 버스가 국립극장에 가나요?
☐ Viene cada hora.	매 시간 온다.
☐ Los jóvenes han vuelto hace un rato.	젊은이들이 좀 전에 돌아왔다.
☐ ¿Quieres acompañarnos a la fiesta?	너는 우리를 따라 파티에 가고 싶니?

hace un rato
영 a while ago

¡Recuerde!

volver = regresar
treinta y dos 숫자 32

02

🎧 MP3_15_02

Es más rápido que el autobús.
이다 더 빠른 보다 버스

Tiene que cambiar a la línea número dos.
당신~해야 한다 ~쪽으로 바꾸다 라인 번호 2

---

rápido 빠른, 빨리

(el metro) es más rápido que el autobús
(전철이) 버스보다 더 빠르다

~보다 더 más que ← 비교급 → menos que ~보다 덜

☐ Yo soy más alto que él.	난 그보다 더 키가 크다.
☐ Tú estudias menos que yo.	넌 나보다 덜 공부한다.
☐ Me gusta más el té que el café.	난 커피보다 차를 더 좋아해.
☐ Yo corro más rápido que tú.	내가 너보다 더 빨리 뛴다.

correr 뛰다

(usted) tiene que cambiar a la línea número dos
2호선으로 갈아타야 해요

cambiar 바뀌다 바꾸다

☐ No has cambiado nada.	넌 하나도 변하지 않았다.
☐ Nunca **cambiarán de** opinión.	그들은 결코 생각을 바꾸지 않을 거다.
☐ ¡Cambia el color del mueble!	가구 색을 바꿔라!
☐ Quiero **cambiar** esto **por** aquello.	난 이것을 저것으로 바꾸고 싶다.

nada 𝐁 전혀
𝐍 아무것도
cambiar de
~대해 바꾸다

문·법·콕·콕

03

MP3_15_03

¿Me lleva a la Plaza Central?
나를 데려가다   중앙 광장으로

¿Cuánto se tarda en llegar allí?
얼마나 사람들은 소요하다 도착하는 데 거기에

¿me lleva a la Plaza Central?

센트럴 스퀘어로 가 주실래요? (직역) 당신이 저를 데리고 갑니까?

단순한 현재형으로 뭔가 요청을 하는 표현입니다.

| ☐ ¿Me dejas el coche? | 나에게 차 좀 (빌려) 줄래?
(직역) 내게 차를 남기니? |

dejar 영 let, leave

¿cuánto (tiempo) se tarda en llegar allí?

거기 가는 데 얼마나 걸리나요?

se + (동사 3인칭 단수) → 사람들이 ~한다

특정 주어를 내세우지 않는 문형으로 숙달하게 되면 말하기가 참 쉬워져요!

☐ En Corea se trabaja mucho.	한국에서는 열심히들 일하더라.
☐ Los domingos se va a la iglesia.	일요일마다 사람들은 교회에 간다.
☐ ¿Por dónde se va a la plaza?	광장에 가는 길은 어떻게 되나요? (사람들은 어디 쪽으로 광장에 가나요?)

04

Entonces podré ir al baño a mirarme
그러면   난 화장실에 갈 수 있을 것이다   나 자신을 보러

en el espejo antes de acudir a la cita.
거울 속에   ~전에   약속에 가다

MP3_15_04

acudir a (약속 등)
~에 가다

Entonces podré ir al baño a mirarme en el espejo antes de acudir a la cita.
그러면 난 약속한 데 가기 전에 거울 보러 화장실에 갈 수 있을 것이다.

poder (미래형) **podré** podrás podrá podremos podréis podrán

* mirarse en el espejo 거울 속에 비친 자신을 보다 (거울을 보다)

※ antes 활용

☐ una hora antes del despegue del avión	비행기 이륙 한 시간 전에
☐ Es mejor llamar el día antes para pedir cita.	예약 (약속)잡기 전 날에 전화하는 게 더 좋습니다.

※ 다음 단어들을 유의하세요

☐ ante esta posibilidad	이런 가능성 앞에
☐ tía	고모, 이모, 숙모 영 aunt
☐ hormiga	개미 영 ant

 **패·턴·톡·톡**

▶ 단어를 교체하여 읽고 들어보세요.　　　🎧 MP3_15_05

01 **El metro** es más **rápido** que **el autobús**.
전철이 버스보다 더 빠르다.

① mi hijo 내 아들	delgado 마른	tú 너
② este balón 이 공	pesado 무거운	aquel 저것
③ tu pelota 너의 공	ligera 가벼운	la mía 내 것
④ ir en avión 비행기로 가다	cómodo 편안한	en tren 기차로
⑤ el policía 그 경찰관	amable 친절한	yo 나
⑥ el ruso 러시아어	difícil 어려운	el chino 중국어
⑦ su casa 그들의 집	bonita 예쁜	la mía 내 것
⑧ ¿el león 사자	fuerte 강한	el tigre? 호랑이

MP3_15_06

02

¿De dónde es usted?
당신은 어디 출신인가요?
Soy coreana.
한국인입니다.

① **es usted**
당신은 이다

soy coreano
전 한국인입니다

② **eres**
넌 이다

soy de Corea
난 한국 출신이다

③ **es él**
그는 이다

es chileno
칠레 사람이다

④ **es María**
마리아는 이다

es guatemalteca
과테말라 여자이다

⑤ **sois**
너희는 이다

somos coreanos
우리는 한국인이다

⑥ **son ustedes**
당신들은 이다

somos costarricenses
우리는 코스타리카에서 왔다

⑦ **son ellos**
그들은 이다

son venezolanos
베네수엘라 사람이다

⑧ **son ellas**
그녀들은 이다

son de El Salvador
엘살바도르 출신들이다

 ¡Ojo!

Voy al hotel
Voy a El Salvador
* 나라명에 관사가 사용되는 경우도 있으나 이 경우 el은 관사가 아닙니다.

▶ 단어를 교체하여 읽고 들어보세요.　　　MP3_15_07

03 ¿Cuánto se tarda en llegar allí?
거기 가는 데 얼마나 걸려요?

① **se tarda en llegar a la luna**
달에 도착하는 시간이 걸리다

② **se tarda en llegar a Marte**
화성에 도착하는 시간이 걸리다

③ **tarda usted en matricularlo**
당신은 그것을 등록하는 시간이 소요되다

④ **se tarda en descargar el programa**
그 프로그램을 다운로드하는 시간이 걸리다

⑤ **se puede vivir sin comida ni agua**
음식도 물도 없이 살 수 있다

⑥ **se puede estar sin dormir**
잠을 자지 않는 상태로 있을 수 있다

⑦ **se tarda en arreglarlo**
그것을 수리하는 시간이 걸리다

⑧ **cuesta esta bufanda**
이 스카프는 비용이 나간다

⑨ **te ha costado arreglar el coche**
자동차 수리가 너에게 비용이 들었다

🎧 MP3_15_08

04

Podré ir al baño a mirarme en el espejo antes de **acudir a la cita**.

난 약속 장소 가기 전에 거울 보러 화장실에 갈 수 있을 것이다.

① quiero / ver a mi hija
난 원한다 / 내 딸을 보다

② tengo que / asistir a la reunión
해야 한다 / 회의에 참석하다

③ necesito / recibirlos
난 필요하다 / 그들을 맞이하다

④ debo / despedir al niño
난 해야 한다 / 아이를 전송하다

⑤ voy a / subir al tren
난 갈 것이다 / 기차에 올라타다

⑥ me gusta / entrar en el aula
난 좋아한다 / 강의실에 들어가다

⑦ me gustaría / ir a la entrevista
난 원한다 / 면접에 가다

⑧ he podido / coger el metro
할 수 있었다 / 전철을 타다(Esp)

⑨ yo suelo / visitar a mis clientes
늘 하곤 한다 / 고객을 방문하다

⑩ tendré que / tomar el taxi
해야 할 것이다 / 택시를 타다

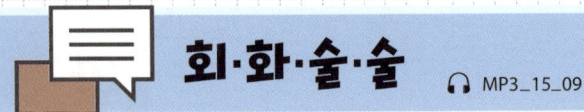

▶ 대화를 들으며 한국어로 말하세요.

En una parada de autobús

F   Disculpe, ¿este autobús va al Teatro el Siglo XXI?

M   No, señora.

F   ¿Qué número de autobús va allí?

M   El 32. Pero viene cada hora. ¿Por qué usted no toma el metro? Es más rápido que el autobús. Mire, si toma el metro, tiene que cambiar a la línea número dos en la estación Flores.

F   Ah, muchas gracias, señor. Muy amable.

Tomando el taxi

M   Buenos días, señorita.

F   Buenos días. ¿Me lleva a la Plaza Central?

M   Vale. ¿Es usted japonesa? ¿De dónde es usted?

F   Ah, soy coreana… Sí, sí. Por supuesto…
Por cierto, ¿cuánto se tarda en llegar allí?

M   Se tarda más o menos diez minutos.

F   Ah… (Bueno, entonces podré ir al baño a mirarme en el espejo antes de acudir a la cita, je je je…)

▶ 다음 해석을 보고 스페인어로 말하세요.

버스 정거장에서

F   실례해요. 이 버스가 21세기 극장에 가나요?

M   안 가요, 아주머니.

F   몇 번 버스가 거기에 가나요?

M   32번요. 그런데 1시간 간격으로 와요. 전철을 타지 그래요? 버스보다 더 빨라요. 봐 봐요, 전철 타시게 되면 플로레스 역에서 2호선으로 갈아타야 해요.

F   아, 정말 감사합니다. 참 친절하시네요.

택시를 타면서

M   안녕하세요, 아가씨.

F   안녕하세요. 센트럴 플라자로 가 주세요.

M   그래요. 일본 분입니까? 어디서 오셨죠?

F   아, 전 한국에서 왔어요. 네, 네, 물론이에요. 그런데 말이죠, 거기 가는 데 얼마나 걸려요?

M   대략 10분 정도 소요됩니다.

F   아… (그러면 약속 한 데 가기 전에 화장실 가서 거울 좀 볼 수 있겠다. 헤헤헤…)

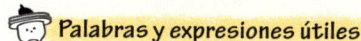 **Palabras y expresiones útiles**

veintiuno 숫자 21 → veintiún hombres (남성명사와 함께) veintiuna mujeres (여성명사와 함께)

문·제·척·척

1 보기와 같이 두 가지 비교 문장을 말해보세요.

| Modelo | Juan come mucha carne.
(María) | → | Juan come más carne que María.
María come menos carne que Juan. |

1. Yo estudio mucho. (tú)
2. En Japón llueve mucho. (en Corea)
3. Él compra muchos libros. (mi hijo)
4. Nosotros trabajamos mucho. (vosotros)
5. Uds. corren muy rápidamente. (aquel futbolista)

2 주어진 문장을 무인칭 용법으로 보기와 같이 말해보세요.

| Modelo | La gente trabaja mucho. | → | Se trabaja mucho.
No se trabaja mucho. |

1. La gente va a la iglesia.
2. La gente trabaja hasta muy tarde.
3. La gente va al cine.
4. La gente va a bailar esta noche.
5. La gente puede llegar a tiempo.

¡Vamos a hablar!

아스텍 문명

13세기부터 스페인 정복 전까지 멕시코 중앙 고원에 형성된 고대 인디언 문명으로 농업과 도시가 발달하였으며 특색있는 피라미드 신전, 달력, 그림 문자 등을 엿볼 수 있습니다. 아스테카인들의 신 중에 가장 유명한 신은 깃털이 달린 뱀을 형상화한 께쌀꼬아뜰인데 스페인 정복자 꼬르떼사가 아메리카에 당도했을 때 아스테카인들이 그들의 신이 돌아왔다고 여겼으나 결국 그 스페인 정복자들에 의해 문명이 멸망하게 됩니다.

신전도시 (Teotihuacán) & 께쌀꼬아뜰 (Quetzalcóatl)

Los mayas
마야인들

마야 문명은 중앙아메리카에서 서기 100~600년 사이에 발달한 문명으로 신정정치를 하면서 태양신과 달의 신을 숭배했습니다. 마야 문명은 특히 천체 관측과 역법이 발달하였으며 0의 개념을 도입하였고 천문학 관측에 따른 수치가 월등하기로 유명합니다

마야 문명의 3대 유적지 빨렝께 (Palenque)

Capítulo 16

Recordando el pasado
과거를 떠올리면서

무료 MP3 바로 듣기

📚 vocabulario P

| toc toc toc | pasa | presentar | alegrarse |
| 똑똑똑 | 들어와 | 소개하다 | 기쁘다 |

| dedicarse | buscar trabajo | jubilado | ex |
| 종사하다 | 일을 찾고 있다 | 은퇴한 | 전 애인 (배우자) |

| parecerse a | olvidar | militar | Marina |
| ~와 닮다 | 잊다 | 군인 | 해군 |

Objetivos

01 사교

02 불완료 과거

03 **se** 재귀동사

Texto dieciséis 🎧 MP3_16_00

¡Toc, toc, toc!

F1 Oh, Tomás. Bienvenido. Pasa, pasa. Oye, Cecilia. Te presento a mi amigo. Él es Tomás.

M Mucho gusto.

F2 El gusto es mío. Me llamo Cecilia. Usted tiene el mismo nombre que mi padre. Me alegro de oír ese nombre. Hace mucho tiempo que no veo a mi padre… Sí, tienes razón. Hace tres meses que estoy buscando trabajo. Ah, ¿a qué se dedica usted?

M Soy militar.

F2 ¿De veras? ¿Es Ud. militar?

M Sí, lo soy. Pertenezco a la Marina.

F2 Mi padre era militar como Ud. Ahora vive jubilado. Ah… Ud. tiene mucho en común con mi padre. ¡Qué interesante! A propósito, ¿vive en Los Ángeles?

M Antes vivía aquí. Pero ahora vivo en España.

F2 ¿En serio? Cuando yo era pequeña, también vivía allí.

M Oh, tenemos mucho en común, ja ja ja.

F2 ¿Qué le trae a Los Ángeles?

M Estoy de vacaciones y por eso…

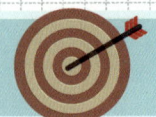

문·법·콕·콕

01 Ud. tiene el mismo nombre que mi padre.
당신은 갖고 있다 / 같은 / 이름 / ~와 / 나의 아버지

¿Es usted militar? Sí, lo soy.
당신은 입니까 / 군인 / 네 / 그렇습니다

MP3_16_01

- **usted tiene el mismo nombre que mi padre**
  당신은 내 아버지와 이름이 같다

  > **mismo ○○○ que ~**   ~ 와 똑같은 ○○○
  > "똑같다"라는 것도 비교해야 알 수 있는 것이라 que (~보다)를 사용함!

  | ☐ Yo tengo la misma edad que tú.
＊Tú y yo tenemos la misma edad. | 나는 너와 나이가 같다.
너와 나 (우리는) 동갑이야. |

- **¿es usted militar? – sí, lo soy** 군인이십니까? – 네, 저는 군인입니다

  > **lo** → ser, estar 동사에 사용된 형용사
  > 또는 명사를 받으며 성수변화 없음

  | ☐ ¿Es ella bonita? Sí, (ella) lo es.
영 ¿Is she pretty?   yes, she is. | 그 여자 예쁘니? 응, 예뻐. |

02 Hace mucho tiempo que no veo a mi padre.
만든다 　오랜 시간　 ~한 지　내가 안 보다　내 아버지를

Pasa, te presento a mi amigo.
들어와　네게　내가 소개한다　나의 친구를

MP3_16_02

hace mucho tiempo que no veo a mi padre
아버지 못 본 지 오래됩니다

hace 기간 **que** 동사 현재시제　~한 지 ~ 만큼 흘렀다

☐ Hace tres semanas que estudio español.	스페인어 공부한 지 3주 된다.
☐ Hace dos años que mi padre vive jubilado.	아버지가 은퇴하고 사신 지 2년 돼요.
☐ ¿Cuánto tiempo hace que vives aquí? Hace tres meses que vivo aquí. = Vivo aquí desde hace tres meses.	여기 사는 게 얼마나 되니? (도치됨) 여기 3개월째 살고 있다.
☐ Hace dos meses que estoy buscando trabajo.	2개월째 일자리 찾아보는 중이야. *busco도 가능

jubilado/a
은퇴한 상태인

pasa 들어와
(pasar 명령형)

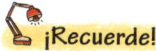 **¡Recuerde!**

hace (기간) **que**
(현재완료)
~해 놓은 지 ~만큼 된다

문·법·콕·콕

03 Me alegro de oír ese nombre.
난 자신을 기쁘게 한다 대해 그 이름을 들음

MP3_16_03

(yo) me alegro de oír ese nombre
그 이름을 들으니 기쁘다 (행복하다)

> **alegrar** 기쁘게 하다 → **alegrarse** 기쁘다 (자신을 기쁘게 하다)
> (현재) me alegro, te alegras, se alegra, nos alegramos, os alegráis, se alegran

재귀대명사 se (자기 자신을) 또는 (자기 자신에게)

dedicar	바치다	→	dedicarse a ~	~에 종사하다, 몰두하다
☐ ¿A qué te dedicas (tú)? (Yo) me dedico a la venta de coches.			어떤 일 하니? 난 자동차 판매업을 해.	

dedicarse a
~에 자신을 바치다 (직역)

재귀대명사 se 사용으로 동사의 뉘앙스를 바꾸기도 합니다.

ir	가다 영 go	→	irse	떠나가다 영 leave
☐ ¿Ya te vas? Sí, me voy.			벌써 가는 거야? 응, 나 간다.	
☐ Tengo que irme.			제가 가야 해요.	

irse 같은 공간이나 지역에서 떠나갈 때 사용!

04 Antes vivía aquí.
전에 / 난 살았었다 / 여기서

Cuando yo era pequeña, vivía allí.
~할 때 / 내가 / ~였었다 / 작은 / 살았었다 / 거기에

MP3_16_04

antes (yo) vivía aquí 전에 난 여기서 살았었다

불완료 과거 (~하곤 했었다) (~했었다) (~하고 있는 중이었다)

과거 습관 또는 어떤 행위가 얼마 동안, 언제까지 지속되었는지 알 수 없는 과거 표현입니다.

jugar 놀이를 하다

yo	jugaba	nosotros	jugábamos
tú	jugabas	vosotros	jugabais
él ella usted	jugaba	ellos ellas ustedes	jugaban

-er, -ir
동사 불완료과거
변화형태 동일!

querer	quería querías quería queríamos queríais querían
vivir	vivía vivías vivía vivíamos vivíais vivían

☐ Antes jugábamos al fútbol aquí.	전에 우리는 여기서 축구를 하곤 했다.
☐ ¿Dónde vivías antes?	전에 넌 어디서 살았었니?
☐ (Yo) la quería mucho.	난 그녀를 무척 사랑했었다.

cuando yo era pequeña, vivía allí 내가 어렸을 때 거기에 살았었다

ser 동사는 불완료과거 불규칙 변화를 합니다.
era → eras era éramos erais eran

Capítulo 16 과거를 떠올리면서 | 241

 패·턴·톡·톡

▶ 단어를 교체하여 읽고 들어보세요.   🎧 MP3_16_05

01
¿Cuánto tiempo hace que no ves a tu padre?
넌 아버지를 보지 않은 지 얼마나 되니?

Hace tres meses que no le veo.
아버지를 못 본 지 3개월 돼.

 **vocabulario**

pertenecer a
영 belong to
*yo pertenezco
(1인칭 단수 불규칙)

dejar el trabajo
영 quit the job

*dejaste / dejé
추후학습(17과)

① no hablas con Luisa
루이사와 말하지 않다

no hablo con ella
그녀와 말하지 않다

② estudias español
네가 스페인어 공부하다

lo estudio
그걸 공부하다

③ vivís con este niño
너희가 이 아이와 살다

vivimos con él
우리는 그와 살다

④ Ud. trabaja conmigo
당신은 나와 일하다

trabajo con usted
당신과 일하다

⑤ le estás esperando
네가 그를 기다리는 중이다

estoy esperándole
그를 기다리는 중이다

⑥ a Ud. le duele la cabeza
당신은 두통이 있다

me duele la cabeza
저는 두통이 있어요

⑦ el niño no te hace caso
애가 네 말에 신경 안 쓰다

él no me hace caso
내게 주의를 기울이지 않다

⑧ perteneces a la Marina
네가 해군 소속이다

pertenezco a la Marina
내가 해군 소속이다

⑨ dejaste el trabajo
넌 일을 그만두었다

lo dejé
난 그것을 그만두었다

⑩ os gusta el marisco
너희는 해산물을 좋아한다

nos gusta el marisco
우리는 해산물을 좋아한다

MP3_16_06

02 Me alegro de oír ese nombre.
그 이름을 들으니 기쁘다.

① **estar contigo**
너와 함께 있으니

② **oír la noticia**
그 소식을 들으니

③ **verte**
너를 보니

④ **tener novio**
남친이 있으니

⑤ **poder ayudarlo**
그를 도울 수 있으니

⑥ **haberle conocido**
당신을 알게 된 것이

⑦ **haberte ayudado**
널 도와준 것이

¡Ojo!

(yo) le he conocido
(현재 완료) 당신을 알게 되었군요
haberle conocido
(완료시제 동명사) 당신을 알게 되었음 [명] having met you

*스페인어는 동사원형이 동명사이고 직접목적대명사는 동사 원형 뒤에 찰싹 붙여야 합니다.

Capítulo 16 과거를 떠올리면서 | 243

 패·턴·톡·톡

▶ 단어를 교체하여 읽고 들어보세요.　　🎧 MP3_16_07

03 Tengo que irme.
난 가야 한다.

① **quiero**
난 원한다

② **puedo**
난 할 수 있다

③ **podré**
나는 할 수 있을 것이다

④ **voy a**
난 할 것이다

⑤ **intentaré**
난 해볼 것이다

⑥ **insistiré en**
난 ~고집할 것이다

⑦ **debo**
난 해야 한다

⑧ **tengo ganas de**
난 ~하고 싶다

⑨ **estoy ansioso por**
난 ~하고 싶어 죽겠다

⑩ **sería mejor**
더 나을 듯하다

 ¡Recuerde!

sería mejor inf.
　영 it would be better to inf.
(비교급 불규칙은 암기합니다)
bueno, bien → mejor
malo, mal → peor

244 | 가장 쉬운 독학 스페인어 첫걸음

🎧 MP3_16_08

04 Cuando yo era pequeño, jugaba al fútbol aquí.
내가 어렸을 때 여기서 축구를 하곤 했었다.

① **tú eras pequeño**   **jugabas**
네가 어렸었다   넌 놀이를 하곤 했다

② **ella era pequeña**   **jugaba**
그녀는 어렸었다   (그녀는) 놀이를 하곤 했다

③ **usted era pequeño**   **jugaba**
당신이 ~이었다   (당신은) 놀이를 하곤 했다

④ **éramos estudiantes**   **jugábamos**
우리가 학생이었을 때   우리는 놀이를 하곤 했다

⑤ **Raul y tú erais niños**   **jugabais**
라울과 네가 어렸을 때   너희는 놀이를 하곤 했다

⑥ **Raul y tú eran niños**   **jugaban**
라울과 네가 어렸을 때 (AmL)   너희는 놀이를 하곤 했다

⑦ **mis hijas eran niñas**   **jugaban**
내 딸들이 어렸을 때   (그녀들은) 놀이를 하곤 했다

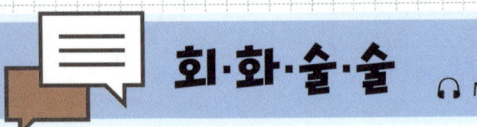

회·화·술·술   MP3_16_09

▶ 대화를 들으며 한국어로 말하세요.

M Oh, Tomás. Bienvenido. Pasa, pasa.
Oye, Cecilia. Te presento a mi amigo.
Él es Tomás.

M Mucho gusto.

F2 El gusto es mío. Me llamo Cecilia. Usted tiene el mismo nombre que mi padre. Me alegro de oír ese nombre. Hace mucho tiempo que no veo a mi padre… Sí, tienes razón. Hace tres meses que estoy buscando trabajo. Ah, ¿a qué se dedica usted?

M Soy militar.

F2 ¿De veras? ¿Es Ud. militar?

M Sí, lo soy. Pertenezco a la Marina.

F2 Mi padre era militar como Ud. Ahora vive jubilado. Ah… Ud. tiene mucho en común con mi padre. ¡Qué interesante! A propósito, ¿vive en Los Ángeles?

M Antes vivía aquí. Pero ahora vivo en España.

F2 ¿En serio? Cuando yo era pequeña, también vivía allí.

M Oh, tenemos mucho en común, ja ja ja.

F2 ¿Qué le trae a Los Ángeles?

M Estoy de vacaciones y por eso…

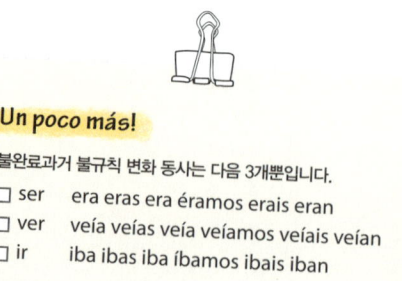

¡Un poco más!

불완료과거 불규칙 변화 동사는 다음 3개뿐입니다.
- ser era eras era éramos erais eran
- ver veía veías veía veíamos veíais veían
- ir iba ibas iba íbamos ibais iban

▶ 다음 해석을 보고 스페인어로 말하세요.

F1 아, 또마스. 잘 왔다. 들어와, 들어와.
야, 쎄실리아. 내 친구 소개해 줄게. 얘는 또마스야.

M 반갑습니다.

F2 제가 반갑습니다. 저는 쎄실리아라고 해요.
당신은 제 아버지와 성함이 같네요. 그 이름 들으니 좋군요.
제가 아버지 못 뵌 지 오래됩니다…
네, 당신 말이 맞아요. 전 일자리를 알아본 지 석 달이 되었어요.
아, 어떤 일 하세요?

M 전 군인입니다.

F2 정말요? 군인이세요?

M 네, 그래요. 해군 소속입니다.

F2 제 아버지도 당신처럼 군인이셨어요.
지금은 은퇴해 살고 계세요.
아 당신은 제 아버지와 공통점이 많군요. 참 재미있네요.
그런데, 로스엔젤레스에 사세요?

M 전에 여기 살았었죠. 근데 지금은 스페인에서 살아요.

F2 정말요? 제가 어렸을 때 저도 거기에 살았었죠.

M 아, 우린 공통점이 많군요, 하하하.

F2 로스엔젤레스에는 어떻게 오신 거예요?

M 제가 지금 휴가 중이고 그래서…

🎩 Palabras y expresiones útiles

presentar 소개하다, 제시하다 | **oír** 동 hear (현재형 불규칙) oigo oyes oye oímos oís oyen | **militar** (직업) 군인, 군의 *el poder militar 군사력 | **en serio** 진지하게 ※en broma 농담으로

Capítulo 16 과거를 떠올리면서

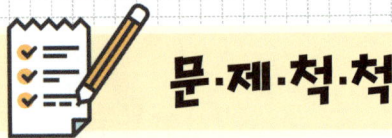

문·제·척·척

1 왼쪽 문장을 읽고 해석한 뒤 보기와 같이 말해보세요.

| Modelo | Ahora yo estudio mucho en la escuela. | → | ¿Antes estudiabas mucho en la escuela?
Sí, antes yo estudiaba mucho en la escuela.
No, antes yo no estudiaba mucho en la escuela. |

1. Ahora Juan come mucho en casa.
2. Ahora trabajamos hasta muy tarde.
3. Ahora Enrique vive en el campo.
4. Ahora yo quiero a Chelo.
5. Ahora los alumnos *juegan al fútbol.
   *jugar (현재형) juego juegas juegan jugamos jugáis juegan

2 네 가지 시제로 보기와 같이 말하세요.

Modelo	¿Qué **hacer** tu hijo los domingos?	jugar al fútbol
	¿Qué hace tu hijo los domingos?	Ahora mi hijo juega al fútbol los domingos.
	¿Qué hacía tu hijo los domingos?	Antes mi hijo jugaba al fútbol los domingos.
	¿Qué hará tu hijo los domingos?	Parece que mi hijo jugará al fútbol los domingos.
	¿Qué va a hacer tu hijo los domingos?	Creen que mi hijo va a jugar al fútbol los domingos.

1 ¿A dónde ir Ud. durante las vacaciones de verano?   (a una isla caribeña)

2 ¿A qué hora levantar**se** (tú)?   (a las 6:30 de la mañana)

3 ¿Cuándo ver (vosotros) la televisión?   (después de lavar**se** los dientes)

4 ¿A quién le enviar Juan muchos emails?   (a Don Quijote)

5 ¿Qué gustar**te** hacer en tu tiempo libre?   (divertir**se** jugando al béisbol)

3 다음 문장을 스페인어로 작문하세요.

1 년 중학생estudiante de secundaria일 때 열심히 공부했었니?

아니, 난 고등학생estudiante de bachillerato일 때 열심히 공부하곤 했지.

→ _____

_____

2 당신은 젊었을 때 뭐 하는 것을 좋아하셨나요?

제가 젊었을 때는 친구들과 자주a menudo 호수lago에 가서 수영하곤 했지요.

→ _____

_____

3 년 스페인어 공부한 지 얼마나 되니?

1년 반un año y medio 됩니다

→ _____

_____

Clase extra 4 ▶ Escuche y repita. 🎧 MP3_C_04

A 재귀동사

① **apresurarse a inf.** 서둘러 ~ 하다

No nos apresuremos a tomar una decisión. Hay que considerar esta cuestión con tiempo.

서둘러 어떤 결정을 하지 맙시다. 시간을 갖고 이 문제를 고려해야 합니다.

* hay que inf. (무인칭 용법) ~해야 한다   cuestión(f) 명 matter, issue

② **pintarse**(Esp) **maquillarse**(AmL) 화장하다

Ella tardó media hora en pintarse.

그녀는 화장하는 데 30분 걸렸다.

* tardar 소요하다

③ **arrepentirse** 후회하다

Si no lo haces, te arrepentirás.

너 그거 안 하면 후회할걸.

* arrepentirse de ~에 대해 후회하다

④ **preguntarse** 자신에게 질문하다

Me pregunto si vale la pena hacerlo.

그걸 할 만한 가치가 있는 걸까.

* me pregunto si = I wonder if…   * valer la pena inf. ~할 만한 가치가 있다 (inf. 주어)

⑤ **burlarse de** ~를 놀리다

¡De mí no se burla nadie!

그 누구도 날 놀리지 않아! (놀리지 못해)

* Siempre me tomas el pelo 넌 항상 날 놀린다 *(me 나에게)

⑥ **vengarse de** ~에게 복수하다

Te vengaste de mí.

네가 나에게 복수했다.

* vengarse (부정과거)

  me vengué, te vengaste, se vengó, nos vengamos, os vengasteis, se vengaron

⑦ **servirse** 마음껏 먹다

¡Sírvete!

많이 먹어라!

* servir (직설법현재) sirvo sirves **sirve** servimos servís sirven
* Tú 긍정명령 sirve + te ➡ sírvete (강세 유지)

⑧ **llevarse bien con** ~와 사이가 좋게 지내다

Elena no se lleva bien con su compañera de cuarto.

엘레나는 룸메이트와 사이가 좋지 않다.

* (직역) 엘레나는 자신을 잘 가져가지 않는다, 그녀의 룸메이트와 함께
* Ellas no **se** llevan bien. 그들은 서로 사이가 좋지 않다. (재귀대명사가 상호의 기능으로 해석됨)
  Juan y yo **nos** llevamos mal. 우리는 서로 사이가 나쁘다.

⑨ **interesarse por** (또는 en) ~에 관심을 갖고 있다

Ellos no se interesan por la gramática.

그들이 문법에 관심이 없다.

* A ellos no les interesa la gramática. ← (간접 목적대명사 이용)
  (직역) 문법이 그들에게 관심거리가 아니다.

⑩ **licenciarse** 학사 졸업하다

José se licenció en Filosofía en el año 2017.

호세는 2017년에 철학 전공으로 학부 졸업을 했다.

* (유사어) graduarse

⑪ **casarse** 결혼하다

Me caso.

나 결혼해.

* casar 결혼시키다

capítulo 17
Preguntas y respuestas
Q&A

무료 MP3 바로 듣기

📚 vocabulario Q

| pam, pam, pam | silencio, por favor | el acusado | verano |
| 쾅쾅쾅! | 조용히 하세요! | 남자 피고인 | 여름 |

| fiscal | juez | verdad | culpable |
| 검사 | 남자 판사 | 사실, 진실 | 유죄인 |

| nervioso | ¡maldita sea! | diablo |
| 초조한 | 빌어먹을 | 악마 |

Objetivos

01 질의응답

02 부정 과거

03 **desde** ⓔ since &
   hace ⓔ ago

Texto diecisiete  MP3_17_00

¡Pam, pam, pam! ¡Silencio, por favor!

F ¿Desde cuándo conoce Ud. al acusado?

M Le conozco desde hace tres años. Él vivió más de tres años en mi barrio y un día de verano desapareció.

F Él le visitó el 22 de mayo del año pasado, ¿sí o no?

M Sí, me visitó en aquel entonces pero no recuerdo bien la fecha exacta.

F Bueno, ese mismo día, ¿con quién bebieron ustedes?

M Nosotros bebimos a solas.

F Usted está mintiendo.

M No. ¡Señor juez! Les estoy diciendo la verdad…

F ¡Maldita sea! Me vuelvo loca. ¿Qué quiere decir la sonrisa de aquel tipo? ¿Cómo que intenta reírse de mí?

M ¿Qué diablos estoy haciendo yo aquí? Ahora me pongo más nervioso que antes.

¡Tranquilo, César!

문·법·콕·콕

01 Él me visitó.
그는 나를 방문했다

Él vivió más de tres años en mi barrio.
그는 살았다 ~넘게 3년 저의 동네에서

MP3_17_01

- él me visitó 그 남자는 절 보러 왔습니다

- él vivió más de tres años en mi barrio
  그 남자는 내가 사는 동네에서 3년 넘게 살았다

부정 과거 (~했다)

과거 행위가 특정 시점이나 기간에 발생했거나 언제 끝난지 알 수 있는 과거 시제로 단순과거라고도 합니다.

visitar 방문하다

yo	visité	nosotros	visitamos
tú	visitaste	vosotros	visitasteis
él ella usted	visitó	ellos ellas ustedes	visitaron

| beber | bebí | bebiste | bebió | bebimos | bebisteis | bebieron |
| vivir | viví | viviste | vivió | vivimos | vivisteis | vivieron |

-er, -ir 동사
부정과거 변화 형태 동일!

desaparecer
영 disappear
hace 영 ago
 * hace 기간 (que)
 부정과거 ~한 것은
 ~전이었다

¡Recuerde!

hace tres años
영 three years ago

☐ Un día de verano él desapareció. — 어느 한 여름날 그가 사라졌다.
☐ Él le visitó el 22 de mayo. — 그가 5월 22일에 당신을 방문했다.
☐ Yo viví aquí hasta el año pasado. — 난 작년까지 여기에 살았다.
☐ Hace tres años (que) usted le visitó. — 당신은 그를 3년 전에 방문했습니다.

02 Usted está mintiendo.
당신은 / 거짓말을 하고 있는 중이다

Pero no recuerdo bien la fecha exacta.
그러나 / 난 기억하지 못한다 / 제대로 / 날짜 / 정확한

MP3_17_02

usted está mintiendo 당신은 지금 거짓말을 하고 있군요

현재분사 불규칙

| mentir 거짓말하다 | *mintiendo* | decir 말하다 | *diciendo* |

- ☐ ¡Señor Juez! Les estoy diciendo la verdad. — 재판장님! 저는 여러분들에게 사실을 말하고 있습니다.
- ☐ ¿Qué diablos estoy haciendo yo aquí? — 도대체 여기서 내가 뭘 하는 중이지?

diablo 악마
*qué diablos
영 what the hell

pero no recuerdo bien la fecha exacta.
그러나 난 정확한 날짜를 제대로 기억하지 못한다

recordar 기억하다 영 remember 상기시키다 영 remind
(현재형) recuerdo recuerdas recuerda recordamos recordáis recuerdan

☐ entonces	영 then
☐ desde entonces	영 since then
☐ **en aquel entonces**	영 in those days
☐ Entonces, ¿qué hacemos?	영 what shall we do then?

¡Recuerde!

acordar ~합의하다
acordarse de
~대해 기억하다

문·법·콕·콕

03 ¿Qué quiere decir la sonrisa de aquel tipo?
뭘 / 의미하다 / 미소 / 의 / 저 / 자

(Yo) me pongo más nervioso que antes.
난 / 상태가 된다 / 더 / 긴장한 / 보다 / 전에

MP3_17_03

---

tipo 타입, 놈

A tener que ver con B
A는 B와 관계가 있다

¿qué quiere decir la sonrisa de aquel tipo?
저자의 미소가 뭘 의미하는 거지?

말하고 싶다 ← **querer decir** → ~의미하다

☐ ¿Qué quiere decir esta palabra?	이 단어가 무슨 뜻이니?
☐ Solo quiero decir que él no tiene mucho que ver con este caso.	단지 제가 말하고 싶은 것은 그는 이 사건과 많은 연관이 없다는 것입니다.
☐ Esto quiere decir que el acusado es culpable	이것은 피고인이 유죄라는 뜻입니다

ahora me pongo más nervioso que antes
지금 난 전보다 더 긴장이 된다

(놓다, 입히다, 켜다) **poner & ponerse** (입다, 상태가 되다)

☐ (Yo) me pongo el abrigo.	난 외투를 입는다. (난 나 자신에게 외투를 입힌다)
☐ Me pongo pálid**a**.	난 창백해진다. (주어가 여성)

04 Me vuelvo loca.
나는 ~되어 버린다 미친

¿Cómo que él intenta reírse de mí?
어떻게 ~일 수가 그가 시도하다 (비)웃다 나에 대해

MP3_17_04

(yo) me vuelvo loca 나, 미쳐버리겠네

hacerse ponerse volverse	~되다

hacerse 차곡차곡 단계적으로 진행된 결과가 최종적으로 남아 지속될 때

☐ Por fin, él se hizo fiscal.	마침내 그는 검사가 되었다.

hizo
→ p.262 하단 참조

ponerse 상태가 일시적으로 변하는 경우

☐ Me pongo rojo.	(난) 얼굴이 빨개진다.
☐ Si yo le hago la última pregunta, usted se pondrá roja.	내가 당신에게 마지막 질문을 하면 (여자) 당신은 얼굴을 붉힐 겁니다.

volverse 상태가 좋든 나쁘든 간에 변한 후 원래대로 돌아가기가 어려운 경우

☐ Creo que ella se volverá loca pronto.	그녀가 금방 미쳐버릴 거라고 난 생각해.

¿cómo (es) que él intenta reírse de mí?
도대체 어떻게 그가 날 비웃으려고 할 수 있는 거지?

cómo que
영 how come

intentar + 명사 또는 동사원형

☐ ¿Por qué no lo intentas otra vez?	다시 한 번 해봐라.
☐ Te necesito. ¡Inténtalo!	난 네가 필요해. 그걸 해봐! (그렇게 되도록 해봐!)

int**e**nta
(tú 긍정명령) +
lo 영 it → inténtalo
＊강세 표시 유의!

패·턴·톡·톡

▶ 단어를 교체하여 읽고 들어보세요.　　🎧 MP3_17_05

01
Él vivió tres años en este barrio.
그는 3년 이 동네에서 살았다.

Hace tres años le visitó.
(그는) 3년 전에 당신을 방문했다.

① yo viví
난 살았다

os visité
난 너희를 방문했다

② tú viviste
넌 살았다

le visitaste
넌 그를 방문했다

③ ella vivió
그녀는 살았다

me visitó
그녀는 날 방문했다

④ vivimos
우리는 살았다

la visitamos
우리는 그녀를 방문했다

⑤ vivisteis
너희는 살았다

le visitasteis
너희는 그를 방문했다

⑥ ellos vivieron
그들은 살았다

nos visitaron
우리를 방문했다

⑦ Ud. vivió
당신은 살았다

les visitó
당신은 그들을 방문했다

⑧ viví
난 살았다

visité el pueblo
난 마을을 방문했다

02

¿Con quién bebieron ustedes?
당신들은 누구와 술을 마셨습니까?

Bebimos con el jefe.
저희는 상사와 마셨습니다.

① **bebiste** — **bebí con mi novia**
넌 마셨니 — 내 여친과 마셨다

② **bebió usted** — **bebí solo**
당신은 마셨나요 — 저는 혼자 마셨습니다

③ **bebimos** — **bebisteis con alguien**
우리가 마셨니 — 너희는 누군가와 마셨다

④ **bebisteis** — **bebimos contigo**
너희는 마셨니 — 너와 마셨다

⑤ **bebí** — **usted bebió conmigo**
내가 마셨니 — 당신은 나와 마셨습니다

⑥ **bebiste** — **no bebí con nadie**
넌 마셨니 — 누구와 마시지 않았다

⑦ **bebió mi hijo** — **él bebió con nosotros**
내 아들이 마셨니 — 그는 우리와 마셨다

⑧ **bebieron Uds.** — **bebimos a solas**
당신들은 마셨나요 — 우리끼리만 마셨습니다

a solas 단독으로

 **패·턴·톡·톡**

▶ 단어를 교체하여 읽고 들어보세요.　　　🎧 MP3_17_07

03　Ahora **me pongo** más **nervioso** que antes.
지금 내가 전보다 더 긴장한다.

① me pongo　　　　　nerviosa
　난 된다　　　　　　초조한(여자)

② te pones　　　　　triste
　넌 된다　　　　　　슬픈

③ él se pone　　　　enfermo
　그는 된다　　　　　아픈

④ nos ponemos　　　contentos
　우리는 된다　　　　만족한

⑤ os ponéis　　　　　rojos
　너희는 된다　　　　붉은

⑥ Mónica se pone　　roja
　모니까는 된다　　　붉은(여자)

⑦ me pondré　　　　colorado
　난 될 것이다　　　　붉은

⑧ este hombre se pone　borracho
　이 남자는　　　　　　술이 취한

⑨ Jorge se pondrá　　gordo
　호르헤는 된다　　　뚱뚱한

⑩ ella va a ponerse　　furiosa
　그녀는 될 것이다　　분노하는(여자)

🎧 MP3_17_08

04 ¿Cómo que intentas reírte de mí?
어떻게 네가 날 비웃고자 하는 거니?

vocabulario

burlarse de sb
~를 놀리다
casar 결혼시키다
*cazar 사냥하다

① **hablar mal de mí**
날 안 좋게 말하다

② **burlarte de mí**
날 놀리다

③ **tomarme el pelo**
날 놀리다

④ **echarme de aquí**
여기서 내던지다 (쫓아내다)

⑤ **arrojarme al río**
나를 강으로 던지다

⑥ **terminar conmigo**
나와 끝내다

⑦ **casarme con ese tipo**
나를 그자와 결혼시키다

⑧ **despreciar a los extranjeros**
외국인들을 무시하다

⑨ **elogiar a ese hombre ante mí**
내 앞에서 그 남자를 칭찬하다

⑩ **no decir nada exactamente**
어떤 것도 정확히 말하지 않다

¡Recuerde!

(tú) te burlas de mí
=(tú) me tomas el pelo
넌 나를 놀린다
(me 간접목적대명사)

▶ 대화를 들으며 한국어로 말하세요.

¡Pam, pam, pam! ¡Silencio, por favor!

F ¿Desde cuándo conoce Ud. al acusado?

M Le conozco desde hace tres años.
Él vivió más de tres años en mi barrio y un día de verano desapareció.

F Él le visitó el 22 de mayo del año pasado, ¿sí o no?

M Sí, me visitó en aquel entonces pero no recuerdo bien la fecha exacta.

F Bueno, ese mismo día, ¿con quién bebieron ustedes?

M Nosotros bebimos a solas.

F Usted está mintiendo.

M No. ¡Señor juez! Les estoy diciendo la verdad…

F ¡Maldita sea! Me vuelvo loca.
¿Qué quiere decir la sonrisa de aquel tipo?
¿Cómo que intenta reírse de mí?

M ¿Qué diablos estoy haciendo yo aquí?
Ahora me pongo más nervioso que antes.
¡Tranquilo, César!

¡Un poco más!

불완료과거 (규칙변화)		부정과거 (불규칙 변화)
estaba estabas estaba estábamos estabais estaban	estar	estuve estuviste estuvo estuvimos estuvisteis estuvieron
hacía hacías hacía hacíamos hacíais hacían	hacer	hice hiciste hizo hicimos hicisteis hicieron
decía decías decía decíamos decíais decían	decir	dije dijiste dijo dijimos dijisteis dijeron

▶ 다음 해석을 보고 스페인어로 말하세요.

쾅쾅쾅! 조용히들 하세요!

F   당신은 피고인을 언제부터 알고 지냈죠?

M   3년 전부터 알고 지냈습니다.
    그는 3년 넘게 제가 사는 동네에서 살았고 어느 여름날에 사라졌습니다.

F   그가 작년 5월 22일에 당신을 보러 왔습니다. 그런가요? 아닌가요?

M   네, 그 당시에 저를 보러 오기는 했는데 정확한 날짜는 잘 기억이 나지 않습니다.

F   좋아요, 바로 그날 당신들은 누구와 술을 마셨죠?

M   저희끼리만 마셨습니다.

F   거짓말을 하고 있군요.

M   아니오. 재판장님! 전 여러분들에게 사실대로 말씀드리고 있습니다.

F   **빌어먹을! 미쳐버리겠네.**
    저 놈의 미소가 뭘 뜻하는 거지?
    어떻게 날 비웃으려고 하는 거지?

M   **내가 여기서 도대체 뭘 하고 있는 거야?**
    지금은 전보다 내가 더 긴장이 되는군.
    진정해, 쎄사르야!

 Palabras y expresiones útiles

más de ~넘게(≠menos de) | desaparecer 사라지다(≠aparecer) | desaparición(f) 사라짐, 실종 | el año pasado 작년(에) (≠el año próximo, el año que viene) | fecha(f) 날짜 *fecha de nacimiento 출생일 | querer decir 의미하다(=significar)

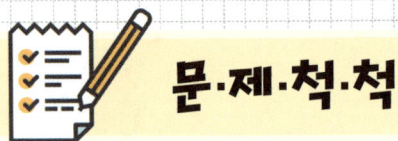
문·제·척·척

1 부정과거를 사용해 보기와 같이 묻고 답하세요.

Modelo	¿dónde (estudiar) ayer?	en casa
	↓	
	¿Dónde **estudiaste** (tú) ayer?	Ayer **estudié** en casa.
	¿Dónde **estudió** usted ayer?	Ayer **estudié** en casa.
	¿Dónde **estudió** el niño ayer?	Ayer **él estudió** en casa.
	¿Dónde **estudiasteis** (vosotros) ayer?	Ayer **estudiamos** en casa.
	¿Dónde **estudiaron** las niñas ayer?	Ayer **ellas estudiaron** en casa.

1 ¿a quién (visitar) anteayer? al señor Hernández

2 ¿con quién (comer) después de hacerlo? con la profesora de matemáticas

3 ¿cuánto tiempo (vivir) en Buenos Aires? más de 13 años

4 ¿de qué (hablar)? de la fiesta de la Hispanidad

5 ¿dónde (aprender) español? en una academia de idiomas

6 ¿A qué hora (salir) del teatro? a las 9:10 de la noche

7 ¿cuándo (empezar) a aprender a tocar el piano? a principios de enero (1월 초순에)

8 ¿en qué cafetería (beber) Coca Cola? en aquella cafetería

9 ¿A quién le (escribir) la carta? al Sr. Rodríguez

10 ¿dónde (comprar) estas frutas? en el supermercado

2 다음을 (현재), (미래) 또는 (부정과거) 시제를 이용해 스페인어로 말하세요.

1 **오늘** 날씨는 어때요? (hoy)

2 **내일** 내가 너한테 전화할게. (mañana)

3 네 사촌이 **어제** 너에게 무엇을 사줬니? (ayer)

4 호세가 **내일 밤에** 올까요? (mañana por la noche)

5 **어젯밤** 너의 자식들은 몇 시에 돌아왔니? (anoche)

6 너는 **모레** 어디에 가야 하니? (pasado mañana)

7 너희는 **어제 오후에** 어느 영화관에서 백설공주(Blancanieves)를 봤니? (ayer por la tarde)

8 넌 **3일 뒤에** 그들이 너에게 결과를 말해 줄 거라고 생각하니? (dentro de tres días)

9 너희는 **그저께** 정원에서 파티를 하나 했니? (anteayer)

10 **3일 전에** 어떤 사람들이 당신을 방문했죠? (hace tres días)

capítulo 18

Las emociones humanas (I)

희로애락 (I)

무료 MP3 바로 듣기

vocabulario R

- **ira** 분노
- **arrepentimiento** 후회
- **odiar** 미워하다
- **fallecer** 사망하다

- **tratar de inf.** ~하려 애쓰다
- **mejorar** 개선시키다
- **negarse a inf.** ~하기를 거부하다
- **diga** 여보세요 (전화 받기)

- **alegría** 기쁨
- **orgullo** 긍지, 자존심
- **¡un abrazo!** 제 포옹 받으세요!
- **éxito** 성공

Objetivos

01 분노와 후회
02 기쁨과 긍지
03 불완료 과거 숙지

Texto dieciocho 🎧 MP3_18_00

La ira y el arrepentimiento

F Yo odio a mi padre. No le entiendo nada.
M Antes yo también odiaba a mi padre, pero le echo de menos desde que murió.
F Ya hace tres años que tu padre falleció, ¿verdad?
M Sí. Él y yo nos llevábamos mal. Él trataba de mejorar nuestra relación… pero me negaba a conversar sinceramente con él. Cuando me di cuenta de que yo era muy malo con él, ya era tarde.
Ahora me arrepiento de mi conducta.

La alegría y el orgullo

F Diga.
M Mamá, soy yo, Lucas.
F Lucas, ¿cómo te va? ¿Que has encontrado un trabajo? ¡Qué alegría oírlo! Te felicito. Tu papá se alegrará mucho por ti. Estamos muy orgullosos de ti. ¿No vendrás a casa? Vamos a celebrar tu éxito.
M … bueno, mamá. Me retiro. Un abrazo.

문·법·콕·콕

01

Antes yo odiaba a mi padre.
전에 / 난 / 미워했었다 / 나의 아버지를

Le echo de menos desde que él murió.
그를 / 나는 그리워하고 있다 / 이래로 / ~임 / 그가 죽었다

MP3_18_01

● antes yo también odiaba a mi padre
전에 나도 아버지를 미워했었다

불완료과거
① 과거 습관 ② 당시 상태나 상황 ③ 과거진행

☐ (Él y yo) nos llevábamos mal.	우리는 서로 **사이가 나빴었다**.
☐ Él trataba de mejorar nuestra relación.	그는 관계를 개선하고자 애쓰곤 했다.
☐ Me negaba a conversar sinceramente.	(난) 진실된 대화를 거부하곤 했다.
☐ Para colmo, tenías apagado tu móvil.	설상가상으로 넌 핸드폰을 꺼 놓은 채로 (가지고) 있었다.

llevarse mal 사이가 나쁘다
tratar de inf.
영 try to
negarse a inf.
영 refuse to
apagado 꺼진

● le echo de menos desde que (él) murió
그가 죽은 이래로 난 그를 그리워한다

부정과거
① 한 시점 ② 특정 기간 ③ 끝남이 인지된 경우

*__morir__ (부정과거) morí moriste **murió** morimos moristeis murieron

☐ Hace tres años que él falleció.	그는 3년 전에 별세했다.
☐ Llamé a Yoel ayer por la mañana.	난 어제 아침에 요엘에게 전화했다.
☐ Te dije que le consolaríamos. 영 I **told** you that we **would console** him.	우리가 그를 위로할 거라고 내가 너에게 말했다.

hace 기간(que) 부정과거
~한 것은 ~전이었다
consolar 위로하다

02 Cuando me di cuenta de que
~할 때 · 나는 깨닫게 되었다 · 대해 · ~임

yo era muy malo con él, ya era tarde.
내가~이었다 · 아주 못된 · 그에게 · 이미 · ~이었다 · 늦게

🎧 MP3_18_02

cuando me di cuenta de que yo era muy malo con él, ya era tarde 내가 그에게 매우 못되게 굴었다는 것을 깨달았을 때는 이미 늦었었다

(나는 깨달았다) ← 한 시점 **부정과거** vs **불완료과거** 당시 상황 → (난 못되게 굴고 있었다)
me di cuenta   yo era malo

darse cuenta de (que) 영 realize (that)
di 영 I gave

🖇 ¡Ojo!
Dime la verdad
영 Tell me the truth

* 스페인어 vs 영어

darse cuenta de 깨닫다 ← 영 realize → 실현하다 **realizar**

▶ **cuenta**(f) 계산서, 계좌, 설명 explicación

* **dar** 동사 활용

현재형 doy das da damos dais dan
부정과거 di diste dio dimos disteis dieron

☐ Tu padre me da miedo.	너의 아버지가 난 무섭다. (직역) 너의 아버지가 나에게 두려움을 준다.
☐ Quiero dar un paseo.	난 산책을 하고 싶다.

문·법·콕·콕

03 ¿Que has encontrado un trabajo?
~라고? 네가 구해 놓았다 일자리를

¡Qué alegría oírlo! Te felicito.
참으로 큰 기쁨이다 그걸 들음 너를 내가 축하한다

MP3_18_03

- ¿que (tú) has encontrado un trabajo?
  ¡qué alegría oírlo! 네가 취직을 했다고? 그 얘기 들으니 정말 기쁘구나!

  qué + 명사 ← 감탄문 → qué + 형용사

☐ ¡Qué alegría verte!	널 보니 정말 좋다!
☐ ¡Qué calor!	아이고 더워!
☐ ¡Qué piedra tan pesada!	무슨 돌이 이렇게 무겁나!
☐ ¡Qué pesada es la piedra.	참으로 무겁구나, 이 돌은!

  pesado 무거운, 버거운, 지겨운

- te felicito 축하한다

  felicitar a sb por sth ~ 에 대해 ~를 축하하다

☐ Llamé para felicitarla por el premio.	난 그녀가 상을 받은 것을 축하한다고 전화했다.
☐ ¿Aprobaste? ¡Te felicito!	합격했니? 축하해!

  aprobar (시험) 합격하다
  (=pasar)

04 ¿No vendrás a casa?
너는 오지 않을 거니   집에

Vamos a celebrar tu éxito. Me retiro.
우리 ~하자   축하를 하다   너의 성공을   자신을 철수시키다

MP3_18_04

- **vamos a celebrar tu éxito** 네 성공을 축하하자

  우리 ~ 하자 **vamos a inf.** 우리는 ~ 할 것이다

- **me retiro** 전 물러납니다 (전화 이만 끊을게요)

  retirarse 퇴직하다, 후퇴하다, 철수하다

¡Recuerde!
salida de emergencia
비상출구

Capítulo 18 희로애락 (I) | 271

 패·턴·톡·톡

▶ 단어를 교체하여 읽고 들어보세요. 　　　　　　　　　　MP3_18_05

01 Le echo de menos desde que él murió.
난 그가 죽은 이래로 그를 그리워하고 있다.

 **vocabulario**

extrañar 그립다, 이상하다

① te extraño
난 네가 그립다

② estás cambiado
넌 변해 있다

③ ya no te quiero
더 이상 널 사랑 안 해

④ vivimos felices
우리는 행복하게 산다

⑤ estoy de mal humor
난 기분이 좋지 않다

⑥ ya no le amo
그를 더 이상 사랑 안 해

⑦ mi vida ha cambiado
내 삶이 바뀌었다

⑧ estoy sano
난 건강한 상태다

te fuiste allí
네가 거기로 떠났다

te casaste
넌 결혼했다

me engañaste
날 속였다

terminó la guerra
전쟁이 끝났다

él me visitó
그가 나를 방문했다

es senador
그가 상원의원이다

mi héroe falleció
내 영웅이 사망했다

me puse a dieta
다이어트 시작했다

 **¡Recuerde!**

ponerse a dieta
  go on a diet
sano 건강한, 몸에 좋은
  (=saludable)

MP3_18_06

02 Me di cuenta de que yo era muy malo con él.
내가 그 분에게 몹시 못되게 굴었던 것을 깨닫게 되었다.

① me di
난 깨달았다
él estaba muy enfadado
그는 몹시 화나 있었다

② te diste
넌 깨달았다
tú eras egoísta
네가 이기적이었다

③ él se dio
그는 깨달았다
la quería mucho
그녀를 많이 사랑하고 있었다

④ ella se dio
그녀는 깨달았다
la llave estaba allí
열쇠가 거기 있었다

⑤ Ud. se dio
당신은 깨달았다
alguien le miraba
누군가 당신을 보고 있었다

⑥ nos dimos
우리는 깨달았다
había un malentendido
오해가 하나 있었다

⑦ os disteis
너희는 깨달았다
yo no podía hacerlo
내가 그걸 할 수는 없었다

⑧ los políticos no se dieron
정치인들은 깨닫지 않았다
los ciudadanos estábamos hartos de oírlos.
우리 시민들이 그들 얘기 듣는 데 넌덜머리나 있었다

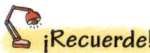
¡Recuerde!

había 영 there was / were
harto 물린, 신물이 나는

▶ 단어를 교체하여 읽고 들어보세요. 🎧 MP3_18_07

03 Hace tres años que tu padre falleció.
너의 아버지가 돌아가신 지 3년 된다.

① **dos semanas** / 2주일 — **empecé a hacer ejercicio** / 난 운동을 시작했다
② **tres meses** / 3개월 — **me lo dijiste** / 네가 나에게 말했다
③ **un siglo** / 1세기 — **construyeron este castillo** / 이 성을 건설했다
④ **veintidós años** / 22년 — **conocí a la mujer** / 내가 그 여자를 알게 되었다
⑤ **treinta y dos años** / 32년 — **ellos lo conocieron** / 그들이 그를 알게 되었다
⑥ **cien años** / 100년 — **descubrieron la pirámide** / 피라미드를 발견했다
⑦ **ciento veinte años** / 120년 — **empezó un gran conflicto** / 커다란 갈등이 시작됐다
⑧ **doscientos años** / 200년 — **el escritor lo escribió** / 작가가 그것을 썼다
⑨ **doscientos diez años** / 210년 — **ocurrió un fenómeno raro** / 드문 현상이 하나 발생했다
⑩ **más de quinientos años** / 500년 넘음 — **Colón descubrió América** / 콜롬버스가 아메리카를 발견했다

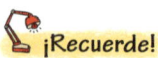 **¡Recuerde!**

cien 숫자 100
(뒤에 자기보다 작은 수가 오면 ciento)
→ ciento uno 101
   ciento veinte 120
(뒤에 자기보다 큰 수 단위 또는 명사가 오면 cien)
→ cien mil 100.000
   cien años 100년

※ 스페인은 소수점에 코마(coma)
세 자리 숫자 단위에 점(punto) 사용!

MP3_18_08

04 Me negaba a conversar sinceramente con él.
난 그와 진실하게 대화하려고 하지 않았다.

① **te negabas a**
넌 거부하곤 했다

② **Eduardo se negaba a**
에두아르도는 거부하곤 했다

③ **ella se negaba a**
그녀는 거부하곤 했다

④ **usted se negaba a**
당신은 거부하곤 했다

⑤ **nos negábamos a**
우리는 거부하곤 했다

⑥ **os negabais a**
너희는 거부하곤 했다

⑦ **ellos se negaban a**
그들은 거부하곤 했다

⑧ **ellas se negaban a**
그녀들은 거부하곤 했다

⑨ **Uds. se negaban a**
당신들은 거부하곤 했다

⑩ *****me niego a**
난 거부한다

* **negarse** 현재형
me niego te niegas se niega nos negamos os negáis se niegan

회·화·술·술

▶ 대화를 들으며 한국어로 말하세요.

La ira y el arrepentimiento

F   Yo odio a mi padre. No le entiendo nada.

M   Antes yo también odiaba a mi padre,
pero le echo de menos desde que murió.

F   Ya hace tres años que tu padre falleció, ¿verdad?

M   Sí. Él y yo nos llevábamos mal.
Él trataba de mejorar nuestra relación…
pero me negaba a conversar sinceramente con él.
Cuando me di cuenta de que
yo era muy malo con él, ya era tarde.
Ahora me arrepiento de mi conducta.

La alegría y el orgullo

F   Diga.

M   Mamá, soy yo, Lucas.

F   Lucas, ¿cómo te va? ¿Que has encontrado un trabajo?
¡Qué alegría oírlo! Te felicito.
Tu papá se alegrará mucho por ti.
Estamos muy orgullosos de ti.
¿No vendrás a casa? Vamos a celebrar tu éxito.

M   … bueno, mamá. Me retiro. Un abrazo.

▶ 다음 해석을 보고 스페인어로 말하세요.

분노와 후회

F   난 아버지가 싫어. 그를 전혀 이해하지 못하겠어.

M   전에 나도 아버지가 미웠지만 돌아가시고 나서부터 그립구나.

F   네 아버지 돌아가신 지 벌써 3년 된다. 그렇지?

M   응. 그와 나, 우리는 서로 사이가 나빴었다.
그는 우리 사이 관계를 개선하고자 애쓰곤 했지……
그러나 난 그와 진실하게 대화를 나누고자 하지 않았다.
내가 그에게 아주 못되게 행동하고 있다는 것을 깨달았을 때는 이미 늦었다.
지금 난 내 행동에 대해 후회한단다.

기쁨과 긍지

F   여보세요.

M   엄마, 나야, 루까스.

F   루까쓰, 어떻게 지내? 취직했다고? 진짜 반갑구나! 그 소리 들으니까!
축하한다, 애야. 네 아빠가 네 일로 무척 기뻐하겠다.
우리는 네가 무척 자랑스럽구나. 집에 안 올 거니? 네 성공을 축하하자꾸나.

M   ……좋아요, 엄마. 이만 끊을게. 내 포옹 받아!

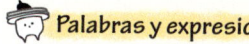 **Palabras y expresiones útiles**

fallecer 사망하다 | **llevarnos mal** 우리 서로를 나쁘게 가지고 가다 → 우리는 서로 사이가 좋지 않다
*entender mal 오해하다 | **negar** 영 refuse, deny *negarse a inf. 영 refuse to inf.

문·제·척·척

1 다음 보기와 같이 말해보세요.

| Modelo | él **llegar** a casa, ella no **estar** | → Cuando él llega a casa, ella no está. |

1 yo **entrar** en la habitación   la ventana **estar** abierta
2 él **abrir** la puerta   no **haber** nadie en la oficina
3 ellos me **llamar** por la noche   yo **tener** apagado el móvil
4 ella **llegar** a la fiesta   la comida ya **estar** preparada
5 nosotros **ir** a la playa   **hacer** mucho viento
6 Carmen **entrar** en la habitación   el bebé **llorar** mucho
7 yo **volver** a mi pueblo pueblo   **nevar** mucho
8 ella nos **ver**   nosotros **estar** de mal humor
9 ellos **oír** algo extraño   ya **ser** de noche

¡Vamos a hablar!

El Día de los (Santos) Inocentes
만우절

스페인어권 만우절은 12월 28일입니다. 〈los Inocentes〉는 결백한 사람들이라는 뜻으로 베들레헴Belén에서 아기 예수Jesús가 탄생한 것을 알게 된 헤롯왕이 성탄절Navidad 즈음에 태어난 아이들을 학살하여 아기 예수를 죽이려고 하는 과정에서 희생된 죄 없는 아기들을 12월 28일 카톨릭에서 기리면서 죄가 없는 성자들 〈santos inocentes〉라고 칭하게 된 것입니다. 만우절이 되면 매스컴에서 느닷없이 황당한 가짜 뉴스noticia를 내보내는 이벤트가 벌어지기도 합니다.

*Nochebuena 크리스마스 이브 víspera

capítulo 19
Las emociones humanas (Ⅱ)
희로애락 (Ⅱ)

무료 MP3 바로 듣기

vocabulario S

- tristeza 슬픔
- para colmo 설상가상으로
- ¡Pobre de él! 걔는 불쌍도 하지!
- envidia 질투
- desprecio 무시
- ganar dinero 돈을 벌다
- montar (말에) 올라타다, 조립하다
- negocio 비즈니스
- tonto 남자 바보
- ¡vete! 가버려라!
- ¿de veras? 정말?
- cuidarse 자신을 돌보다

Objetivos

01 슬픔과 두려움
02 질투와 무시
03 과거시제 활용

Texto diecinueve 🎧 MP3_19_00

La tristeza y el miedo

M ¿Dónde estuviste anoche? Cuando llegué a casa, tú no estabas. Para colmo, tenías apagado tu móvil y …
F1 ………
F2 Mamá, ¿no te acuerdas? Ayer por la mañana te dije que Juan estaba muy triste por lo de sus padres, y que Luis y yo pasaríamos la noche en su casa para consolarle. Es que él tiene miedo de perder a sus padres.
F1 ¡Pobre de él!

La envidia y el desprecio

F Héctor, ¿ya sabes que Diego ha ganado mucho dinero después de haber montado un negocio?
M ¿De veras? ¿Cómo lo sabes?
F … Por otro lado, hace dos meses que él se casó con Lucía. Antes te gustaba ella, ¿no es verdad?
M ¡Ja! Antes él era un tonto que no sabía cuidarse.
F Je je je, Héctor. ¿Le envidias?
M ¿Cómo puedes decírmelo así? ¡Vete!

envidiar
부러워하다

문·법·콕·콕

01

¿Dónde estuviste anoche?
어디에   넌 있었느냐   어젯밤

Cuando llegué a casa, tú no estabas.
내가 도착했을 때   집에   너는   없는 상태였다

MP3_19_01

- **¿dónde estuviste (tú) anoche?** 어젯밤에 넌 어디에 있었니?

  estuve estuviste estuvo 부정과거 ← **estar** → 불완료과거 estaba estabas estaba

  어제 또는 어젯밤이라는 특정 시점에 발생한 행위

☐ ¿Dónde estuvo usted ayer?	어제 당신은 어디에 있었나요?
☐ Ayer estuve en la zapatería.	어제 저는 구두가게에 있었습니다.

- **cuando (yo) llegué a casa, tú no estabas**
  내가 집에 왔을 때 너는 없었다

  (내가 도착했다) ← 한 시점 **부정과거** vs **불완료과거** 당시 상황 → (넌 없었다)
  yo llegué   tú no estabas

02 Te dije que Juan estaba
네게 내가~임을 말했다 후안이 상태였다

muy triste por lo de sus padres.
매우 슬픈 때문에 ~의 일 자기의 부모님

🎧 MP3_19_02

te dije que Juan estaba muy triste
후안이 아주 슬퍼하고 있다고 내가 너에게 말했다

(내가 말했다) ← 한 시점 **부정과거** vs **불완료과거** 당시 상황 → (후안이 슬퍼하고 있었다)
yo dije   Juan estaba triste

▶ Te digo que Juan está triste. 영 I tell you that Juan is sad.

▶ Te dije que Juan estaba triste.
   ↓   ↓
   I told you   was

por lo de sus padre 자기 부모님의 일 때문에

중성 정관사 lo

직접 목적대명사 lo와 다르며 뒤에 형용사, 과거분사와 결합해 추상명사를 만들기도 해요.

| ☐ ¿Ya has oído lo de María? | 너 벌써 마리아의 일 들었니? |
| ☐ Dime lo de ayer. | 어제 일을 내게 말해라. |

▶ Lo negativo de esta situación es la gran diferencia entre los ricos y los pobres.
이 상황의 부정적인 점은 큰 빈부 격차이다.

negativo≠positivo

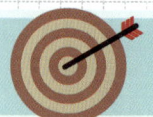

문·법·콕·콕

03

MP3_19_03

Él ha ganado mucho dinero después de
그는 벌어 놓았다 많은 돈을 의 후에

haber montado un negocio.
사업을 하나 시작해 놓았음

---

después de montar
이 형태도 가능합니다!

él ha ganado mucho dinero después de haber montado un negocio
그는 사업체를 차린 이후 많은 돈을 벌어 놓았다

haber 원형 + 과거분사 ← ~해 놓았음 ← 영 having p.p.

| ☐ Me arrepiento de mi conducta. | 난 내 행동에 대해 후회한다. |

arrepentirse de (현재형) me arrepiento, te arrepientes, se arrepiente,
nos arrepentimos os arrepentís, se arrepienten

| ☐ Me arrepiento de no haber estudiado mucho. | 난 열심히 공부하지 않은 것에 대해 후회한다.
영 I regret not having studied a lot. |

04 Diego se casó con Lucía.
디에고는 자신을 결혼시켰다 루씨아와

Antes él era un tonto que no sabía cuidarse.
전에 그는 ~이었다 한 명의 바보 할 줄 몰랐던 자신을 돌보다

MP3_19_04

Diego se casó con Lucía 디에고는 루시아와 결혼했다

casarse con sb ~와 결혼하다

☐ Por otro lado, hace dos meses (que) él se casó con Lucía.	다른 한편, 2개월 전에 그가 루씨아와 결혼했다.
☐ Antes te gustaba ella. ¿Le envidias?	전에 네가 그녀를 좋아했었지. 그가 부럽니?

▶ Te gusta ella 네가 그녀를 좋아한다 (직역) 그녀가 너에게 즐거움을 준다

*por un lado 한편으로는
envidar 부러워하다

él era un tonto que no sabía cuidarse
그는 자신을 돌볼 줄 모르는 바보였다

cuidarse 몸조심하다

관계대명사 que who, that, which

보어 뒤에 형용사나 관계사절이 수식을 하면서 부정관사가 사용되었습니다.

☐ Él es estudiante.	→ Él es **un** estudiante **muy inteligente**.
그는 학생이다.	그는 아주 똑똑한 학생이다.
☐ José es joven.	→ José es **un** joven **que trabaja mucho**.
호세는 젊은이다.	호세는 열심히 일하는 젊은이다.

Capítulo 19 희로애락 (Ⅱ) | 285

 패·턴·톡·톡

▶ 단어를 교체하여 읽고 들어보세요.　　🎧 MP3_19_05

01 Cuando llegué a casa, tú no estabas.
내가 집에 도착했을 때, 넌 없었다.

 **vocabulario**
rueda (자동차) 바퀴
rueda de prensa 기자회견
estar rodeado de
영 be surrounded by

① llegaste al hospital
네가 병원에 도착했다

② llegué un poco tarde
내가 좀 늦게 도착했다

③ llegamos a casa
우리가 집에 도착했다

④ llegué a la fiesta
내가 파티에 도착했다

⑤ la policía llegó
경찰이 왔다

⑥ ellos llegaron allí
그들이 거기에 도착했다

⑦ llegaste a la ciudad
네가 도시에 왔다

⑧ ella llegó al bar
그녀가 바에 도착했다

⑨ el médico llegó
의사가 도착했다

⑩ llegué a la rueda de prensa
내가 기자회견에 도착했을 때

estabas inconsciente
넌 의식이 없었다

estabas muy cansado
넌 아주 지쳐 있었다

estabas durmiendo
넌 자고 있는 중이었다

eras la única mujer
네가 유일한 여자였다

estabas herido
넌 다친 상태였다

estabas borracho
넌 술 취한 상태였다

estabas sin dinero
넌 돈이 없었다

estabas con otra chica
넌 다른 여자애와 있었다

*estabas bebiendo
넌 술을 마시는 중이었다

estabas rodeado de periodistas
넌 기자들에게 둘러싸여 있었다

¡Recuerde!
bebías
① 마시곤 했었다 (습관)
② 마시고 있는 중이었다 (과거진행)
(=estabas bebiendo)
영 you were drinking

🎧 MP3_19_06

02 Te dije que Juan estaba triste.
후안이 매우 슬퍼한다고 내가 너에게 말했다.

① **te dije** — estaba enfadado conmigo
내가 너에게 말했다 — 내게 화나 있었다

② **me dijiste** — estaba soltero
네가 나에게 말했다 — 싱글이었다

③ **él me dijo** — me quería
그가 내게 말했다 — 날 사랑하고 있었다

④ **ella nos dijo** — quería dejar Corea
그녀가 우리에게 말했다 — 한국을 떠나기를 원하고 있었다

⑤ **os dijimos** — no estudiaba
우리가 네게 말했다 — 공부하지 않고 있었다

⑥ **ellos me dijeron** — ya tenía novia
그들이 내게 말했다 — 벌써 여친이 있었다

⑦ **ellas me dijeron** — no tenía hijos
그녀들이 내게 말했다 — 자식이 없었다

⑧ **Uds. me dijeron** — no comía nada
당신들이 내게 말했다 — 아무것도 먹지 않고 있었다

⑨ **te dije** — no te amaba
너에게 말했다 — 널 사랑하지 않았다

⑩ **José le dijo a Lola** — no salía con chicas
호세가 롤라에게 말했다 — 여자애들과 데이트 하지 않고 있었다

Capítulo 19 희로애락 (II) | 287

▶ 단어를 교체하여 읽고 들어보세요.　　　MP3_19_07

03　Él era un tonto que no sabía cuidarse.
그는 자기 앞가림을 할 줄 몰랐던 바보였지.

tener en cuenta
　=considerar
parte(f) 부분
　*estoy de tu parte
　난 네 편이다
　*en parte 부분적으로

① un hombre
　남자
② un marido
　남편
③ un artista
　예술가
④ un empresario
　기업 경영인
⑤ un cabeza de familia
　남자 가장
⑥ un actor de cine
　영화 배우
⑦ un hombre soltero
　싱글 남자
⑧ un científico genial
　천재적인 과학자
⑨ un sinvergüenza
　뻔뻔한 사람
⑩ un gran dirigente
　훌륭한 지도자

me entendía perfectamente
날 완벽히 이해하고 있었다

no cuidaba su hogar
자기 가정을 돌보지 않고 있었다

pensaba en la belleza natural
자연의 미를 생각하곤 했다

trataba de crear empleo
일자리를 만들고자 했었다

trabajaba duro día y noche
밤낮으로 혹독히 일하고 있었다

prestaba atención a los detalles
작은 디테일에 신경을 쓰고 있었다

viajaba tres veces al mes
한달에 3번 여행을 가곤 했었다

inventaba algo cada tres años
3년마다 뭔가 발명하곤 했다

no tenía nada en cuenta
아무것도 고려하지 않곤 했다

estaba de parte de los débiles
약자 편에 있었다

04

¿Cómo puedes decírmelo?
어떻게 넌 내게 그걸 말할 수 있니?

Vete.
가 버려라.

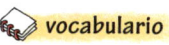

rechazar 영 reject

① **decírnoslo así**
우리에게 그걸 그렇게 말하다

② **decírselo a tu padre**
네 아버지에게 그걸 말하다

③ **decírselo a tus padres**
네 부모에게 그걸 말하다

④ **hablarme en ese tono**
내게 그런 톤으로

⑤ **hablarnos de esta manera**
우리에게 이런 식으로

⑥ **hablarle a tu padre así**
네 아버지에게 그렇게 말하다

⑦ **decirme que soy perezoso**
내가 게으르다고 말하다

⑧ **negarte a ir al trabajo**
출근하려고 하지 않다

⑨ **creerles sin duda**
의심없이 그들을 믿다

⑩ **rechazar mi propuesta**
내 제안을 거절하다

회·화·술·술

▶ 대화를 들으며 한국어로 말하세요.

La tristeza y el miedo

M ¿Dónde estuviste anoche?
Cuando llegué a casa, tú no estabas.
Para colmo, tenías apagado tu móvil y …

F1 …………

F2 Mamá, ¿no te acuerdas? Ayer por la mañana te dije que Juan estaba muy triste por lo de sus padres, y que Luis y yo pasaríamos la noche en su casa para consolarle.
Es que él tiene miedo de perder a sus padres.

F1 ¡Pobre de él!

La envidia y el desprecio

F Héctor, ¿ya sabes que Diego ha ganado mucho dinero después de haber montado un negocio?

M ¿De veras? ¿Cómo lo sabes?

F … Por otro lado, hace dos meses que él se casó con Lucía. Antes te gustaba ella, ¿no es verdad?

M ¡Ja! Antes él era un tonto que no sabía cuidarse.

F Je je je, Héctor. ¿Le envidias?

M ¿Cómo puedes decírmelo así? ¡Vete!

▶ 다음 해석을 보고 스페인어로 말하세요.

슬픔과 두려움

M   너 어젯밤 어디에 있었니? 내가 집에 도착했을 때 너는 집에 없더라.
설상가상으로 네 핸드폰은 꺼 놓았더라 그리고 ……

F1   …………

F2   엄마, 기억이 안 나? 어제 아침에 내가 말했잖아, 후안이 부모님 일로
아주 슬퍼하고 있어서 우리가 걔를 위로하려고 걔 집에서 밤을 보낼거라고.
실은 걔가 부모님을 잃을까 무서워해.

F1   걔 불쌍해 어쩌냐!

질투와 무시

F   엑또르야, 너 디에고가 사업해서 돈 많이 벌어 놨다는 얘기 벌써 알고 있니?

M   정말? 어떻게 그걸 알고 있니?

F   …… 다른 한편으로는 그가 두 달 전에 루씨아와 결혼했다.
전에 네가 그 여자 좋아했었지. 그렇지 않니?

M   하! 전에 걔는 제 앞가림도 할 줄 모르는 바보였지.

F   헤헤헤, 엑또르. 그가 부러운 거야?

M   어떻게 내게 그걸 그렇게 말할 수 있니? 가!

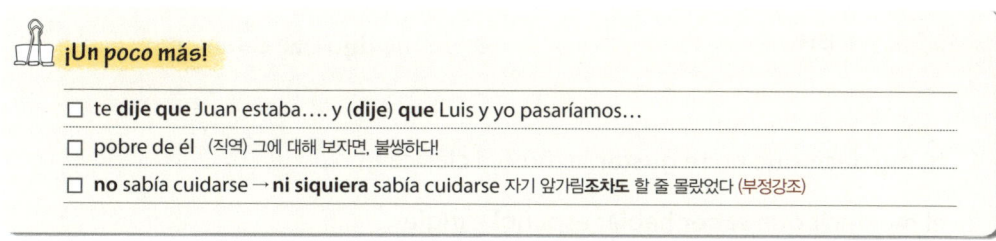

¡Un poco más!

- te **dije que** Juan estaba…. y **(dije) que** Luis y yo pasaríamos…
- **pobre de él** (직역) 그에 대해 보자면, 불쌍하다
- **no** sabía cuidarse → **ni siquiera** sabía cuidarse 자기 앞가림**조차도** 할 줄 몰랐었다 (부정강조)

Palabras y expresiones útiles

perder 잃다, 놓치다, 지다 | **casarse con** ~와 결혼하다 *casamiento 결혼

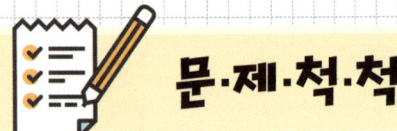

문·제·척·척

1 다음 보기와 같이 말해보세요.

Modelo	cuando él **llegar** a casa, ella no **estar**	→ Cuando él **llegó** a casa, ella no **estaba**.

1. yo **entrar** en la habitación / la ventana **estar** abierta
2. él **abrir** la puerta / no **haber** nadie en la oficina
3. ellos me **llamar** por la noche / yo **tener** apagado el móvil
4. ella **llegar** a la fiesta / la comida ya **estar** preparada
5. nosotros **ir** a la playa / **hacer** mucho viento
6. Carmen **entrar** en la habitación / el bebé **llorar** mucho
7. yo **volver** a mi pueblo pueblo / **nevar** mucho
8. ella nos **ver** / nosotros **estar** de mal humor
9. ellos **oír** algo extraño / ya **ser** de noche
10. yo **encontrar** un buen trabajo / ella ya **estar** casada con otro hombre

2 다음 보기와 같이 말해보세요.

Modelo	él me **decir** que **estar** triste	→ Él me **dice** que **está** muy cansado. → Él me **dijo** que **estaba** muy cansado.

1. tú me **decir** que no te **gustar** la música clásica.
2. él me **decir** que **saber** hablar español e inglés.
3. ella nos **decir** que no **hablar** ni francés ni español.
4. José le **decir** al médico que siempre **levantarse** muy tarde.

5 Ud. me **decir** que no querer **quedarse** en este hotel.

6 nosotros le **decir** al camarero que el ambiente del bar **ser** agradable.

7 yo te **decir** que Juan **estar** muy triste por lo de sus padres.

8 vosotros me **decir** que Lucas **negarse** a ir a la escuela.

9 Ustedes **decir** que nosotros no **trabajar** mucho.

10 Ellos le **decir** al profesor que vosotros siempre **burlarse** de mí.

3 다음을 과거시제를 사용해 말해보세요.

1 내가 집에 도착했을 때 남편은 TV를 보고 있었다.

→ _____

2 내가 식탁에 가서 앉자 그녀가 내게 커피를 내놓았다.

→ _____

*sentarse a la mesa 영 sit down to table
*servir 영 serve (부정과거) serví serviste sirvió servimos servisteis sirvieron

capítulo 20
Las telecomunicaciones (I)
전기통신 (전화) (I)

무료 MP3 바로 듣기

📚 vocabulario T

rin, rin, rin	oiga	móvil	equivocarse
따르릉	여보세요	핸드폰	착각하다, 잘못 알다

a ver	primero	revisar	¡al habla!
어디 보자	첫째	체크하다	yes, speaking

gerente	abogada
매니저	여자 변호사

Objetivos

01 업무전화

02 가능법

03 과거분사 활용

Texto veinte 🎧 MP3_20_00

Rin, rin, rin.
- **M1** ¿Diga?
- **F** Oiga… ¿podría hablar con el señor López?
- **M1** Lo siento, se ha equivocado de número.
- **F** Ah, caramba. Lo siento.
  A ver… primero, tendré que revisar el número… creo que aún estoy dormida…
  Oiga… ¿podría hablar con el señor López?
- **M2** ¡Al habla!
- **F** Ah, buenas tardes, señor López. Soy Ana. Es que su móvil está apagado y tengo algo urgente que decirle.

Rin, rin, rin.
- **M** Buenas tardes, Agencia Feliz Viaje, habla Jaime Rodríguez.
- **F** Oiga, ¿me pone con el gerente, por favor?
- **M** ¿De parte de quién?
- **F** De Cecilia Sánchez, abogada de Veritas.
- **M** Bueno, un momento, ya se pone.

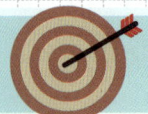

문·법·콕·콕

01

MP3_20_01

¿Podría hablar con el Sr. López?
제가 말할 수 있을까요　　로뻬스 선생님과

Habla con él.
(당신은) 그와 말합니다

¿podría yo…?
영 could I…?
(가능법 용법)

¿podría hablar con el señor López? 로뻬스씨와 통화할 수 있을까요?

habla con él 접니다 ← (당신은 지금 그 사람과 말하고 있습니다)

hablar 전화 표현

☐ ¿Puedo hablar con la Sra. López?	로뻬스 부인과 통화하고 싶습니다.
☐ ¿Con quién hablo? Habla con José.	누구세요? (누구와 제가 말하나요?) 저는 호세입니다.
☐ Agencia **Feliz Viaje**, habla Jaime López. Agencia **Feliz Viaje**, Jaime López al habla.	Feliz Viaje 에이전시 하이메 로뻬스입니다.
☐ ¡Al habla! = ¡Soy yo!	접니다!

¡al habla!
영 speaking!
통째로 암기합니다

02 ¿Me pone con el gerente?
저를 매니저와 (통화상에) 놓아 주실래요?

MP3_20_02

¿De parte de quién? Ya se pone.
의 편으로부터 누구 (그는) 곧 자신을 (통화상에) 놓는다

¿me pone con el gerente 매니저를 바꿔 주실래요?

ya se pone 곧 받으실 겁니다 (바꿔드릴게요)

poner & pasar 전화 표현	
☐ Le pongo enseguida.	바로 바꿔드릴게요. ← 내가 당신을 (통화상에) 놓는다
☐ Ya te paso con Ana.	아나 바꿔줄게. 아나 쪽으로 연결해 주마.

enseguida 명 바로
*ahora mismo
 지금 당장

¿de parte de quién? 지금 전화하시는 분은 누구신지요?

¿de parte de quién?	
전화를 한 사람에게서 메시지를 받거나 연결해 주면서 묻는 표현	
☐ ¿De parte de quién?	근데 전화하신 분은 누구시죠?
☐ De María.	전 마리아라고 합니다.

Capítulo 20 전기통신 (전화) (I) | 297

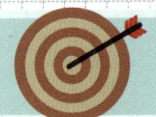

문·법·콕·콕

03 Lo siento, se ha equivocado de número.
🎧 MP3_20_03

죄송합니다 / 자신을 / 착각하게 만들어 놓았다 / 번호에 대해서

(usted) se ha equivocado de número 전화 잘못 거셨습니다

equivocarse de ~에 대해 착각하다, 잘못 알다

부정과거

me equivoqué	nos equivocamos
te equivocaste	os equivocasteis
se equivocó	se equivocaron

현재완료

me he equivocado	nos hemos equivocado
te has equivocado	os habéis equivocado
se ha equivocado	se han equivocado

기타 표현

☐ ¿Puedes (volver a) llamar más tarde?	나중에 (다시) 전화할 수 있니?
☐ ¿Quieres dejar algún recado?	메시지를 남길래?
☐ Dile a tu padre que le he llamado.	네 아버지, 그에게 내가 전화왔다고 해라.
☐ ¿Por qué sigue sin contestar al móvil?	왜 (그는) 핸드폰을 계속 받지 않니?

más tarde 영 later
di 말해라!
seguir = continuar
contestar = responder
　　　　 영 answer

04 Primero, tendré que revisar el número.
첫째 / 난 해야 할 것이다 / 체크하다 / 번호를

Creo que aún estoy dormida.
난 ~라 생각한다 / 아직도 / 난 상태다 / 잠이 든

MP3_20_04

● **tendré que revisar el número** 내가 번호를 확인해야 할 것이다

tener 동사변화 복습

미래시제		부정과거		불완료과거	
tendré	tendremos	tuve	tuvimos	tenía	teníamos
tendrás	tendréis	tuviste	tuvisteis	tenías	teníais
tendrá	tendrán	tuvo	tuvieron	tenía	tenían

saber 동사도 같은 변화를 합니다!

미래시제	sabré	sabrás	sabrá	sabremos	sabréis	sabrán
부정과거	supe	supiste	supo	supimos	supisteis	supieron
불완료과거	sabía	sabías	sabía	abíamos	sabíais	sabían

📌 **¡Ojo!**

yo supe 난 알았다
(당시 순간)

yo sabía 난 알고 있었다
(당시 상태)

☐ Cuando bajé del tren, **supe** que no lo tenía en el bolsillo. | 내가 열차에서 내렸을 때, 주머니에 그것을 갖고 있지 않다는 것을 알았다.

☐ Pensé que ya lo **sabías**. | 난 네가 벌써 그 일을 알고 있다고 생각했다.

Capítulo 20 전기통신 (전화) (I) | 299

▶ 단어를 교체하여 읽고 들어보세요.　　　🎧 MP3_20_05

01

¿Podría hablar con el señor López?
로뻬스씨와 통화할 수 있을까요?

Habla con él.
전데요.

① la señora López　　　habla con ella
　 로뻬스 부인　　　　　전데요

② el profesor Kim　　　soy yo
　 김 선생님　　　　　　전데요

③ Elena　　　　　　　habla con ella
　 엘레나　　　　　　　전데요

④ la Srta. Gómez　　　al habla
　 고메쓰양　　　　　　전데요

⑤ Miguel　　　　　　 no hay nadie con tal nombre
　 미겔　　　　　　　　그런 사람 없어요

⑥ Luis　　　　　　　 no hay ningún Luis por aquí
　 루이스를　　　　　　그런 사람 여기 없어요

⑦ el Sr. Sánchez　　　 en este momento no está aquí
　 산체쓰씨　　　　　　지금 여기 안 계세요

⑧ la abogada　　　　 está hablando en otra línea
　 변호사　　　　　　　전화 통화 중입니다

⑨ el director de ventas　 está fuera de la oficina
　 판매부장　　　　　　사무실 밖에 계세요

⑩ la gerente　　　　　está reunida
　 여자 매니저　　　　　회의 중이십니다

🎧 MP3_20_06

02 Te has equivocado de número.
너는 번호를 착각했구나.

① **me he equivocado**
내가 착각을 했네

② **se ha equivocado**
(당신은) 착각하셨습니다

③ **me equivoqué**
내가 착각했다

④ **te equivocaste**
네가 착각했다

⑤ **Ud. se equivocó**
당신은 착각했습니다

⑥ **te vas a equivocar**
넌 착각할 것이다

⑦ **vas a equivocarte**
넌 착각할 것이다

⑧ **nos equivocábamos**
우리는 착각하곤 했다

⑨ **podéis equivocaros**
너희는 착각할 수 있다

⑩ **no quiero equivocarme**
난 착각하고 싶지 않다

▶ 단어를 교체하여 읽고 들어보세요.　　　🎧 MP3_20_07

03 Creo que aún estoy dormida.
내가 아직도 잠든 상태라고 생각한다.

① ¿crees?
　넌 생각하니?

② el jefe creerá
　상사가 생각할 것이다

③ ellos pueden creer
　그들이 생각할 수 있다

④ parece
　~것 같다

⑤ me parece
　내가 보기에는

⑥ ¿podrías creer?
　네가 믿을 수 있긴 하겠니?

⑦ mis amigos piensan
　내 친구들은 생각한다

⑧ él sigue pensando
　그는 계속 생각한다

⑨ es cierto
　확실하다

⑩ diles a mis amigos
　내 친구들에게 말해라

🎧 MP3_20_08

04 Peimero, tendré que revisar el número.
첫째, 난 번호를 체크해야 할 것이다.

① **segundo, hablar con tu maestro**
둘째, 너의 선생님과 얘기를 하다

② **Tercero, hacer algo para solucionar el problema**
셋째, 문제를 해결하기 위해 뭔가를 하다

③ **Cuarto, enviarle estas cosas a la jueza**
넷째, 그 여자 판사에게 이것들을 보내다

④ **Quinto, registrarme en el hotel**
다섯째, 호텔에 체크인 하다

⑤ **Sexto, facturar el equipaje**
여섯째, (공항에서) 짐을 체크인하다

⑥ **Séptimo, tratar este tema**
일곱째, 이 주제를 다루다

⑦ **Octavo, discutir esta cuestión**
여덟째, 이 이슈를 논의하다

⑧ **Noveno, deshacer las maletas al llegar al hotel**
아홉째, 호텔에 도착하자마자 짐을 풀다

⑨ **Por último, reflexionar sobre lo que les dije ayer**
마지막으로, 어제 내가 그들에게 말했던 것을 반성(숙고)하다

회·화·술·술 🎧 MP3_20_09

▶ 대화를 들으며 한국어로 말하세요.

Rin, rin, rin.

M1 Diga…

F   Oiga… ¿podría hablar con el señor López?

M1 Lo siento, se ha equivocado de número.

F   Ah, caramba. Lo siento.
    A ver… primero, tendré que revisar el número…
    creo que aún estoy dormida…
    Oiga… ¿podría hablar con el señor López?

M2 ¡Al habla!

F   Ah, buenas tardes, señor López. Soy Ana.
    Es que su móvil está apagado
    y tengo algo urgente que decirle.

Rin, rin, rin.

M   Buenas tardes, Agencia Feliz Viaje, habla Jaime Rodríguez.

F   Oiga, ¿me pone con el gerente, por favor?

M   ¿De parte de quién?

F   De Cecilia Sánchez, abogada de Veritas.

M   Bueno, un momento, ya se pone.

¡Un poco más!

☐ creo que sí 영 I think so
☐ creo que no 영 I don´t think so
☐ espero que sí/no 영 I hope so/not

▶ 다음 해석을 보고 스페인어로 말하세요.

따르릉

M1 여보세요

F 여보세요. 로뻬쓰 씨와 통화할 수 있을까요?

M1 죄송하지만 전화 잘못 거셨습니다.

F 아, 이런. 죄송합니다.
어디 보자…… 먼저 번호를 확인해야 하겠다……
내가 아직도 잠에 빠져 있나 봐.
여보세요…… 로뻬쓰 씨와 통화하고 싶습니다.

M2 전데요.

F 아, 안녕하세요, 로뻬쓰 씨. 저 아나예요.
저기 선생님 핸드폰이 꺼져있어서요. 긴급하게 드릴 말씀이 있습니다.

따르릉

M 안녕하세요, 행복한 여행사 하이메 로드리게쓰입니다.

F 여보세요, 매니저를 바꿔주실래요?

M 전화하신 분은 어디신지요?

F 베리타스 변호사 쎄실리아 산체쓰입니다.

M 그러시군요. 잠시만요. 곧 바꿔드릴게요.

🎩 Palabras y expresiones útiles

revisar ⑲ check (본문에서 confirmar 대체 가능) | **¡al habla!** ⑲ speaking! (el habla 명사 사용한 표현) *países de habla hispana (스페인어권 국가들)

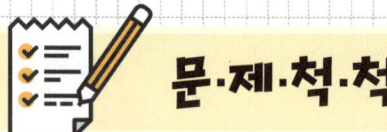 

문·제·척·척

1 보기와 같이 말해보세요.

| Modelo | él **creer** que ella ya **limpiar** la casa | → Él **cree** que ella **ya ha limpiado** la casa. |

1   Pedro **creer** que su amigo ya **cenar** con Raquel.

2   yo **creer** que mi padre ya **volver** a casa.

3   ¿**creer** tú que los niños ya **hacer** los deberes?

4   Los esposos Gómez **creer** que su hijo ya **tener** éxito.

5   ¿**creer** vosotros que yo os **mentir** otra vez?

6   él **pensar** que sus hijos **levantarse** muy tarde.

7   Ud. **pensar** que ella **darle** esa carta al jefe.

8   nosotros **creer** que él **decir** la verdad a la policía antes que tú.

9   Luis nos **decir** que José **darse cuenta** de su error.

10 yo os ***asegurar** que vosotros **equivocarse** de número.

*확실하게 말하다

¡Vamos a hablar!

Cuba 쿠바

Capital La Habana
Revolución 1 de enero de 1959
moneda peso cubano

쿠바 내무성 건물 벽에 설치된 혁명 영웅héroe 체 게바라Che Guevara의 초상입니다. 독재 정권에 시달리던 국민들은 카스트로와 체 게바라가 이끈 투쟁을 함께 하면서 1959년 바티스타 정권을 몰아내며 혁명의 결말이 납니다. 쿠바 전역에는 체 게바라 상품이 넘쳐나, 죽은 체Che가 현재의 쿠바를 먹여살린다는 말이 있을 정도입니다.

Capítulo 21

Las telecomunicaciones (Ⅱ)
전기통신 (전화) (Ⅱ)

무료 MP3 바로 듣기

📚 vocabulario U V W X Y Z

- **contestar** 답하다
- **recado** 메시지
- **¿cómo dices?** 뭐라고?
- **chao** 잘 있어 (AmL)
- **llamada** 전화 통화
- **vario** 여러
- **aula** 강의실
- **camino** 길
- **hacia** ~향하여
- **bajar** 내리다
- **bolsillo** 주머니

Objetivos

01 일상전화

02 부정과거 숙지

03 과거완료

Texto veintiuno 🎧 MP3_21_00

Hablando por teléfono

F ¿Con quién hablo?
M Habla con José.
F Ah, José. Soy la señora Gómez. ¿Está tu padre en casa? ¿Por qué sigue sin contestar al móvil?
M Ah, ahora no está aquí. ¿Puedes llamar más tarde? O ¿quieres dejar algún recado?
F No, está bien. Dile a tu padre que le he llamado. ¿Cómo dices? Sí, sí… Creo que sí… pensé que ya lo sabías. Entiendo… Mmm, bueno… Chao. José.

Al teléfono

F ¿Quién es?
M Soy Luis.
F Hombre, Luis. ¿Cómo te va? ¿Por qué no me visitaste ayer?
M Cuando llegué a la universidad, ya habías entrado en el aula.
F Ah, lo siento. Debía haberte esperado un poco más. Es que te llamé varias veces, pero no contestaste. ¿Qué te pasó?
M No pude recibir tu llamada porque había perdido mi móvil de camino hacia allí. Cuando bajé del tren, supe que no lo tenía en el bolsillo.

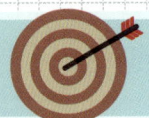

문·법·콕·콕

01 **Te llamé varias veces, pero**
너를 불렀다 여러 번 그러나

no me contestaste. ¿Qué te pasó?
내게 대답하지 않았다 무엇이 너에게 발생했니

MP3_21_01

te llamé varias veces, pero no me contestaste
네게 여러 번 전화했는데 안 받더라고

행위의 종료 인지 **부정과거** ← 과거 → **불완료과거** 행위의 종료를 모르는 계속적 상태나 진행

☐ Ayer te **llamé** dos veces.	어제 너에게 두 번 전화했다.
☐ Antes te **llamaba** dos veces al día.	전에 너에게 하루에 두 번 전화했었지.
☐ Tú no me **contestaste** anoche.	넌 어젯밤 내게 대답하지 않았다.
☐ Siempre **contestabas** todas las preguntas.	넌 항상 모든 질문에 답하곤 했었다.

☐ ¿Cómo te va? ¿Por qué no me **visitaste** ayer? ¿Qué te **pasó**?	사는 게 어때? 어제 왜 날 찾아오지 않았니? 무슨 일 있었니?

vario 영 several

¿qué pasó?
영 what happened?

02 Cuando llegué a la universidad,
내가 도착했을 때   대학교에

ya habías entrado en el aula.
벌써   너는 들어가 놓은 상태였다   강의실 안으로

MP3_21_02

---

cuando llegué a la universidad, ya habías entrado en el aula 내가 대학교에 도착했을 때 넌 벌써 강의실에 들어갔더라

haber 불완료과거 + 과거분사   과거완료 영 had p.p.

yo	**había** entrado	nosotros	**habíamos** entrado
tú	**habías** entrado	vosotros	**habíais** entrado
él ella Ud.	**había** entrado	ellos ellas Uds.	**habían** entrado

☐ Cuando ellos llegaron a la estación, el tren ya había salido.
그들이 역에 도착했을 때 열차는 이미 출발했다.

☐ Ella se dio cuenta de que su marido la había engañado.
그녀는 남편이 자기를 속였다는 것을 깨달았다.

☐ Sabíamos que él había cruzado la calle con el semáforo en rojo.
우리는 그가 신호등이 빨간 불일 때 길을 건넜다는 것을 알고 있었다.

*Sabíamos que él era machista.
우리는 그가 남성우월주의자라는 것을 알고 있었다. *él era = 영 he was

semáforo 신호등

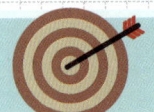

문·법·콕·콕

03

🎧 MP3_21_03

No pude recibir tu llamada porque
나는 받을 수 없었다 | 너의 전화 호출 | 왜냐하면

lo había perdido de camino hacia allí.
그걸 | 내가 분실한 상태였다 | 가는 길에 | 향하여 | 거기에

● **(yo)no pude recibir tu llamada** 난 네 전화를 받을 수 없었다

poder 동사

부정과거		불완료과거	
pude	pudimos	podía	podíamos
pudiste	pudisteis	podías	podíais
pudo	pudieron	podía	podían

본문에서는 어제 네가 한 여러 번의 전화를 내가 받지 못했다는 뜻으로 부정과거 사용
만일 받을 수 없는 상황이었다가 결국 이런 저런 이유로 받은 경우는 불완료과거 사용

perder 잃다, 지다,
(열차) 놓치다

● **porque (yo) había perdido mi móvil de camino hacia allí** 내가 거기에 가는 도중에 핸드폰을 잃어버린 상태였다

recoger 영 pick up

de camino ~ 가는 길에

☐ Puedo recogerlo de camino al trabajo.	내가 직장 가는 길에 그걸 찾을 수 있다.
☐ La farmacia me queda de camino.	약국은 내가 가는 길에 있다. *me pilla de camino (Esp)

04 Nosotros debíamos haber esperado a los muchachos.

우리는 ~해야 되는 상황이었다 / 기다려 놓다 / 그 소년들을

- nosotros debíamos haber esperado a los muchachos
  우리는 그 소년들을 기다렸어야 했다

debía haber p.p. ~했어야 했다 ← should have p.p.

☐ yo **te** debía haber esperado (O) yo debía **te** haber esperado (X)	내가 너를 기다렸어야 했다.
☐ yo debía haber**te** esperado un poco más.	내가 너를 조금 더 기다렸어야 했다.

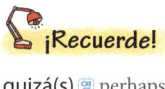

¡Recuerde!

quizá(s) perhaps

 **패·턴·톡·톡**

▶ 단어를 교체하여 읽고 들어보세요.   MP3_21_05

01
¿Con quién hablo?
누구세요?

Habla con José.
호세입니다.

① habla con Ana
전 아나입니다

② habla con Jaime
전 하이메입니다

③ habla Jaime Rodríguez de Feliz Viaje
Feliz Viaje에 근무하는 하이메 로드리게쓰입니다

④ habla con la secretaria del señor abogado
변호사님 비서입니다

⑤ habla con José. ¿quién es?
호세입니다. 누구시죠?

⑥ habla con Luisa… ¿de parte de quién?
루이사입니다…… 근데 전화하신 분은 누구시죠?

⑦ habla con un amigo de José
전 호세의 친구입니다

⑧ habla con un amigo suyo
전 그의 친구입니다

⑨ habla con el dueño de la tienda
상점 주인입니다

⑩ habla con Josefina, hija del señor López
전 로뻬스씨의 딸 호세피나입니다

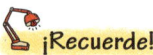 **¡Recuerde!**

la línea está ocupada / el teléfono está ocupado
(el teléfono) está comunicando
전화가 통화 중이다

MP3_21_06

02 Dile a tu padre que le he llamado.
네 아버지에게 내가 전화했다고 말해라.

vocabulario

confianza 영 trust
 ※ confiar en ~믿다
 (≠desconfiar de)
agotarse 고갈되다, 매진되다, 지치다
acabarse 다 떨어지다

① **le llamaré más tarde**
내가 나중에 전화할 것이다

② **le voy a visitar esta tarde**
오늘 오후에 그를 찾아갈 것이다

③ **Lola me visitó anteayer por la tarde**
롤라는 그저께 오후에 날 찾아왔다

④ **ellos se niegan a escucharme**
그들이 내 말을 들으려고 하지 않는다

⑤ **tengo confianza en los empleados**
난 직원들을 믿고 있다

⑥ **Ramón ya me ha prestado cinco mil dólares**
라몬이 벌써 내게 5천 달러를 빌려준 상태다

⑦ **ayer tuve un accidente de automóvil**
어제 내가 자동차 사고가 났다

⑧ **anoche me rompí la pierna izquierda**
어젯밤 내가 왼쪽 다리가 부러졌다

⑨ **ya se han agotado las entradas**
입장권들이 벌써 매진된 상태다

⑩ **se me ha acabado el dinero**
내게 돈이 다 떨어진 상태다

 패·턴·톡·톡

▶ 단어를 교체하여 읽고 들어보세요.　　　　　🎧 MP3_21_07

03 No pude recibir tu llamada porque había perdido mi móvil.
난 네 전화를 받을 수 없었다. 왜냐하면 내 핸드폰을 잃어버렸기 때문이다.

 **vocabulario**

carrera
　경주, 커리어, 전공
casarse con
　~와 결혼하다
　※ matrimonio
　　결혼, 혼인, 부부

① comprar ese bolso
　그 핸드백을 사다
② llamarte
　너에게 전화하다
③ visitaros
　너희를 방문하다
④ llegar a tiempo
　제시간에 도착하다
⑤ ganar la medalla
　메달을 획득하다
⑥ pasar por tu casa
　네 집에 들르다
⑦ entrar en el teatro
　극장에 들어가다
⑧ mandarte ningún mensaje
　너에게 어떤 메시지를 보내다
⑨ ponerme los pantalones
　내가 그 바지를 입다
⑩ decirte que quería casarme contigo
　너와 결혼하고 싶다고 말하다

mi cartera
　내 지갑
mi celular
　내 핸드폰
el tren que iba allí
　거기 가는 열차
el avión para Seúl
　서울행 비행기
la carrera
　경주
mi coche
　내 자동차
el billete
　티켓
el móvil
　핸드폰
10 kilos
　10kg (살을 빼다)
el trabajo
　일자리

🎧 MP3_21_08

04 Cuando te vi, llorabas.
내가 널 봤을 때 넌 울고 있었다.

① **te vi**
내가 너를 보았다

estabas llorando
넌 울고 있는 중이었다

② **te veíamos**
우리가 널 보곤 했었다

siempre llorabas
항상 넌 울곤 했다

③ **bajé del tren**
내가 기차에서 내렸다

supe que no lo tenía
난 그것을 갖고 있지 않음을 알았다

④ **nos lo dijiste**
네가 우리에게 그걸 말했다

ya lo sabíamos
우린 이미 알고 있었다

⑤ **llegué a la escuela**
내가 학교에 도착했다

ya habías entrado en el aula
넌 벌써 강의실로 들어갔다

⑥ **llegué al cine**
내가 영화관에 도착했다

ella estaba esperándome
그녀가 날 기다리고 있었다

⑦ **llegué a la oficina**
내가 사무실에 도착했다

el cliente ya se había ido
고객이 벌써 가 버리고 없었다

⑧ **le propuse matrimonio**
내가 그녀에게 청혼했다

ella se levantó y se fue
그녀는 일어나서 가 버렸다

⑨ **les dije que me casaría con ella**
내가 그들에게 그녀와 결혼할 거라고 말했다

ellos no dijeron nada
그들은 아무 말도 없었다

⑩ **yo se lo decía**
내가 그들에게 그것을 말하곤 했다

ellos solían decir que no
그들은 늘 아니라고 말하곤 했다

회·화·술·술

▶ 대화를 들으며 한국어로 말하세요.

Hablando por teléfono

F   ¿Con quién hablo?

M   Habla con José.

F   Ah, José. Soy la señora Gómez. ¿Está tu padre en casa?
    ¿Por qué sigue sin contestar al móvil?

M   Ah, ahora no está aquí. ¿Puedes llamar más tarde?
    O ¿quieres dejar algún recado?

F   No, está bien. Dile a tu padre que le he llamado.
    ¿Cómo dices? Sí, sí… Creo que sí…
    pensé que ya lo sabías. Entiendo… Mmm, bueno… Chao. José.

Al teléfono

F   ¿Quién es?

M   Soy Luis.

F   Hombre, Luis. ¿Cómo te va? ¿Por qué no me visitaste ayer?

M   Cuando llegué a la universidad, ya habías entrado en el aula.

F   Ah, lo siento. Debía haberte esperado un poco más.
    Es que te llamé varias veces, pero no contestaste.
    ¿Qué te pasó?

M   No pude recibir tu llamada porque había perdido mi móvil de
    camino hacia allí. Cuando bajé del tren, supe que no lo tenía
    en el bolsillo.

▶ 다음 해석을 보고 스페인어로 말하세요.

전화 통화하면서

F 누구세요?

M 전 호세입니다.

F 아, 호세구나. 나 고메쓰 아줌마다. 네 아버지 집에 계시니?
왜 핸드폰을 계속 안 받으시니?

M 아, 지금은 여기 안 계세요. 이따가 전화 주실 수 있나요?
아니면 뭐 메시지 남기시겠어요?

F 아니다, 괜찮다. 아버지에게 내가 전화했다고 전해다오. 뭐라고? 응, 응……
그렇게 생각한다…… 네가 벌써 그걸 알고 있다고 생각했다.
그렇지…… 음…… 그래…… 잘 있어라, 호세야.

전화상에서

F 누구세요?

M 루이스야.

F 어이, 루이스. 어떻게 지내? 어제 왜 날 찾아오지 않았니?

M 내가 학교에 도착하니 넌 벌써 강의실로 들어갔더라고.

F 아, 미안해. 좀 더 기다렸어야 했는데. 저기 몇 번이나 전화했는데 네가 안 받더라.
뭔 일 있었니?

M 네 전화를 받을 수 없었어. 왜냐하면 거기 가는 도중에 핸드폰을 잃어버렸거든.
열차에서 내렸을 때 주머니에 핸드폰이 없는 걸 알게 되었다.

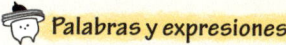 **Palabras y expresiones útiles**

apagar 끄다 *****encender** 점화하다, 켜다 *****encendedor/mechero** 라이터

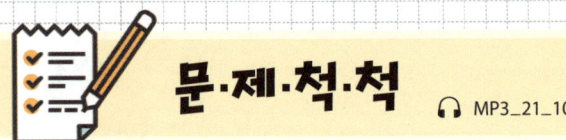
문·제·척·척 🎧 MP3_21_10

1 보기와 같이 말해보세요.

| Modelo | él **creer** que ella ya **limpiar** la casa | → Él creyó que ella ya **había limpiado** la casa. |

1. Pedro **creer** que su amigo ya **cenar** con Raquel.
2. yo **creer** que mi padre ya **volver** a casa.
3. ¿**creer** tú que los niños ya **hacer** los deberes?
4. Los esposos Gómez **creer** que su hijo ya **tener** éxito.
5. ¿**creer** vosotros que yo os **mentir** otra vez?
6. él **pensar** que sus hijos **levantarse** muy tarde.
7. Ud. **pensar** que ella **darle** esa carta al jefe.
8. nosotros **creer** que él **decir** la verdad a la policía antes que tú.
9. Luis nos **decir** que José **darse cuenta** de su error.
10. yo os ***asegurar** que vosotros **equivocarse** de número.

*확실하게 말하다

2 녹음된 질문을 듣고 알맞은 시제로 말해보세요.

| Modelo | ¿Por qué estás llorando? | la película *ser* muy triste (현재형) → Estoy llorando porque la película *es* muy triste. |

1. esta tarde **ver** a mi exnovia en la calle　　(현재완료)
2. no me **gustar** viajar en grupo　　(현재형)
3. tú **soler** quitarme la pelota　　(불완료과거)
4. yo **tener** mucha sed　　(불완료과거)
5. mis clientes aún no **volver** al hotel　　(과거완료)
6. ayer alguien me lo **robar** en la biblioteca　　(부정과거)
7. yo no **querer** nada　　(불완료과거)
8. ayer la fiesta estar demasiado aburrida　　(불완료과거)
9. ayer yo te **pegar**　　(부정과거)
10. **poder** aprender mucho español allí　　(미래형)

***pegar** 붙이다, 때리다, (타격, 놀람 등) 주다

Clase extra 5 ▶ Escuche y repita.   🎧 MP3_C_05

A 재귀대명사 Se 활용

① 타동사 + Se = 자동사

El país se desarrollará rápido.
그 나라는 빠르게 발전할 것이다.
* (직역) 그 나라는 자신을 발전시킬 것이다, 빠르게.

② Se + 동사 3인칭 단수 = 무인칭

¿Cómo se va a la plaza?
광장에는 어떻게 가나요?
* (직역) 어떻게 사람들은 갑니까, 광장에

③ Se + 동사 + 주어 = 수동태

Se vende pan. Se venden flores.
빵이 판매된다. 꽃들이 판매된다.

④ 동사 + Se = 원하거나 계획하지 않은 상황 (무의지의 Se)

Se me perdió la llave. Se me perdieron las llaves.
내 열쇠가 없어졌어. 내 열쇠들이 분실되었어.
* 간접 대명사가 사용되었을 뿐 수동태와 동일한 형태로 문법적 설명보다는 직역해 숙지합니다.
  (직역) 열쇠가 나에게서 분실되었다. 열쇠들이 나에게서 분실되었다.

⑤ 동사 + Se = 강조, 뉘앙스

Me voy.
나 갈게.
* 동일 공간에 있다가 자리를 뜨고 떠남을 표현 (영)leave

Ella ya se dormirá.
그녀는 곧 잠들 것이다.
* dormir (영)sleep) dormirse (영)fall asleep)

(yo) Me lo comí todo.
내가 그걸 죄다 먹어버렸다.
* comerse 먹다, 먹어 치우다
  (직역) 나는, 내 자신에게 그걸 먹었다, 몽땅.
  (영) I ate it all up.

B llevar 동사

① Aquí llevamos gafas de sol prácticamente todo el año.
   여기에서는 우리는 실제로 1년 내내 선글래스를 착용합니다.
   * 안경 gafas(Esp), anteojos(AmL)

② Ella lleva un año estudiando italiano.
   그녀는 이탈리아어를 공부한 지 1년 된다.
   * (직역) 그녀는 이탈리아어를 공부하면서 1년을 가지고 간다

③ Ella me lleva cinco años.
   그녀는 나보다 다섯 살이 많다.
   * (직역) 그녀는 나에게서 다섯 살을 가지고 간다

심화학습

A 접속법

지금까지 우리가 배운 동사 시제는 모두 직설법이라고 하며 문장의 주절에 희망, 바람, 요청, 지시, 충고, 명령, 사역, 강요, 허가 단어가 오면 종속절에 접속법을 사용합니다. 예를 들어,

> 마리아, 난 네가 열심히 공부하기를 바란다. (한국어)
> Mary, I want you to study a lot. (영어)

마리아가 나의 희망대로 열심히 공부를 할 수도 있고, 아니면 하기 싫어서 안 할 수도 있습니다. 즉, 화자의 희망에 얼마나 부응해서 공부할지는 불확실합니다.

다시 말해 마리아의 주관성이나 처한 환경에 따른 향후 상황에 대한 불확실성이 내포됩니다. 이런 경우 접속법을 사용합니다. 몇 가지 예를 학습하면서 암기해서 사용하다 보면 나중에는 쉽게 적응되니 편안하게 여기세요.

접속법 현재를 만드는 방법

(-ar 동사)와 (-er, -ir 동사) 직설법 현재 어미를 서로 교체하면 접속법 현재가 됩니다.

직설법 현재		접속법 현재	
estudio	estudiamos	estudie	estudiemos
estudias	estudiáis	estudies	estudiéis
estudia	estudian	estudie	estudien

> yo quiero.   난 원한다.
> tú estudias mucho.   넌 열심히 공부한다.

위 두 문장을 접속사를 이용해 한 문장으로 연결하면

yo quiero + que + tú estudias mucho   *que ~임 영 that (접속사)

주어를 생략하여 다시 써 보면

Quiero que estudies mucho. (해석) 난 네가 열심히 공부했으면 한다.

약간 어려운 듯해도 바로 다음 내용으로 가세요!

직설법 현재		접속법 현재	
com**o**	com**emos**	com**a**	com**amos**
com**es**	com**éis**	com**as**	com**áis**
com**e**	com**en**	com**a**	com**an**

직설법 현재		접속법 현재	
viv**o**	viv**imos**	viv**a**	viv**amos**
viv**es**	viv**ís**	viv**as**	viv**áis**
viv**e**	viv**en**	viv**a**	viv**an**

☐ Quiero que vivas feliz.	난 네가 행복하게 살기를 원한다.
☐ José quiere que comas sano.	호세는 네가 건강하게 먹기를 원해.
☐ ¿Quieres que te ayudemos?	넌 우리가 널 도와주기를 원하는 거니?

접속법 불규칙 변화 동사

직설법 현재형 불규칙 변화가 있듯이 접속법 현재에도 불규칙 변화 동사가 있습니다.
반복해 외우다 보면 불규칙 속의 규칙성이 입에 익어 술술 나옵니다.
예문을 먼저 살펴보고 다음 페이지에서 불규칙 변화 동사를 소리내어 읽어보세요.

☐ Espero que llueva.	난 비가 오기를 바란다.
☐ Te pedimos que no lo hagas.	우리는 너에게 그것을 하지 말라고 청한다.
☐ ¿Qué quieres que haga?	넌 내가 뭘 하기를 원하는 거니? 영 what do you want me to do?
☐ Mi padre no me permite que salga.	아버지는 내가 나가는 걸 허락하지 않는다.
☐ Nos prohíben que le veamos.	우리에게 그를 보는 것을 금지한다.
☐ Te dejaré que lo hagas.	네가 그걸 하도록 내버려 두마. (= Te dejaré hacerlo)

* **esperar** 바라다, 기다리다, 기대하다

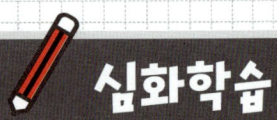

심화학습

hacer 하다	haga hagas haga hagamos hagáis hagan
poner 놓다	ponga pongas ponga pongamos pongáis pongan
tener 가지다	tenga tengas tenga tengamos tengáis tengan
decir 말하다	diga digas diga digamos digáis digan
salir 나가다	salga salgas salga salgamos salgáis salgan
oír 듣다	oiga oigas oiga oigamos oigáis oigan
llegar 도착하다	llegue llegues llegue lleguemos lleguéis lleguen
apagar 끄다	apague apagues apague apaguemos apaguéis apaguen
ir 가다	vaya vayas vaya vayamos vayáis vayan
ver 보다	vea veas vea veamos veáis vean
pensar 생각하다	piense pienses piense pensemos penséis piensen
volver 돌아오다	vuelva vuelvas vuelva volvamos volváis vuelvan
poder 할 수 있다	pueda puedas pueda podamos podáis puedan
servir 서빙하다	sirva sirvas sirva sirvamos sirváis sirvan
pedir 요구하다	pida pidas pida pidamos pidáis pidan
sentir 느끼다	sienta sientas sienta sintamos sintáis sientan
nevar 눈이 오다	nieve nieves nieve nevemos nevéis nieven
llover 비오다	llueva lluevas llueva llovamos llováis lluevan
dormir 자다	duerma duermas duerma durmamos durmáis duerman
morir 도착하다	muera mueras muera muramos muráis mueran
empezar 하다	empiece empieces empiece empecemos empecéis empiecen
comenza 시작하다	comience comiences comience comencemos comiencen
sentar 앉히다	siente sientes siente sentemos sentéis sienten
acostar 눕히다	acueste acuestes acueste acostemos acostéis acuesten
venir 오다	venga vengas venga vengamos vengáis vengan

☐ **Quizá** él venga.	**아마** 그가 올 것 같은데.
☐ **Ojalá** ella venga.	**부디** 그녀가 오기를

B 명령법

Tú 긍정명령 (너~해라) & **Vosotros** 긍정명령 (너희~해라) 이외의 인칭별 명령은 지시받은 당사자가 명령대로 이행할지 불확실성이 내포되므로 접속법을 사용합니다. 단, 부정명령 시 재귀대명사와 간목·직목은 동사 앞에 위치합니다.

① **Tú 긍정명령**	→ 직설법 현재 3인칭 단수
Habla despacio.	천천히 말해라!
Abre la puerta.	문을 열어라!
Recibe este beso y mi amor	이 키스와 내 사랑을 받아라!

② **Tú 부정명령**	→ 접속법 해당 인칭
No hables más de ella.	그녀에 대해 더는 말하지 마!
No abras la boca.	입을 열지 마라!

③ **Ud. 긍정·부정명령**	→ 접속법 해당 인칭
Hable de él.	그에 대해 말하세요!
Venga aquí.	여기에 오세요!
Escúcheme.	제 말을 들어보세요.
No lo haga,	그러지 마세요,
por favor, cruel reina.	제발, 잔인한 왕비시여!

④ **Uds. 긍정·부정명령**	→ 접속법 해당 인칭
Tengan paciencia.	참으세요 여러분들!
No me lo digan.	당신들, 내게 그걸 말하지 마세요!

⑤ **Vosotros 긍정명령**	→ 원형 어미 r → d
Salid.	너희들 나가라!

⑥ **Vosotros 부정명령**	→ 접속법 해당 인칭
No salgáis.	너희들 나가지 말아라!

⑦ **Nosotros 긍정·부정명령**	→ 접속법 해당 인칭
Estudiemos mucho.	열심히 공부하자!
No se lo digamos (a Juan).	(후안) 그에게 그것을 말하지 말자!

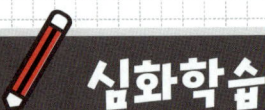

C 재귀동사 명령법

앞에서 설명한 대로 긍정명령 시 재귀대명사 **Se**는 동사 뒤에 찰싹 붙고 부정명령 시 동사 앞에 위치합니다. 단,

Vosotros 긍정 명령 시 재귀대명사 **Os**가 동사 뒤에 붙을 경우 어미 **d** 탈락!

Nosotros 긍정 명령 시 재귀대명사 **Nos**가 동사 뒤에 붙을 경우 어미 **s** 탈락!

① Tú 긍정명령	→ 직설법 현재 3인칭 단수
Levánta**te**.	일어나라! (직역) 네 자신을 들어올려라!
Cálla**te**.	입 다물어!
Ve**te**.	가버려라! *(ir 명령형 불규칙 → ve)

② Tú 부정명령	→ 접속법 해당 인칭
No **te** levantes.	일어나지 마라!
No **te** vayas.	가버리지 마라!

③ Ud. 긍정·부정명령	→ 접속법 해당 인칭
Levánte**se**.	일어나세요!
No **se** levante.	일어나지 마세요!
Váya**se**.	가세요!
No **se** vaya.	가지 마세요!

④ Vosotros 긍정명령	→ 원형 어미 r → d (탈락)
Levanta**os**.	호세는 네가 건강하게 먹기를 원해.
Id**os**.	넌 우리가 널 도와주기를 원하는 거니? *(예외적으로 d 탈락 없음)

⑤ Nosotros 긍정명령	→ 접속법 해당 인칭에서 s (탈락)
Levanté**nos**.	일어나자!
Vámo**nos**.	우리 가자! 자리를 뜨자! *(예외적으로 직설법 vamos 이용)

 # 문·제·척·척 🎧 MP3_C_06

Los números

1 숫자 0부터 10까지 들으며 따라하세요.

cero → _____ diez

2 숫자 11부터 30까지 들으며 따라하세요.

once → _____ treinta

3 숫자 10부터 100까지 10단위씩 들으며 따라하세요.

diez → _____ cien

4 숫자 100부터 1,000까지 100단위씩 들으며 따라하세요.

cien → _____ mil

5 숫자 31부터 41까지 들으며 따라하세요.

treinta y uno → _____ cuarenta y uno

6 다음을 순서대로 들어보세요.

1 hombre →	1 mujer →	21 libros
21 enfermeras →	31 casas →	999 dólares
101 ordenadores →	121 mesas →	115 euros
100 niños →	2.000 toneladas →	2.700 mujeres
10.000 km →	100.000 hectáreas →	en el año 2017
1492 →	Tendrá unos 40 años →	500 coches
0,45 →	1.000.000 →	2.000.000
1.000.000 libros →	1.000.020 soldados →	
100.000.000 carros →	1.000.000.000 wones	

부록

 **신체도해** … 332

기초동사변화표 … 334

신·체·도·해

cuerpo 신체

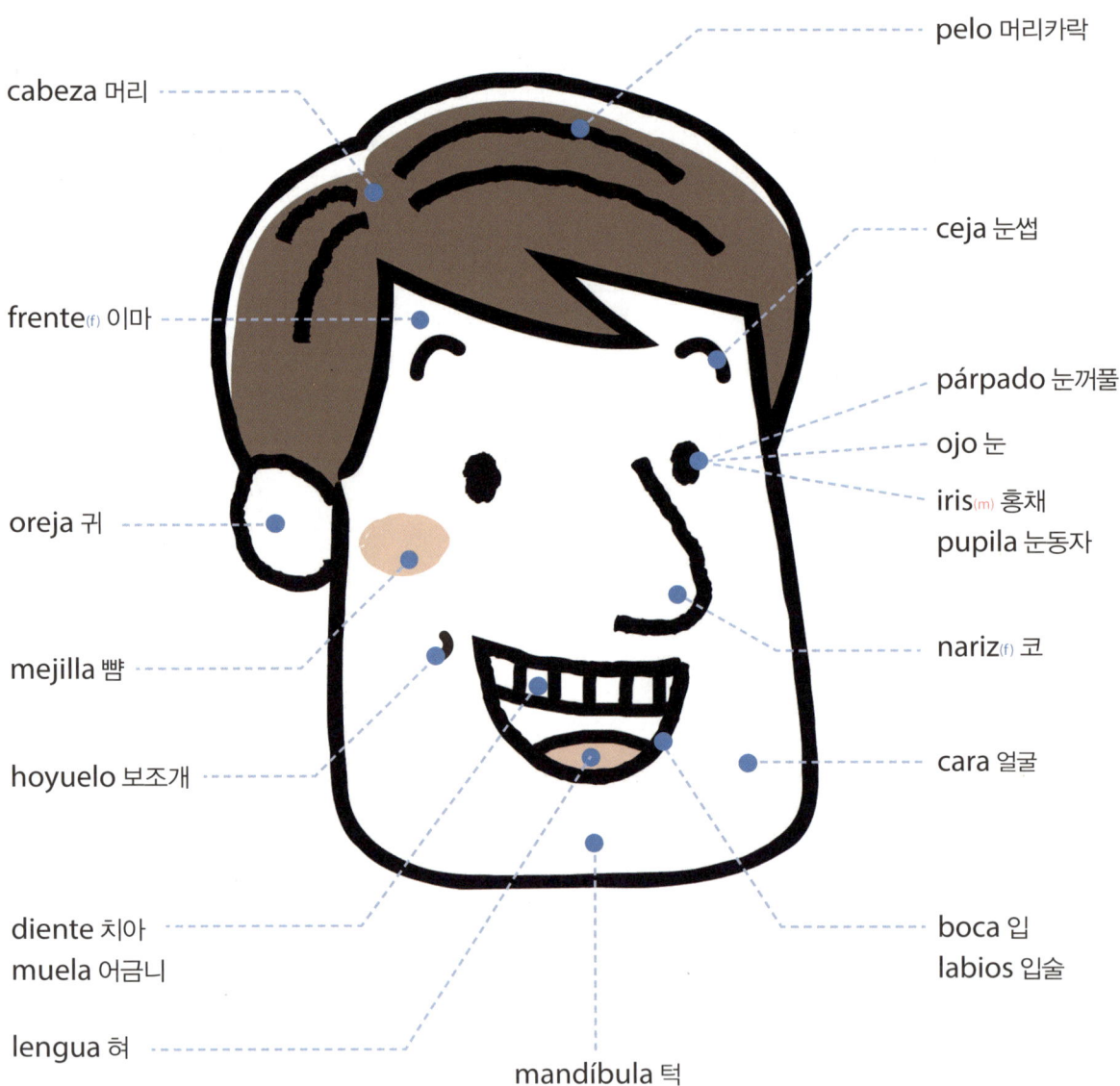

기초 동·사·변·화·표

hablar

현재분사	hablando	과거분사	hablado					명령법		
직설법						접속법				
	현재	부정과거	불완료과거	미래	가능법	현재	과거		긍정	부정
yo	hablo	hablé	hablaba	hablaré	hablaría	hable	hablara			
tú	hablas	hablaste	hablabas	hablarás	hablarías	hables	hablaras		habla	no hables
él, ella, Ud.	habla	habló	hablaba	hablará	hablaría	hable	hablara		hable	no hable
nosotros	hablamos	hablamos	hablábamos	hablaremos	hablaríamos	hablemos	habláramos		hablemos	no hablemos
vosotros	habláis	hablasteis	hablabais	hablaréis	hablaríais	habléis	hablarais		hablad	no habléis
ellos, ellas, Uds.	hablan	hablaron	hablaban	hablarán	hablarían	hablen	hablaran		hablen	no hablen

comer

현재분사	comiendo	과거분사	comido					명령법		
직설법						접속법				
	현재	부정과거	불완료과거	미래	가능법	현재	과거		긍정	부정
yo	como	comí	comía	comeré	comería	coma	comiera			
tú	comes	comiste	comías	comerás	comerías	comas	comieras		come	no comas
él, ella, Ud.	come	comió	comía	comerá	comería	coma	comiera		coma	no coma
nosotros	comemos	comimos	comíamos	comeremos	comeríamos	comamos	comiéramos		comamos	no comamos
vosotros	coméis	comisteis	comíais	comeréis	comeríais	comáis	comierais		comed	no comáis
ellos, ellas, Uds.	comen	comieron	comían	comerán	comerían	coman	comieran		coman	no coman

vivir

현재분사: viviendo **과거분사:** vivido

	직설법					접속법		명령법	
	현재	불완료과거	부정과거	미래	가능법	현재	과거	긍정	부정
yo	vivo	vivía	viví	viviré	viviría	viva	viviera		
tú	vives	vivías	viviste	vivirás	vivirías	vivas	vivieras	vive	no vivas
él, ella, Ud.	vive	vivía	vivió	vivirá	viviría	viva	viviera	viva	no viva
nosotros	vivimos	vivíamos	vivimos	viviremos	viviríamos	vivamos	viviéramos	vivamos	no vivamos
vosotros	vivís	vivíais	vivisteis	viviréis	viviríais	viváis	vivierais	vivid	no viváis
ellos, ellas, Uds.	viven	vivían	vivieron	vivirán	vivirían	vivan	vivieran	vivan	no vivan

hacer

현재분사: haciendo **과거분사:** hecho

	직설법					접속법		명령법	
	현재	불완료과거	부정과거	미래	가능법	현재	과거	긍정	부정
yo	hago	hacía	hice	haré	haría	haga	hiciera		
tú	haces	hacías	hiciste	harás	harías	hagas	hicieras	haz	no hagas
él, ella, Ud.	hace	hacía	hizo	hará	haría	haga	hiciera	haga	no haga
nosotros	hacemos	hacíamos	hicimos	haremos	haríamos	hagamos	hiciéramos	hagamos	no hagamos
vosotros	hacéis	hacíais	hicisteis	haréis	haríais	hagáis	hiciérais	haced	no hagáis
ellos, ellas, Uds.	hacen	hacían	hicieron	harán	harían	hagan	hicieran	hagan	no hagan

기초 동·사·변·화·표

tener

현재분사	teniendo	과거분사	tenido				
	직설법					접속법	명령법
	현재	부정과거	불완료과거	미래	가능법	현재	과거	긍정	부정
yo	tengo	tuve	tenía	tendré	tendría	tenga	tuviera		
tú	tienes	tuviste	tenías	tendrás	tendrías	tengas	tuvieras	ten	no tengas
él, ella, Ud.	tiene	tuvo	tenía	tendrá	tendría	tenga	tuviera	tenga	no tenga
nosotros	tenemos	tuvimos	teníamos	tendremos	tendríamos	tengamos	tuviéramos	tengamos	no tengamos
vosotros	tenéis	tuvisteis	teníais	tendréis	tendríais	tengáis	tuvierais	tened	no tengáis
ellos, ellas, Uds.	tienen	tuvieron	tenían	tendrán	tendrían	tengan	tuvieran	tengan	no tengan

poner

현재분사	poniendo	과거분사	puesto				
	직설법					접속법	명령법
	현재	부정과거	불완료과거	미래	가능법	현재	과거	긍정	부정
yo	pongo	puse	ponía	pondré	pondría	ponga	pusiera		
tú	pones	pusiste	ponías	pondrás	pondrías	pongas	pusieras	pon	no pongas
él, ella, Ud.	pone	puso	ponía	pondrá	pondría	ponga	pusiera	ponga	no ponga
nosotros	ponemos	pusimos	poníamos	pondremos	pondríamos	pongamos	pusiéramos	pongamos	no pongamos
vosotros	ponéis	pusisteis	poníais	pondréis	pondríais	pongáis	pusierais	poned	no pongáis
ellos, ellas, Uds.	ponen	pusieron	ponían	pondrán	pondrían	pongan	pusieran	pongan	no pongan

estar

현재분사	estando	과거분사	estado					명령법	
직설법					접속법		명령법		
	현재	부정과거	불완료과거	미래	가능법	현재	과거	긍정	부정
yo	estoy	estuve	estaba	estaré	estaría	esté	estuviera		
tú	estás	estuviste	estabas	estarás	estarías	estés	estuvieras	está	no estés
él, ella, Ud.	está	estuvo	estaba	estará	estaría	esté	estuviera	esté	no esté
nosotros	estamos	estuvimos	estábamos	estaremos	estaríamos	estemos	estuviéramos	estemos	no estemos
vosotros	estáis	estuvisteis	estabais	estaréis	estaríais	estéis	estuvierais	estad	no estéis
ellos, ellas, Uds.	están	estuvieron	estaban	estarán	estarían	estén	estuvieran	estén	no estén

andar

현재분사	andando	과거분사	andado					명령법	
직설법					접속법		명령법		
	현재	부정과거	불완료과거	미래	가능법	현재	과거	긍정	부정
yo	ando	anduve	andaba	andaré	andaría	ande	anduviera		
tú	andas	anduviste	andabas	andarás	andarías	andes	anduvieras	anda	no andes
él, ella, Ud.	anda	anduvo	andaba	andará	andaría	ande	anduviera	ande	no ande
nosotros	andamos	anduvimos	andábamos	andaremos	andaríamos	andemos	anduviéramos	andemos	no andemos
vosotros	andáis	anduvisteis	andabais	andaréis	andaríais	andéis	anduvierais	andad	no andéis
ellos, ellas, Uds.	andan	anduvieron	andaban	andarán	andarían	anden	anduvieran	anden	no anden

# 기초 동·사·변·화·표

salir	현재분사 saliendo	과거분사 salido					명령법	
	직설법					접속법	긍정	부정
	현재	부정과거	불완료과거	미래	가능법	현재	과거		
yo	salgo	salí	salía	saldré	saldría	salga	saliera		
tú	sales	saliste	salías	saldrás	saldrías	salgas	salieras	sal	no salgas
él, ella, Ud.	sale	salió	salía	saldrá	saldría	salga	saliera	salga	no salga
nosotros	salimos	salimos	salíamos	saldremos	saldríamos	salgamos	saliéramos	salgamos	no salgamos
vosotros	salís	salisteis	salíais	saldréis	saldríais	salgáis	salierais	salid	no salgáis
ellos, ellas, Uds.	salen	salieron	salían	saldrán	saldrían	salgan	salieran	salgan	no salgan

volver	현재분사 volviendo	과거분사 vuelto					명령법	
	직설법					접속법	긍정	부정
	현재	부정과거	불완료과거	미래	가능법	현재	과거		
yo	vuelvo	volví	volvía	volveré	volvería	vuelva	volviera		
tú	vuelves	volviste	volvías	volverás	volverías	vuelvas	volvieras	vuelve	no vuelvas
él, ella, Ud.	vuelve	volvió	volvía	volverá	volvería	vuelva	volviera	vuelva	no vuelva
nosotros	volvemos	volvimos	volvíamos	volveremos	volveríamos	volvamos	volviéramos	volvamos	no volvamos
vosotros	volvéis	volvisteis	volvíais	volveréis	volveríais	volváis	volvierais	volved	no volváis
ellos, ellas, Uds.	vuelven	volvieron	volvían	volverán	volverían	vuelvan	volvieran	vuelvan	no vuelvan

ir

현재분사	yendo	과거분사	ido					
직설법					**접속법**		**명령법**	
	현재	부정과거	불완료과거	미래	가능법	현재	과거	긍정	부정
yo	voy	fui	iba	iré	iría	vaya	fuera		
tú	vas	fuiste	ibas	irás	irías	vayas	fueras	ve	no vayas
él, ella, Ud.	va	fue	iba	irá	iría	vaya	fuera	vaya	no vaya
nosotros	vamos	fuimos	íbamos	iremos	iríamos	vayamos	fuéramos	vamos, vayamos	no vayamos
vosotros	vais	fuisteis	ibais	iréis	iríais	vayáis	fuerais	id	no vayáis
ellos, ellas, Uds.	van	fueron	iban	irán	irían	vayan	fueran	vayan	no vayan

llegar

현재분사	llegando	과거분사	llegado					
직설법					**접속법**		**명령법**	
	현재	부정과거	불완료과거	미래	가능법	현재	과거	긍정	부정
yo	llego	llegué	llegaba	llegaré	llegaría	llegue	llegara		
tú	llegas	llegaste	llegabas	llegarás	llegarías	llegues	llegaras	llega	no llegues
él, ella, Ud.	llega	llegó	llegaba	llegará	llegaría	llegue	llegara	llegue	no llegue
nosotros	llegamos	llegamos	llegábamos	llegaremos	llegaríamos	lleguemos	llegáramos	lleguemos	no lleguemos
vosotros	llegáis	llegasteis	llegabais	llegaréis	llegaríais	lleguéis	llegarais	llegad	no lleguéis
ellos, ellas, Uds.	llegan	llegaron	llegaban	llegarán	llegarían	lleguen	llegaran	lleguen	no lleguen

기초 동·사·변·화·표

venir

	현재분사	viniendo	과거분사	venido							
	직설법						접속법		명령법		
	현재	부정과거	불완료과거	미래	가능법		현재	과거	긍정	부정	
yo	vengo	vine	venía	vendré	vendría		venga	viniera			
tú	vienes	viniste	venías	vendrás	vendrías		vengas	vinieras	ven	no vengas	
él, ella, Ud.	viene	vino	venía	vendrá	vendría		venga	viniera	venga	no venga	
nosotros	venimos	vinimos	veníamos	vendremos	vendríamos		vengamos	viniéramos	vengamos	no vengamos	
vosotros	venís	vinisteis	veníais	vendréis	vendríais		vengáis	vinierais	venid	no vengáis	
ellos, ellas, Uds.	vienen	vinieron	venían	vendrán	vendrían		vengan	vinieran	vengan	no vengan	

saber

	현재분사	sabiendo	과거분사	sabido							
	직설법						접속법		명령법		
	현재	부정과거	불완료과거	미래	가능법		현재	과거	긍정	부정	
yo	sé	supe	sabía	sabré	sabría		sepa	supiera			
tú	sabes	supiste	sabías	sabrás	sabrías		sepas	supieras	sabe	no sepas	
él, ella, Ud.	sabe	supo	sabía	sabrá	sabría		sepa	supiera	sepa	no sepa	
nosotros	sabemos	supimos	sabíamos	sabremos	sabríamos		sepamos	supiéramos	sepamos	no sepamos	
vosotros	sabéis	supisteis	sabíais	sabréis	sabríais		sepáis	supierais	sabed	no sepáis	
ellos, ellas, Uds.	saben	supieron	sabían	sabrán	sabrían		sepan	supieran	sepan	no sepan	

dar

현재분사	dando	과거분사	dado						
	직설법					접속법		명령법	
	현재	부정과거	불완료과거	미래	가능법	현재	과거	긍정	부정
yo	doy	di	daba	daré	daría	dé	diera		
tú	das	diste	dabas	darás	darías	des	dieras	da	no des
él, ella, Ud.	da	dio	daba	dará	daría	dé	diera	dé	no dé
nosotros	damos	dimos	dábamos	daremos	daríamos	demos	diéramos	demos	no demos
vosotros	dais	disteis	dabais	daréis	daríais	deis	dierais	dad	no deis
ellos, ellas, Uds.	dan	dieron	daban	darán	darían	den	dieran	den	no den

poder

현재분사	pudiendo	과거분사	podido						
	직설법					접속법		명령법	
	현재	부정과거	불완료과거	미래	가능법	현재	과거	긍정	부정
yo	puedo	pude	podía	podré	podría	pueda	pudiera		
tú	puedes	pudiste	podías	podrás	podrías	puedas	pudieras	puede	no puedas
él, ella, Ud.	puede	pudo	podía	podrá	podría	pueda	pudiera	pueda	no pueda
nosotros	podemos	pudimos	podíamos	podremos	podríamos	podamos	pudiéramos	podamos	no podamos
vosotros	podéis	pudisteis	podíais	podréis	podríais	podáis	pudierais	poded	no podáis
ellos, ellas, Uds.	pueden	pudieron	podían	podrán	podrían	puedan	pudieran	puedan	no puedan

기초 동·사·변·화·표

sentir	현재분사 sintiendo	과거분사 sentido				접속법		명령법	
		현재	부정과거	불완료과거	미래	가능법	현재	과거	긍정	부정
yo		siento	sentí	sentía	sentiré	sentiría	sienta	sintiera		
tú		sientes	sentiste	sentías	sentirás	sentirías	sientas	sintieras	siente	no sientas
él, ella, Ud.		siente	sintió	sentía	sentirá	sentiría	sienta	sintiera	sienta	no sienta
nosotros		sentimos	sentimos	sentíamos	sentiremos	sentiríamos	sintamos	sintiéramos	sintamos	no sintamos
vosotros		sentís	sentisteis	sentíais	sentiréis	sentiríais	sintáis	sintierais	sentid	no sintáis
ellos, ellas, Uds.		sienten	sintieron	sentían	sentirán	sentirían	sientan	sintieran	sientan	no sientan

traer	현재분사 trayendo	과거분사 traído				접속법		명령법	
		현재	부정과거	불완료과거	미래	가능법	현재	과거	긍정	부정
yo		traigo	traje	traía	traeré	traería	traiga	trajera		
tú		traes	trajiste	traías	traerás	traerías	traigas	trajeras	trae	no traigas
él, ella, Ud.		trae	trajo	traía	traerá	traería	traiga	trajera	traiga	no traiga
nosotros		traemos	trajimos	traíamos	traeremos	traeríamos	traigamos	trajéramos	traigamos	no traigamos
vosotros		traéis	trajisteis	traíais	traeréis	traeríais	traigáis	trajerais	traed	no traigáis
ellos, ellas, Uds.		traen	trajeron	traían	traerán	traerían	traigan	trajeran	traigan	no traiga

parecer

현재분사 pareciendo 과거분사 parecido

직설법

	현재	부정과거	불완료과거	미래	가능법
yo	parezco	parecí	parecía	pareceré	parecería
tú	pareces	pareciste	parecías	parecerás	parecerías
él, ella, Ud.	parece	pareció	parecía	parecerá	parecería
nosotros	parecemos	parecimos	parecíamos	pareceremos	pareceríamos
vosotros	parecéis	parecisteis	parecíais	pareceréis	pareceríais
ellos, ellas, Uds.	parecen	parecieron	parecían	parecerán	parecerían

접속법

	현재	과거
yo	parezca	pareciera
tú	parezcas	parecieras
él, ella, Ud.	parezca	pareciera
nosotros	parezcamos	pareciéramos
vosotros	parezcáis	parecierais
ellos, ellas, Uds.	parezcan	parecieran

명령법

	긍정	부정

---

conducir

현재분사 conduciendo 과거분사 conducido

직설법

	현재	부정과거	불완료과거	미래	가능법
yo	conduzco	conduje	conducía	conduciré	conduciría
tú	conduces	condujiste	conducías	conducirás	conducirías
él, ella, Ud.	conduce	condujo	conducía	conducirá	conduciría
nosotros	conducimos	condujimos	conducíamos	conduciremos	conduciríamos
vosotros	conducís	condujisteis	conducíais	conduciréis	conduciríais
ellos, ellas, Uds.	conducen	condjueron	conducían	conducirán	conducirían

접속법

	현재	과거
yo	conduzca	condujera
tú	conduzcas	condujeras
él, ella, Ud.	conduzca	condujera
nosotros	conduzcamos	condujéramos
vosotros	conduzcáis	condujerais
ellos, ellas, Uds.	conduzcan	condujeran

명령법

	긍정	부정

# 기초 동·사·변·화·표

pedir

현재분사	pidiendo	과거분사	andado						
직설법						접속법		명령법	
	현재	부정과거	불완료과거	미래	가능법	현재	과거	긍정	부정
yo	pido	pedí	pedía	pediré	pediría	pida	pidiera		
tú	pides	pediste	pedías	pedirás	pedirías	pidas	pidieras	pide	no pidas
él, ella, Ud.	pide	pidió	pedía	pedirá	pediría	pida	pidiera	pida	no pida
nosotros	pedimos	pedimos	pedíamos	pediremos	pediríamos	pidamos	pidiéramos	pidamos	no pidamos
vosotros	pedís	pedisteis	pediais	pediréis	pediríais	pidáis	pidierais	pedid	no pidáis
ellos, ellas, Uds.	piden	pidieron	pedían	pedirán	pedirían	pidan	pidieran	pidan	no pidan

ver

현재분사	viendo	과거분사	visto						
직설법						접속법		명령법	
	현재	부정과거	불완료과거	미래	가능법	현재	과거	긍정	부정
yo	veo	vi	veía	veré	vería	vea	viera		
tú	ves	viste	veías	verás	verías	veas	vieras	ve	no veas
él, ella, Ud.	ve	vio	veía	verá	vería	vea	viera	vea	no vea
nosotros	vemos	vimos	veíamos	veremos	veríamos	veamos	viéramos	veamos	no veamos
vosotros	veis	visteis	veíais	veréis	veríais	veáis	vierais	ved	no veáis
ellos, ellas, Uds.	ven	vieron	veían	verán	verían	vean	vieran	vean	no vean

ser

	현재분사 siendo	과거분사 sido							
						접속법		명령법	
	직설법					현재	과거	긍정	부정
	현재	부정과거	불완료과거	미래	가능법				
yo	soy	fui	era	seré	sería	sea	fuera		
tú	eres	fuiste	eras	serás	serías	seas	fueras	sé	no seas
él, ella, Ud.	es	fue	era	será	sería	sea	fuera	sea	no sea
nosotros	somos	fuimos	éramos	seremos	seríamos	seamos	fuéramos	seamos	no seamos
vosotros	sois	fuisteis	erais	seréis	seríais	seáis	fuerais	sed	no seáis
ellos, ellas, Uds.	son	fueron	eran	serán	serían	sean	fueran	sean	no sean

decir

	현재분사 diciendo	과거분사 dicho							
						접속법		명령법	
	직설법					현재	과거	긍정	부정
	현재	부정과거	불완료과거	미래	가능법				
yo	digo	dije	decía	diré	diría	diga	dijera		
tú	dices	dijiste	decías	dirás	dirías	digas	dijeras	di	no digas
él, ella, Ud.	dice	dijo	decía	dirá	diría	diga	dijera	diga	no diga
nosotros	decimos	dijimos	decíamos	diremos	diríamos	digamos	dijéramos	digamos	no digamos
vosotros	decís	dijisteis	decíais	diréis	diríais	digáis	dijerais	decid	no digáis
ellos, ellas, Uds.	dicen	dijeron	decían	dirán	dirían	digan	dijeran	digan	no digan

기초 동·사·변·화·표

haber

	현재분사	habiendo	과거분사	habido						
	직설법						접속법		명령법	
	현재	부정과거	불완료과거	미래	가능법		현재	과거	긍정	부정
yo	he	hube	había	habré	habría		haya	hubiera		
tú	has	hubiste	habías	habrás	habrías		hayas	hubieras	he	
él, ella, Ud.	ha, hay	hubo	había	habrá	habría		haya	hubiera		
nosotros	hemos	hubimos	habíamos	habremos	habríamos		hayamos	hubiéramos		
vosotros	habéis	hubisteis	habíais	habréis	habríais		hayáis	hubierais		
ellos, ellas, Uds.	han	hubieron	habían	habrán	habrían		hayan	hubieran		

oír

	현재분사	oyendo	과거분사	oído						
	직설법						접속법		명령법	
	현재	부정과거	불완료과거	미래	가능법		현재	과거	긍정	부정
yo	oigo	oí	oía	oiré	oiría		oiga	oyera		
tú	oyes	oíste	oías	oirás	oirías		oigas	oyeras	oye	no oigas
él, ella, Ud.	oye	oyó	oía	oirá	oiría		oiga	oyera	oiga	no oiga
nosotros	oímos	oímos	oíamos	oiremos	oiríamos		oigamos	oyéramos	oigamos	no oigamos
vosotros	oís	oísteis	oíais	oiréis	oiríais		oigáis	oyerais	oíd	no oigáis
ellos, ellas, Uds.	oyen	oyeron	oían	oirán	oirían		oigan	oyeran	oigan	no oigan

leer	현재분사	leyendo	과거분사	leído					명령법	
	직설법						접속법			
	현재	부정과거	불완료과거	미래	가능법		현재	과거	긍정	부정
yo	leo	leí	leía	leeré	leería		lea	leyera		
tú	lees	leíste	leías	leerás	leerías		leas	leyeras	lee	no leas
él, ella, Ud.	lee	leyó	leía	leerá	leería		lea	leyera	lea	no lea
nosotros	leemos	leímos	leíamos	leeremos	leeríamos		leamos	leyéramos	leamos	no leamos
vosotros	leéis	leísteis	leíais	leeréis	leeríais		leáis	leyerais	leed	no leáis
ellos, ellas, Uds.	leen	leyeron	leían	leerán	leerían		lean	leyeran	lean	no lean

coger	현재분사	cogiendo	과거분사	cogido					명령법	
	직설법						접속법			
	현재	부정과거	불완료과거	미래	가능법		현재	과거	긍정	부정
yo	cojo	cogí	cogía	cogeré	cogería		coja	cogiera		
tú	coges	cogiste	cogías	cogerás	cogerías		cojas	cogieras	coge	no cojas
él, ella, Ud.	coge	cogió	cogía	cogerá	cogería		coja	cogiera	coja	no coja
nosotros	cogemos	cogimos	cogíamos	cogeremos	cogeríamos		cojamos	cogiéramos	cojamos	no cojamos
vosotros	cogéis	cogisteis	cogíais	cogeréis	cogeríais		cojáis	cogierais	coged	no cojáis
ellos, ellas, Uds.	cogen	cogieron	cogían	cogerán	cogerían		cojan	cogieran	cojan	no cojan

부록 | 347

기초 동·사·변·화·표

elegir	현재분사 eligiendo		과거분사 elegido, electo						
	직설법					접속법		명령법	
	현재	부정과거	불완료과거	미래	가능법	현재	과거	긍정	부정
yo	elijo	elegí	elegía	elegiré	elegiría	elija	eligiera		
tú	eliges	elegiste	elegías	elegirás	elegirías	elijas	eligieras	elige	no elijas
él, ella, Ud.	elige	eligió	elegía	elegirá	elegiría	elija	eligiera	elija	no elija
nosotros	elegimos	elegimos	elegíamos	elegiremos	elegiríamos	elijamos	eligiéramos	elijamos	no elijamos
vosotros	elegís	elegisteis	elegíais	elegiréis	elegiríais	elijáis	eligierais	elegid	no elijáis
ellos, ellas, Uds.	eligen	eligieron	elegían	elegirán	elegirían	elijan	eligieran	elijan	no elijan

levantarse		명령법	
		긍정	부정
tú		levántate	no te levantes
usted		levántese	no se levante
nosotros		levantémonos	no nos levantemos
vosotros		levantaos	no os levantéis
ustedes		levántense	no se levanten

divertirse		명령법	
		긍정	부정
tú		diviértete	no te diviertas
usted		diviértase	no se divierta
nosotros		divirtámonos	no nos divirtamos
vosotros		divertios	no os divirtáis
ustedes		diviértanse	no hablen

irse		명령법	
		긍정	부정
tú		vete	no te vayas
usted		váyase	no se vaya
nosotros		vámonos	no nos vayamos
vosotros		idos	no os vayáis
ustedes		váyanse	no se vayan

 문제척척 정답

문·제·척·척 정답

Capítulo 1 Los saludos 인사

1. 1. ¿Eres español?
   2. ¿Eres José?
   3. ¿También eres coreana? 또는 ¿Eres coreana también?
2. 1. Sí, (yo) soy coreano.
   2. Sí, soy española.
   3. Sí, soy Jaime.
3. 1. encantado (화자 남성), encantada (화자 여성), 또는 mucho gusto.
   2. Yo soy español 또는 española.
   3. ¿También eres estudiante? 또는 ¿Eres estudiante también?

Capítulo 2 Los amigos 친구들

1. 1. ¿Es ella española? 또는 ¿Es española ella? No, (ella) no es española.
   2. ¿Es Pedro médico? No, él no es médico 또는 (Pedro) no es médico.
   3. ¿Es usted (또는 Ud.) abogado? No, (yo) no soy abogado.
2. 1. ¿Es alto el chico? No, (él) no es alto.
   2. ¿Es buena la niña? No, no es buena.
   3. ¿Es interesante el libro? No, no es interesante.
3. 1. Aquí hay muchos árboles altos y bonitos.
   2. No hay muchas casas grandes.
   3. Juan no es inteligente, pero es muy bueno.

Capítulo 3 La amistad y el amor 우정과 사랑

1. 1. ¿Cómo es el camarero? Él es simpático. ¿Cómo está él? Está un poco cansado.
   2. ¿Cómo es tu novia? Ella es bonita. ¿Cómo está ella? Está muy bien.
   3. ¿Cómo son los profesores? Ellos son inteligentes y muy simpáticos. ¿Cómo están ellos? Están un poco enfermos.

Capítulo 4 La Tierra y la naturaleza 지구와 자연

1. 1. Yo estudio español en la escuela. Tú estudias… Él estudia… Ella estudia… Ud. estudia… Nosotros estudiamos… Vosotros estudiáis… Ellos estudian… Ellas estudian… Uds. Estudian.
   2. Yo no llego tarde. Tú no llegas tarde. Él no llega… Ella no llega… Ud. no llega… Nosotros no llegamos… Vosotros no llegáis… Ellos no llegan… Ellas no llegan… Uds. no llegan…
   3. Salvo a los turistas. Salvas… Salva… Salva… Salva… Salvamos… Salváis… Salvan… Salvan… Salvan…
2. 1. ¿Hablas (tú) inglés? Sí, yo hablo inglés. No, yo no hablo inglés.
   2. ¿Estudiáis chino (vosotros) en aquella escuela? Sí, (nosotros) estudiamos chino en aquella escuela. No, (nosotros) no estudiamos chino en aquella escuela.

3 ¿Siempre llegan tarde estos estudiantes de francés? Sí, ellos siempre llegan tarde. No, ellos no siempre llegan tarde.

3 1 entrar → entro entras entra entramos entráis entran
   2 limpiar → limpio limpias limpia limpiamos limpiáis limpian

4 1 Sí, es muy fácil hablar inglés. No, no es fácil hablar inglés.
   2 Sí, es muy malo llegar tarde. No, no es malo llegar tarde.
   3 Sí, es muy bueno hablar de mi problema con mi padre. No, no es bueno hablar de mi problema con mi padre.
   *con tu padre 영 with your father

Capítulo 5 Los gustos 기호·취향

1 1 comemos → ¿Qué coméis (vosotros)?
   2 comen → ¿Con quién comen ellos?
      *con quién 누구와?
   3 como → ¿Cuándo comes (tú) pan? 또는 ¿Cuándo lo comes (tú)?

2 위 1번 정답 참조

3 1 ¿Por qué Uds. beben (또는 이 자리에 위치 Uds.) un chocolate caliente? Lo bebemos porque estamos muy estresados. *estresado → estresados
   2 ¿Por qué las niñas beben (또는 las niñas) leche templada? (Ellas) la beben porque están muy nerviosas.
   3 ¿Por qué (vosotros) bebéis (또는 vosotros 또는 아예 생략) agua tibia? La bebemos porque estamos muy borrachos.

4 위 3번 정답 참조

5 1 ¿Le (또는 lo) llamas cada semana? No, le (또는 lo) llamo una vez al día. *(전치사) a +(남성 정관사) el día → al día 축약형 사용
   2 ¿Las preparáis (vosotros) 또는 Las preparan ustedes a veces? No, nunca las preparamos. 또는 No, no las preparamos nunca.
   3 ¿También la ama (también) José (también)? No, tampoco José la ama. 또는 No, no la ama tampoco (José). 또는 No, él tampoco la ama. *부정어가 동사 뒤로 도치되면 동사 앞에 no를 함께 사용해야 합니다.

Capítulo 6 Las celebraciones 축하 행사

1 1 abrimos → ¿Qué abrís (vosotros)?
   2 vivo → ¿Dónde vives (tú)?
   3 cumple → ¿Cuándo cumple 20 años él?

2 2번 정답 참조

3 1 ¿Vive Ud. en la ciudad? Sí, vivo en la ciudad. No, no vivo en la ciudad. Vivo en el campo.
   2 ¿Abren la puerta los niños? Sí, (ellos) abren la puerta. No, ellos no abren la puerta. Abren la ventana.
   3 ¿Recibes (tú) muchos regalos? Sí, recibo muchos regalos. No, no recibo muchos regalos. Recibo muchas

문·제·척·척 정답

cartas.

4 3번 정답 참조

5 1 ¿No me compráis verduras? Sí, te compramos verduras. No, no te compramos verduras.
   2 ¿No les compran frutas ellas? Sí, (ellas) les compran frutas. No, (ellas) no les compran frutas.
   3 ¿No nos compra usted leche? Sí, os(또는 les) compro leche. No, no os(또는 les) compro leche.

6 1 ¿Qué hora es ahora? Son las tres.
   2 ¿A qué hora empieza la clase? (La clase) empieza a las cuatro y cuarto de la tarde. ※ empezar=comenzar (comienzo comienzas comienza comenzamos comenzáis comienzan)

Capítulo 7 Las ocupaciones 직업

1 1 ¿Qué quieres comer (tú)? → (Yo) quiero comer carne.
   2 ¿Dónde quiere vivir Ud.? → (Yo) quiero vivir en Sevilla.
   3 ¿Dónde quieren estudiar ellos? → (Ellos) quieren estudiar en la biblioteca.
   4 ¿Quién quiere hablar conmigo? → La señorita Kim quiere hablar contigo (또는 con usted)
   5 ¿Cuándo queréis visitar el museo (vosotros)? → (Nosotros) queremos visitar el museo el miércoles próximo.
   ※박물관을 직접 목적대명사로 받은 경우 ☞ lo

queremos visitar 또는 queremos visitarlo el miércoles próximo. 직접 목적대명사는 동사의 앞에 위치하지만 동사원형 뒤에 찰싹 붙여 사용할 수도 있어요. 간접목적대명사도 동일합니다.

2 1번 정답 참조

3 1 tiene → Yo también tengo una casa.
   2 tenemos → Ellos también tienen un hijo y una hija.
   3 tenéis → ellas también tienen mucho dinero.

4 3번 정답 참조

5 1 hace → (Yo) enseño español en la escuela.
   2 hacéis → (Nosotros) la hacemos con un cocinero.
   3 hace → Ella hace la maleta antes de viajar.
   4 hace → (Ellos) la hacen cuando les visito. *hacer una fiesta 파티를 하다 cuándo 언제? cuando ~할 때

6 5번 정답 참조

7 1 ¿Pone José alguna copa sobre la mesa?
      No, él no pone ninguna (copa) sobre la mesa. *botella [보떼야] 병
   2 No hay ninguna gasolinera.
   3 ¿(Tú) vas al cine con alguien?
      No, no voy al cine con nadie. Voy solo (또는 화자가 여성인 경우 sola).
   4 Mi hijo tiene mucha fiebre desde ayer.
      *desde 영 since, from P.ej desde las dos hasta las cinco 2시~5시까지 = de dos a cinco

Capítulo 8 El vecindario 동네

1 1 vengo de la playa, vienes de la playa, él viene de la playa, ella viene de la playa, Ud. viene de la playa, venimos de la playa, venís de la playa, ellos vienen de la playa, ellas vienen de la playa, Uds. vienen de la playa.

2 hago ruido, haces… él hace… ella hace… Ud. hace… hacemos… hacéis… ellos hacen… ellas hacen… Uds. hacen…

3 estoy haciendo ruido, estás haciendo… él está haciendo… ella está haciendo… estamos haciendo… estáis haciendo… ellos están haciendo… ellas están haciendo… Uds. están haciendo…

4 no puedo dormir, no puedes… él no puede… ella no puede… Ud. no puede… no podemos… no podéis… ellos no pueden… ellas no pueden… Uds. no pueden…

5 duermo mucho, duermes… él duerme… ella duerme… Ud. duerme… dormimos… dormís… ellos duermen… ellas duermen… Uds. duermen…

6 juego al fútbol, juegas… él juega… ella juega… Ud. juega… jugamos… jugáis… ellos juegan… ellas juegan… Uds. juegan

7 estoy jugando a videojuegos, estás jugando… él está jugando… ella está jugando… Uds. está jugando… estamos jugando… estáis jugando… ellos están jugando… ellas están jugando… Uds. están jugando…

8 quiero llamarla, quieres llamarla, él quiere llamarla, ella quiere llamarla, Ud. quiere llamarla, queremos llamarla, queréis llamarla, ellos quieren llamarla, ellas quieren llamarla, Uds. quieren llamarla

9 entiendo, entiendes, él entiende, ella entiende, Ud. entiende, entendemos, entendéis, ellos entienden, ellas entienden, Uds. entienden

10 creo, crees, él cree, ella cree, Ud. cree, creemos, creéis, ellos creen, ellas creen, Uds. creen

2 1 estás haciendo (tú) → (Yo) estoy enseñando español en la escuela.

2 estáis haciendo → (Nosotros) la estamos haciendo con un cocinero. (또는 nosotros estamos haciéndola con un cocinero). *haciendo + la = haciéndola (직접 목적대명사가 현재분사 뒤에 붙을 경우 강세유지 표시 필요함)

3 está haciendo → Ahora ella está deshaciendo la maleta.

4 están haciendo → Ellos la están haciendo (또는 ellos están haciéndola) en el jardín.

3 2번 정답 참조

문·제·척·척 정답

Capítulo 9 El conflicto 갈등

1 1 ¿Qué tienes que comer (tú)? → (Yo) tengo que comer carne.
   2 ¿Dónde tiene que vivir Ud.? → (Yo) tengo que vivir en Sevilla.
   3 ¿Dónde tienen que estudiar ellos? → (Ellos) tienen que estudiar en la biblioteca.
   4 ¿Quién tiene que hablar conmigo? → La señorita Kim tiene que hablar contigo (또는 con usted).
   5 ¿Cuándo tenéis que visitar el museo (vosotros)? → (Nosotros) tenemos que visitar el museo el miércoles próximo.
   ※ 박물관을 직접 목적대명사로 받은 경우 ☞ lo tenemos que visitar 또는 tenemos que visitarlo el miércoles próximo.

2 1번 정답 참조

3 1 ¿Qué vas a comer (tú)? → (Yo) voy a comer carne.
   2 ¿Dónde va a vivir Ud.? → (Yo) voy a vivir en Sevilla.
   3 ¿Dónde van a estudiar ellos? → (Ellos) van a estudiar en la biblioteca.
   4 ¿Quién va a hablar conmigo? → La señorita Kim va a hablar contigo (또는 con usted)
   5 ¿Cuándo vais a visitar el museo (vosotros)? → (Nosotros) vamos a visitar el museo el miércoles próximo.
   ※ 박물관을 직접 목적대명사로 받은 경우 ☞ lo vamos visitar 또는 vamos a visitarlo el miércoles próximo.
   ※ vamos a la playa. = 우리는 해변에 간다, 우리 해변에 가자 ※ vamos 가자! vamos a inf. 우리는 ~할 것이다, 우리 ~하자

4 3번 정답 참조

5 ¿Qué vas a hacer esta noche? → (Yo) voy a ir al cine con mi novio.

Capítulo 10 Ropa, comida y techo (Ⅰ)
의식주(Ⅰ)

1 1 ⓐ tomo, tomas, toma, tomamos, tomáis, toman
     ⓑ estoy tomando, estás tomando, está tomando, estamos tomando, estáis tomando, están tomando
     ⓒ quiero tomar, quieres tomar, quiere tomar, queremos tomar, queréis tomar, quieren tomar
     ⓓ tengo que tomar, tienes que tomar, tiene que tomar, tenemos que tomar, tenéis que tomar, tienen que tomar
     ⓔ puedo tomar, puedes tomar, puede tomar, podemos tomar, podéis tomar, pueden tomar
     ⓕ voy a tomar, vas a tomar, va a tomar, vamos a tomar, vais a tomar, van a tomar
   2 ⓐ tomo helado, tomas… toma… tomamos… tomáis… toman…
     ⓑ estoy tomando helado, estás tomando… está tomando… estamos tomando… estáis tomando… están tomando…
     ⓒ quiero tomar helado, quieres

tomar… quiere tomar… queremos tomar… queréis tomar… quieren tomar…

ⓓ tengo que tomar helado, tienes que tomar… tiene que tomar… tenemos que tomar… tenéis que tomar… tienen que tomar…

ⓔ puedo tomar helado, puedes tomar… puede tomar… podemos tomar… podéis tomar… pueden tomar…

ⓕ voy a tomar helado, vas a tomar… va a tomar… vamos a tomar… vais a tomar… van a tomar…

3 ⓐ estudio, estudias, estudia, estudiamos, estudiáis, estudian

ⓑ estoy estudiando, estás estudiando, está estudiando, estamos estudiando, estáis estudiando, están estudiando

ⓒ quiero estudiar, quieres estudiar, quiere estudiar, queremos estudiar, queréis estudiar, quieren estudiar

ⓓ tengo que estudiar, tienes que estudiar, tiene que estudiar, tenemos que estudiar, tenéis que estudiar, tienen que estudiar

ⓔ puedo estudiar, puedes estudiar, puede estudiar, podemos estudiar, podéis estudiar, pueden estudiar

ⓕ voy a estudiar, vas a estudiar, va a estudiar, vamos a estudiar, vais a estudiar, van a estudiar

4 ⓐ llevo, llevas, lleva, llevamos, lleváis, llevan

ⓑ estoy llevando, estás llevando, está llevando, estamos llevando, estáis llevando, están llevando

ⓒ quiero llevar, quieres llevar, quiere llevar, queremos llevar, queréis llevar, quieren llevar

ⓓ tengo que llevar, tienes que llevar, tiene que llevar, tenemos que llevar, tenéis que llevar, tienen que llevar

ⓔ puedo llevar, puedes llevar, puede llevar, podemos llevar, podéis llevar, pueden llevar

ⓕ voy a llevar, vas a llevar, va a llevar, vamos a llevar, vais a llevar, van a llevar

5 ⓐ como algo sabroso, comes… come… comemos… coméis… comen…

ⓑ estoy comiendo algo sabroso, estás comiendo… está comiendo… estamos comiendo… estáis comiendo… están comiendo…

ⓒ quiero comer algo sabroso, quieres comer… quiere comer… queremos comer… queréis comer… quieren comer…

ⓓ tengo que comer algo sabroso, tienes que comer… tiene que comer… tenemos que comer… tenéis que comer… tienen que comer…

ⓔ puedo comer algo sabroso, puedes

문·제·척·척 정답

   comer… puede comer… podemos comer… podéis comer… pueden comer…
  ⓕ voy a comer algo sabroso, vas a comer… va a comer… vamos a comer… vais a comer… van a comer…
 6 ⓐ escribo escribes escribe escribimos escribís escriben
  ⓑ estoy escribiendo, estás escribiendo, está escribiendo, estamos escribiendo, estáis escribiendo, están escribiendo
  ⓒ quiero escribir, quieres escribir, quiere escribir, queremos escribir, queréis escribir, quieren escribir
  ⓓ puedo escribir, puedes escribir, puede escribir, podemos escribir, podéis escribir, pueden escribir
  ⓔ tengo que escribir, tienes que escribir, tiene que escribir, tenemos que escribir, tenéis que escribir, tienen que escribir
  ⓕ voy a escribir, vas a escribir, va a escribir, vamos a escribir, vais a escribir, van a escribir

Capítulo 11   Ropa, comida y techo (Ⅱ)
의식주(Ⅱ)

1 1 ¿Te gusta bailar? → No, no me gusta bailar. Me gusta cantar.
  2 ¿(A usted) le gusta la ciudad? → No, no me gusta la ciudad. Me gusta el campo.
  3 ¿A Juan le gusta ir al cine? → No, (a Juan) no le gusta ir al cine. Le gusta jugar al fútbol.
  4 ¿A tus hermanas les gustan las fresas? → No, (a mis hermanas) no les gustan las fresas. Les gustan las manzanas.
  5 ¿Os gusta vivir con vuestros padres? → No, no nos gusta vivir con nuestros padres. Nos gusta vivir solos.
2 1번 정답 참조
3 1 ¿Qué les gusta (a ellos)? → (A ellos) les gusta tocar el piano. (Ellos) tocarán el piano. *tocar 만지다, 연주하다
  2 ¿Qué les gusta (a ustedes)? → (A nosotros) nos gusta beber y charlar. Beberemos y charlaremos. *동명사는 여러 개가 주어로 사용되어도 3인칭 단수로 취급됩니다.
  3 ¿Qué le gusta a María? → (A María 또는 A ella) le gusta cuidar el jardín. Ella cuidará el jardín 또는 lo cuidará.
  4 ¿Qué os gusta? → (A nosotros) nos gusta ir a la playa a nadar. (Nosotros) iremos a la playa a nadar.
  5 ¿Qué les gusta a Juan y a usted? → (A Juan y a mí 또는 A nosotros) nos gusta leer para ser escritores. (Juan y yo 또는 Nosotros) leeremos para ser escritores.
4 3번 정답 참조

Capítulo 12 Ir al extranjero (I)
외국에 가기 (I)

1
1. trabajo
2. qué hora
3. de nueve a cinco (=desde las 9:00 hasta las 5:00)
4. está
5. van
6. leche
7. algo, cerveza
8. quién
9. mí
10. de
11. lejos
12. hay *¿dónde está la farmacia? 그 약국은 어디에 있나요?
13. hay
14. espera
15. lado
16. entre
17. fría, puede
18. carne
19. sale
20. nada, qué
21. quiero
22. cuántas
23. cuánto
24. pagar
25. cuesta
26. qué
27. hay
28. tienes
29. que
30. como

Capítulo 13 Ir al extranjero (II)
외국에 가기 (II)

1
1. ¿Qué te gustaría comer (a ti)? → (A mí) me gustaría comer carne.
2. ¿Dónde le gustaría vivir a usted? → (A mí) me gustaría vivir en Sevilla.
3. ¿Dónde les gustaría estudiar a ellos? → (A ellos) les gustaría estudiar en la biblioteca.
4. ¿A quién le gustaría hablar conmigo? → A la señorita Kim le gustaría hablar contigo (또는 con usted).
5. ¿Cuándo os gustaría visitarme (a vosotros)? → (A nosotros) nos gustaría visitarte (또는 visitarle, visitarlo, visitarla) el miércoles próximo.

2
1. se levanta usted → Generalmente me levanto a las once menos cuarto 또는 a las diez y cuarenta y cinco de la mañana. Mañana me levantaré al amanecer.
2. se levanta tu padre → Generalmente él (또는 mi padre) se levanta a las ocho y cuarto 또는 a las ocho y quince de la mañana. Mañana él se levantará al atardecer.
3. os levantáis → Generalmente nos levantamos a las siete y media de la mañana. Mañana nos levantaremos al anochecer.
4. se levantan los niños → Generalmente ellos (또는 los niños) se levantan a las once y diez de la mañana. Mañana ellos se levantarán al oscurecer.

문·제·척·척 정답

5 te levantas → Generalmente me levanto a las nueve y cinco. Mañana me levantaré de madrugada.

3   1 ¿Qué has comido esta mañana? Esta mañana he comido carne.
    2 ¿Dónde han encontrado la cartera ustedes? La hemos encontrado en el baño.
    3 ¿Dónde han estudiado ellos hoy? Hoy ellos han estudiado en la biblioteca.
    4 ¿Quién te lo ha dicho? Tú me lo has dicho.
    5 ¿A quién habéis visitado? Hemos visitado al padre de Clara.

Capítulo 14 El hospital 병원

1   1 ¿Le duele la cabeza a tu amigo? → No, (a él) no le duele la cabeza. Le duele el brazo derecho.
    2 ¿Le duele la pierna izquierda (a usted)? → No, (a mí) no me duele la pierna izquierda. Me duelen las rodillas. *(주어 las rodillas 복수 → duelen)
    3 ¿Les duelen los pies a ellos? → No, (a ellos) no les duelen los pies. Les duele el pecho.
    4 ¿Te duelen las piernas (a ti)? → No, (a mí) no me duelen las piernas. Me duelen las muelas. *(난 이가 아프다) 표현을 이렇게 해요!
    5 ¿Os duelen los hombros (a vosotros)? → No, (a nosotros) no nos duelen los hombros. Nos duele el cuello. *me duele la garganta 난 목(구멍)이 아파

2   1 ¿Desde cuándo te duele la cabeza 또는 tienes dolor de cabeza? – Desde el lunes.
    2 Luis y yo estudiamos coreano desde hace tres días. *desde hace + 기간, desde + 시점 *yo y Luis (틀림) → 3인칭>2인칭>1인칭 순서로 해야 해요!
    3 A todo el mundo le duele la cabeza de vez en cuando.

Capítulo 15 El transporte 교통

1   1 Yo estudio más que tú. Tú estudias menos que yo.
    2 En Japón llueve más que en Corea. En Corea llueve menos que en Japón.
    3 Él compra más libros que mi hijo. Mi hijo compra menos libros que él.
    4 Nosotros trabajamos más que vosotros. Vosotros trabajáis menos que yo.
    5 Uds. corren más rápidamente que aquel futbolista. Aquel futbolista corre menos rápidamente que ustedes.

2   1 Se va a la iglesia. No se va a la iglesia.
    2 Se trabaja hasta muy tarde. No se trabaja hasta muy tarde.
    3 Se va al cine. No se va al cine.
    4 Se va a bailar esta noche. No se va a bailar esta noche.
    5 Se puede llegar a tiempo. No se puede llegar a tiempo.

Capítulo 16 Recordando el pasado
과거를 떠올리면서

1
1. ¿Antes comía Juan en casa? → Sí, antes él comía mucho en casa. No, él no comía mucho en casa.
2. ¿Antes trabajabais vosotros (또는 trabajaban Uds.) hasta muy tarde? → Sí, antes trabajábamos hasta muy tarde. No, antes no trabajábamos hasta muy tarde.
3. ¿Antes vivía Enrique en el campo? → Sí, antes él vivía en el campo. No, antes él no vivía en el campo.
4. ¿Antes querías (또는 quería usted) a Chelo? Sí, antes yo quería a Chelo. No, antes yo no quería a Chelo.
5. ¿Antes jugaban al fútbol los alumnos? → Sí, antes ellos jugaban al fútbol. No, antes ellos no jugaban al fútbol.

2
1. Ahora (yo) voy a una isla caribeña durante las vacaciones de verano. Antes yo iba a una isla caribeña durante las vacaciones de verano. Parece que iré a una isla caribeña durante las vacaciones de verano. Creen que voy a ir a una isla caribeña durante las vacaciones de verano.
2. Ahora me levanto a las seis y media de la mañana. Antes (yo) me levantaba a las 6:30 de la mañana. Parece que me levantaré a las 6:30 de la mañana. Creen que (yo) voy a levantarme (또는 me voy a levantar) a las 6:30 de la mañana.
3. Ahora (nosotros) vemos la televisión después de lavarnos los dientes. Antes veíamos la televisión después de lavarnos los dientes. Parece que veremos la televisión después de lavarnos los dientes. Creen que vamos a ver la televisión después de lavarnos los dientes.
4. Ahora Juan le envía muchos emails a Don Quijote. Antes Juan le enviaba muchos emails a Don Quijote. Parece que Juan le enviará muchos emails a Don Quijote. Creen que Juan va a enviarle (또는 le va a enviar) muchos emails a Don Quijote.
5. Ahora me gusta divertirme jugando al béisbol en mi tiempo libre. Antes me gustaba divertirme jugando al béisbol en mi tiempo libre. Parece que me gustará divertirme jugando al béisbol en mi tiempo libre. Creen que me va a gustar (또는 va a gustarme) divertirme jugando al béisbol en mi tiempo libre.

3
1. ¿Estudiabas mucho cuando eras estudiante de secundaria? No, yo estudiaba mucho cuando era estudiante de bachillerato.
2. Cuando usted era joven, ¿qué le gustaba hacer (a usted)? Cuando yo era joven, a menudo iba al lago a nadar con mis amigos. Allí lo pasábamos bien.
3. ¿Cuánto tiempo hace que estudias español? Hace más o menos un año

문·제·척·척 정답

y medio que lo estudio. (또는 ¿Desde cuándo estudias español? Lo estudio desde hace un año y medio.)

Capítulo 17 Preguntas y respuestas
Q&A

1 1 ¿A quién visitaste anteayer? Ayer visité al señor Hernández. ¿A quién visitó usted? Ayer visité al señor Hernández. ¿A quién visitó el niño ayer? Ayer él visitó al señor Hernández. ¿A quién visitasteis ayer? Ayer visitamos al señor Hernández. ¿A quién visitaron las niñas ayer? Ayer ellas visitaron al señor Hernández.

2 ¿Con quién (comiste) (comió usted) (comió el niño) (comisteis) (comieron las niñas) ayer? Ayer (comí) (comí) (él comió) (comimos) (ellas comieron) con la profesora de matemáticas.

3 ¿Cuánto tiempo (viviste) (vivió usted) (vivió el niño) (vivisteis) (vivieron las niñas)? (Viví) (Viví) (Él vivió) (Vivimos) (Ellas vivieron) más de 13 años allí.

4 ¿De qué (hablaste) (habló usted) (habló el niño) (hablasteis) (hablaron las niñas)? (Hablé) (Hablé) (Él habló) (Hablamos) (Ellas hablaron) de la fiesta de la Hispanidad. *el Día de la Hispanidad(Esp), el Día de la Raza(AmL) 콜롬버스 아메리카 발견 기념일

5 ¿Dónde (aprendiste) (aprendió usted) (aprendió el niño) (aprendisteis) (aprendieron las niñas) español? (Lo aprendí) (Lo aprendí) (Él lo aprendió) (Lo aprendimos) (Ellas lo aprendieron) en una academia de idiomas. *academia 학원, 학술원

6 ¿A qué hora (saliste) (salió usted) (salió el niño) (salisteis) (salieron las niñas) del teatro? (Salí) (Salí) (Él salió) (Salimos) (Ellas salieron) del teatro a las nueve y diez de la noche.

7 ¿Cuándo (empezaste) (empezó usted) (empezó el niño) (empezasteis) (empezaron las niñas) a aprender a tocar el piano? (Empecé) (Empecé) (Él empezó) (Empezamos) (Ellas empezaron) a aprender a tocarlo a principios de enero. *al principio 처음에 en principio 원칙상

8 ¿En qué cafetería (bebiste) (bebió usted) (bebió el niño) (bebisteis) (bebieron las niñas) Coca Cola? (La bebí) (La bebí) (Él la bebió) (La bebimos) (Ellas la bebieron) en aquella cafetería.

9 ¿A quién le (escribiste) (escribió usted) (escribió el niño) (escribisteis) (escribieron las niñas) la carta? (Se la escribí) (Se la escribí) (Él se la escribió) (Se la escribimos) (Ellas se la escribieron) al Sr. Rodríguez.

10 ¿Dónde (compraste) (compró usted) (compró el niño) (comprasteis) (compraron las niñas) estas frutas? (Las compré) (Las compré) (Él las

compró) (La compramos) (Ellas las compraron) en el supermercado.

2 1 ¿Qué tiempo hace hoy?
2 Te llamaré mañana.
3 ¿Qué te compró tu primo ayer?
4 ¿Vendrá José mañana por la noche?
5 ¿A qué hora volvieron tus hijos anoche?
6 ¿A dónde tienes que ir pasado mañana?
7 ¿En qué cine visteis <<Blancanieves>> ayer por la tarde? *ver (부정과거 강세표시 없음) vi viste vio vimos visteis vieron
8 ¿Crees que ellos te dirán el resultado dentro de tres días?
9 ¿Hicisteis una fiesta en el jardín anteayer? *anteanoche 그저께 밤에
10 ¿Quiénes le 또는 lo visitaron (a usted) hace tres días?

Capítulo 18 Las emociones humanas (Ⅰ)
희로애락(Ⅰ)

1 1 Cuando entro en la habitación, la ventana está abierta.
2 Cuando él abre la puerta, no hay nadie.
3 Cuando ellos me llaman por la noche, tengo apagado el móvil.
4 Cuando ella llega a la fiesta, la comida ya está preparada.
5 Cuando vamos a la playa, hace mucho viento.
6 Cuando Carmen entra en la habitación, el bebé llora mucho.
7 Cuando vuelvo a mi pueblo natal, nieva mucho.
8 Cuando ella nos ve, estamos de mal humor.
9 Cuando ellos oyen algo extraño, ya es de noche. *ser de noche 밤이다 ser de día 낮이다 → 때를 언급하며 3인칭 단수 사용

Capítulo 19 Las emociones humanas (Ⅱ)
희로애락(Ⅱ)

1 1 Cuando entré en la habitación, la ventaba estaba abierta.
2 Cuando él abrió la puerta, no había nadie.
3 Cuando ellos me llamaron por la noche, yo tenía apagado mi móvil.
4 Cuando ella llegó a la fiesta, la comida ya estaba preparada.
5 Cuando fuimos a la playa, hacía mucho viento.
6 Cuando Carmen entró en la habitación, el bebé lloraba 또는 estaba llorando.
7 Cuando volví a mi pueblo natal, nevaba 또는 estaba nevando mucho.
8 Cuando ella nos vio, estábamos de mal humor.
9 Cuando ellos oyeron algo extraño, ya era de noche. *ser de noche 밤이다 ser de día 낮이다
10 Cuando encontré un buen trabajo, ella ya estaba casada con otro

문·제·척·척 정답

hombre. *encontrar (현재) encuentro encuentras encuentra encontramos encontráis encuentran

2   1   (Tú) me dices que no te gusta la música clásica. Me dijiste que no te gustaba la música clásica.
    2   Él me dice que sabe hablar español e inglés. Él me dijo que sabía hablar español e inglés.
    3   Ella nos dice que no habla (ni) francés ni español. Ella nos dijo que no hablaba (ni) francés ni español.
    4   José le dice al médico que siempre se levanta muy tarde. José le dijo al médico que siempre se levantaba muy tarde.
    5   Ud. me dice que no quiere quedarse en este hotel. Ud. me dijo que no quería quedarse en este hotel.
    6   (Nosotros) le decimos al camarero que el ambiente del bar es agradable. Le dijimos al camarero que el ambiente del bar era agradable.
    7   (Yo) te digo que Juan está muy triste por lo de sus padres. Te dije que Juan estaba muy triste por lo de sus padres.
    8   (Vosotros) me decís que Lucas se niega a ir a la escuela. Me dijisteis que Lucas se negaba a ir a la escuela.
    9   Ustedes dicen que (nosotros) no trabajamos mucho. Ustedes dijeron que no trabajábamos mucho.
    10 Ellos le dicen al profesor que (vosotros) siempre os burláis de mí. Ellos le dijeron al profesor que siempre os burlabais de mí.

3   1   Cuando llegué a casa, mi marido veía la televisión.
    2   Cuando me senté a la mesa, ella me sirvió un café.

Capítulo 20   Las telecomunicaciones (Ⅰ)
전기통신 (전화) (Ⅰ)

1   1   Pedro cree que su amigo ya ha cenado con Raquel.
    2   Creo que mi padre ya ha vuelto a casa.
    3   ¿Crees que los niños ya han hecho los deberes?
    4   Los esposos Gómez creen que su hijo ya ha tenido éxito. *los esposos Gómez 고메쓰 씨 부부
    5   ¿Creéis que os he mentido otra vez?
    6   Él piensa que sus hijos se han levantado muy tarde.
    7   Ud. piensa que ella le ha dado esa carta al jefe.
    8   Creemos que él ha dicho la verdad a la policía antes que tú. *antes que tú 너보다 먼저
    9   Luis nos dice que José se ha dado cuenta de su error.
    10 Os aseguro que os habéis equivocado de número.

Capítulo 21 Las telecomunicaciones (Ⅱ)
전기통신 (전화)(Ⅱ)

1 1 Pedro creyó que su amigo ya había cenado con Raquel.
   2 Creí que mi padre ya había vuelto a casa.
   3 ¿Creíste que los niños ya habían hecho los deberes?
   4 Los esposos Gómez creyeron que su hijo ya había tenido éxito. *los esposos Gómez 고메쓰 씨 부부
   5 ¿Creísteis que yo os había mentido otra vez?
   6 Él pensó que sus hijos se habían levantado muy tarde.
   7 Ud. pensó que ella le había dado esa carta al jefe.
   8 Creímos que él había dicho la verdad a la policía antes que tú. *antes que tú 너보다 먼저
   9 Luis nos dijo que José ya se había dado cuenta de su error.
   10 Os aseguré que os habíais equivocado de número.

2 1 ¿Por qué estás tan triste? → Estoy tan triste porque esta tarde he visto a mi exnovia al cruzar la calle.
   2 ¿Por qué no te has ido de vacaciones con ellos? → No me he ido con ellos porque no me gusta viajar en grupo.
   3 ¿Por qué me odiabas tanto cuando éramos niños? → Cuando éramos niños, te odiaba tanto porque solías quitarme la pelota. *quitar 제거하다, 뺏어 가다, 벗기다 tanto 그렇게 많이, 그렇게 많은
   4 ¿Por qué estás bebiendo tanta agua? → La estoy bebiendo porque tenía mucha sed.
   5 ¿Por qué no pudo dormir usted anoche? → Anoche no pude dormir porque mis clientes aún no habían vuelto al hotel.
   6 ¿Por qué no puedes devolverme el ordenador portátil? → No puedo devolvértelo porque ayer alguien me lo robó en la biblioteca.
   7 ¿Por qué no has hecho la tarea? → No la he hecho porque no quería hacer nada.
   8 ¿Por qué te fuiste tan temprano ayer? → Ayer me fui tan temprano porque la fiesta estaba demasiado aburrida.
   9 ¿Por qué te dice el profesor que la culpa es tuya? → Él me dice que la culpa es mía porque ayer te pegué.
   10 ¿Por qué queréis acompañarme a España? → Queremos acompañarte 또는 acompañarle (a usted) a España porque podremos aprender mucho español viajando por toda España.

심화학습

1 cero uno dos tres cuatro cinco seis siete ocho nueve diez
   *숫자 uno는 부정관사 uno / una와 쓰임이 동일합니다.

문·제·척·척 정답

2. once doce trece catorce quince dieciséis diecisiete dieciocho diecinueve veinte veintiuno veintidós veintitrés veinticuatro veinticinco veintiséis veintisiete veintiocho veintinueve treinta

   *veintiuno + 남성명사 → 어미 o 탈락 및 강세 표시! (veintiún libros, veintiuna casas)

3. diez veinte treinta cuarenta cincuenta sesenta setenta ochenta noventa cien

4. cien doscientos trescientos cuatrocientos quinientos seiscientos setecientos ochocientos novecientos mil

   *200~900 + 여성명사 → 어미 유의! (doscientas mesas)

   *'수 천의' 이외에는 복수 시에도 → mil 사용 (dos mil, miles de personas)

   *cien + 100보다 작은 수 → ciento로 바뀜 (ciento un libros, ciento una casas ※cientos de personas 수 백명의 사람들)

   *ciento + 천 또는 백만 단위 → cien 원형 사용 (cien mil 십만, cien millones 일억)

   *스페인과 일부 중남미에서는 천 단위에 punto (점)을 사용하고 소수점에 coma (쉼표)를 사용합니다.

5. treinta y uno, treinta y dos, treinta y tres, treinta y cuatro, treinta y cinco, treinta y seis, treinta y siete, treinta y ocho, treinta y nueve, cuarenta, cuarenta y uno

6. un hombre, una mujer, veintiún libros, veintiuna enfermeras, treinta y una casas, novecientos noventa y nueve dólares, ciento un ordenadores, ciento veintiuna mesas, ciento quince euros, cien niños, dos mil toneladas, dos mil setecientas mujeres, diez mil kilómetros, cien mil hectáreas, en el año dos mil diecisiete, mil cuatrocientos noventa y dos, tendrá unos cuarenta y años, quinientos coches, cero coma cuarenta y cinco 또는 cero con cuarenta y cinco, un millón, dos millones, un millón de libros, un millón veinte soldados, cien millones de carros, mil millones de wones

   *un millón 백만 dos millones 이백만

   *백만 단위 뒤에 명사가 오면 명사 앞에 전치사 de 사용하고 다른 숫자가 나열되면 de는 탈락! (dos millones de hombres 200만 명의 남자들)

   *un billón 일조 (주의) mil millones 십억

memo

가장 쉬운 독학
스페인어 첫걸음

별책부록

워크북

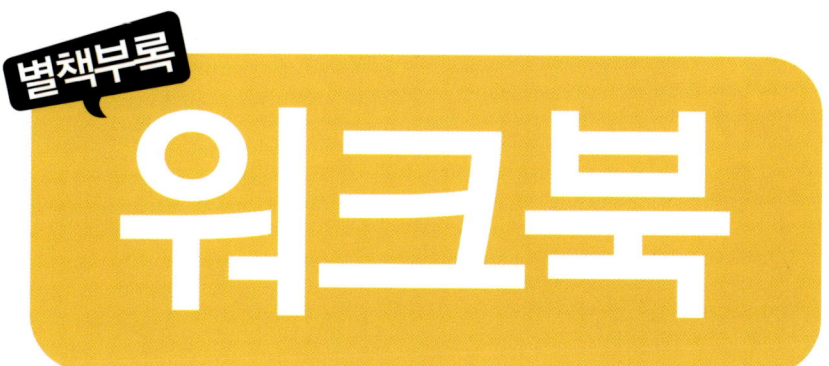

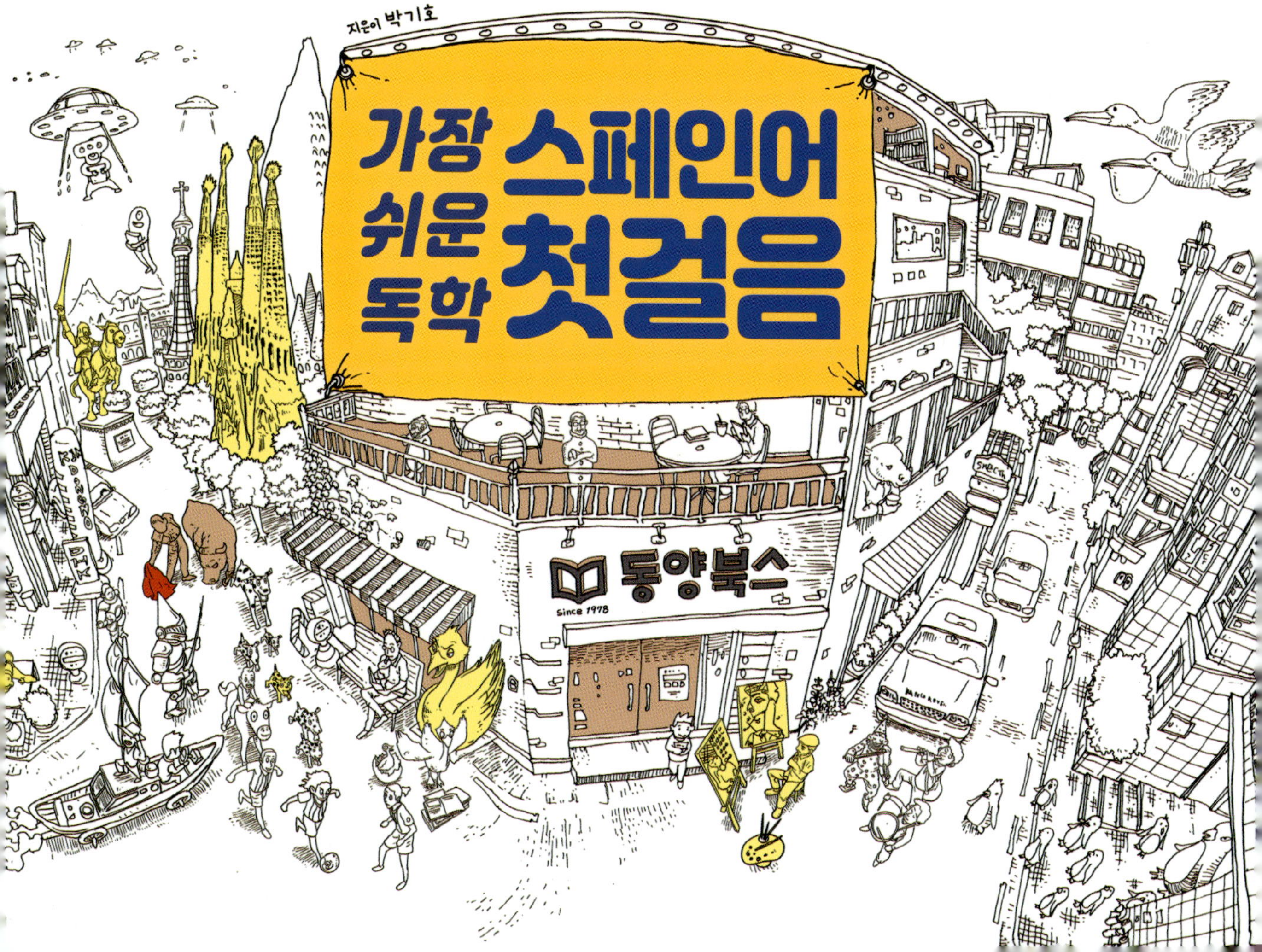
지은이 박기호
가장 쉬운 독학 스페인어 첫걸음
동양북스
Since 1978

가장 쉬운 독학
스페인어 첫걸음

별책부록
워크북

동양북스

차례

Lección 1~21 4

워크북 정답 44

Lección 1

Los saludos

🎧 W 01

1 녹음을 듣고 빈칸을 따라하세요.

> Modelo   **Yo soy (학생)** → estudiante

1. Yo soy (여교사). →
2. ¿Eres (남자 변호사)? →
3. También soy (여학생). →
4. ¿Tú eres (미국인)? →
5. ¿También eres (남자 의사)? →

2 국가 명칭의 파생어를 듣고 따라하세요.

> Modelo   **España** →   español   —   española
> (스페인 남자, 스페인어, 스페인의)   (스페인 여자, 스페인의)

1. México → —
2. China → —
3. Perú → —
4. Paraguay → —
5. Japón → —
6. Francia → —
7. Inglaterra → —

3 다음을 듣고 따라하세요.

1.
2.
3.
4.
5.
6.
7.
8.
9.
10.

Lección 2

Los amigos

🎧 W 02

1 괄호의 말을 듣고 보기와 같이 말해보세요.

> **Modelo** ¿Es (재미있는) el libro? → Sí, es muy interesante. → No, no es interesante.

1. ¿Es (작은) el pueblo? → ⬚ → ⬚
2. ¿Eres (수다스러운)? → ⬚ → ⬚
3. ¿Es (쉬운) el problema? → ⬚ → ⬚
4. ¿Es (키 작은) la niña? → ⬚ → ⬚
5. ¿Es usted (돈 많은)? → ⬚ → ⬚

2 밑줄 친 단어의 반의어를 듣고 예문처럼 말하세요.

> **Modelo** ¿Hay un libro <u>interesante</u>? ↔ (지루한) No, solo hay muchos libros aburridos.

1. ¿Hay una casa <u>nueva</u>? ↔ (오래된) ⬚
2. ¿Hay un problema <u>fácil</u>? ↔ (어려운) ⬚
3. ¿Hay un robot <u>inteligente</u>? ↔ (바보같은) ⬚
4. ¿Hay un diccionario muy <u>bueno</u>? ↔ (매우 나쁜) ⬚
5. ¿Hay una casa <u>alta y bonita</u>? ↔ (낮고 추한) ⬚

3 다음을 듣고 써보세요.

1. _____
2. _____
3. _____
4. _____
5. _____

4 다음 문장을 스페인어로 말하세요.

▶ 여기에 매우 예쁘면서 높고 커다란 집이 몇 채 있어요.

_____

Lección 3
La amistad y el amor

🎧 W 03

1 질문과 대답에 알맞은 의문사와 동사변화를 넣어 말하세요.

> Modelo　　qué　　cómo　　dónde　　quién
> ser　　estar

1. ¿ _____ estar vosotros ahora? → Ahora nosotros estar en casa.

2. ¿ _____ estar usted? → (Yo estar) Muy bien, gracias. ¿Y usted?

3. ¿ _____ ser ellas? → Ellas ser mi amiga y mi novia.

4. ¿ _____ día ser hoy? → ser domingo.

2 반의어를 듣고 제시된 문장을 스페인어로 말하세요.

1. nuevo　　≠ (　　　　)　　오래된 빌딩edificio이 한 채 있다.

2. mucho　　≠ (　　　　)　　여학생alumna들은 **별로 없다**.

3. sobre　　≠ (　　　　)　　나무árbol **아래에** 뭐가 있어요?

4. verdad　　≠ (　　　　)　　모든 것todo이 **거짓말**이다.

5. a la derecha　　≠ (　　　　)　　교회의de la iglesia **왼쪽**에 공원이 하나 있다.

3 위 2번 정답을 들어보세요.

4 질문과 제시된 단어를 스페인어로 듣고 대답을 하세요.

> Modelo　María, ¿cómo estás?　(초조한) → Estoy nerviosa.

1. ¿Cómo está Ud.? (슬픈) →
2. ¿Dónde hay muchos árboles? (저기에) →
3. ¿Quiénes son ricos? (우리) →
4. ¿Dónde está la profesora Ana? (도서관에) →
5. ¿Qué día es hoy? (월요일) →

5 다음을 듣고 물음에 스페인어로 답하세요.

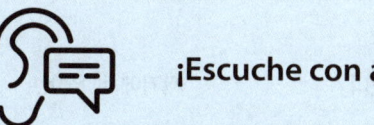 ¡Escuche con atención!

1. ¿Quién es Carmen?
2. ¿Es canadiense la profesora María Gómez?
3. ¿Dónde está Carmen ahora?

6 주어진 말을 이용해 말해보세요.

1. 병원el hospital에 여간호사enfermera가 두 명 있나요?   아뇨, 여간호사 한 명이 있어요.

   _____

2. 놀이공원el parque de atracciones에 관광객turista들이 많이 없어요?   네, 없어요.

   _____

3. 공원에 바bar가 하나un 있나요?   네, 저 건물 뒤에detrás de 바가 하나 있어요.

   _____

4. 아이들이 어디에 있나요?   걔들은 학교 앞에delante de 있어요.

   _____

5. 너의 자동차coche는 어디에 있니?   저기에allí 있어.

   _____

6. 정원jardín에 무엇이 있나요?   꽃들flor(f)이 많아요.

   _____

Lección 4
La Tierra y la naturaleza

🎧 W 04

1 제시된 단어 숙지 후 대화를 듣고 따라해보세요.

> trabajar 일하다 → caballero 신사 → oficina 사무실
>
> Modelo
> – ¿Dónde trabaja el caballero?
> – Él trabaja en la oficina.

1. nadar 수영하다   tío 삼촌   río 강
2. comprar 사다   juguete 장난감   mercado 시장
3. lavar 씻다   camisa 셔츠   abuela 할머니   hermano 형
4. limpiar 청소하다   cuándo 언제   baño 화장실   por la noche 밤에
5. andar 걷다   hasta ~까지   desde ~부터   por la mañana 오전에

2 대화를 듣고 맞으면 *Verdadero* 틀리면 *Falso* 표시를 하세요.

 ¡Escuche con atención!

1. La madre de María estudia alemán por la tarde.   *Verdadero* ☐   *Falso* ☐
2. María no estudia japonés.   *Verdadero* ☐   *Falso* ☐
3. José habla francés muy bien.   *Verdadero* ☐   *Falso* ☐
4. La abuela de María y José hablan francés.   *Verdadero* ☐   *Falso* ☐
5. El padre de María no es francés.   *Verdadero* ☐   *Falso* ☐

3 녹음을 듣고 문장을 따라하세요.

> Modelo
>
> **Los (domingos) José (escucha) música en un concierto.**
> 일요일마다 호세는 콘서트에서 음악을 듣는다.
>
> → **Es (bueno) para él (escuchar) música.**
> 그에게 있어 음악을 듣는 것은 좋은 일이다.

¡Recuerde!
para él 그 for him

1. Los (　　　　) María (　　　　　　) la comida.
   수요일마다 마리아는 음식을 준비한다.

   → Es (　　　　) para María (　　　　　) la comida.
   마리아에게는 음식을 준비하는 것이 필요하다.

2. Los (　　　　) María (　　　　　　) el metro.
   화요일마다 마리아는 전철을 탄다.

   → No es (　　　　) para ella (　　　　　) el metro.
   그녀에게는 전철을 타는 일이 자주 없는 일이다.

3. Los (　　　　) los hijos de María (　　　　) por el parque.
   목요일마다 마리아의 자녀들은 공원을 산책하다.

   → Es muy (　　　　) para ellos (　　　　) por el parque.
   그들에게는 공원을 산책하는 것이 매우 바람직한 일이다.

4. Los lunes y los (　　　　) nosotros visitamos al Sr. González.
   월요일과 금요일마다 우리는 곤쌀레쓰 씨를 방문하다.

   → Es (　　　　) para nosotros (　　　　) al señor.
   우리에게는 그 분을 방문하는 일이 중요하다.

5. Los (　　　　) yo (　　　　　) un cuadro en el campo.
   토요일마다 나는 시골에서 그림 한 점을 그린다.

   → Es muy (　　　　) para mí (　　　　).
   나(에게)는 그리는 일이 매우 재미있다.

Lección 5

Los gustos

🎧 W 05

1 질문을 듣고 보기와 같이 대답하세요.

> Modelo: ¿Dónde preparas la comida?
> en el patio   en la cocina
> 뜰에서   부엌에서
>
> → La preparo en la cocina.
> No la preparo en el patio.

1. en casa 집에서
   en la biblioteca 도서관에서

2. mi tía 내 고모가
   mi esposo 내 남편이

3. a medianoche 자정에
   a mediodía 정오에

4. allí 저기에서
   aquí mismo 바로 여기에서

5. en mi cumpleaños 내 생일 때
   en Nochevieja 새해 전야에

6. con mi compañero de cuarto 룸메이트와
   con mi compañera de trabajo 직장동료와

7. del señor de la casa de al lado 옆집 아저씨로부터
   de la señora de la casa de enfrente 앞집 아줌마로부터

8. me 나를
   te 너를

9. con el joven que vende verduras 채소를 파는 젊은 남자
   con la joven que vende carne 고기를 파는 젊은 여자

2 위 1번 정답을 들어보세요.

3 제시된 단어 숙지 후 보기와 같은 대답으로 바꾸어보세요.

> **leer** 읽다   **anciano** 남자 노인   **libro** 책   **grueso** 두꺼운 ↔ **delgado** 얇은
>
> Modelo
> – ¿Cuál de los dos libros lee el anciano?
> – Él lee el libro grueso.
>   ↙
> Él **lo lee**.   그는 그것을 읽는다

1. comprender   su yerno   asunto   importante ↔ inútil
   이해하다   당신의 사위   일, 문제   중요한   쓸데없는

2. vender   dependienta   falda   corto ↔ largo
   팔다   여점원   치마   짧은   긴

3. ver   los señores Gómez   programa(m)   interesante ↔ aburrido
   보다   고메쓰 씨 부부   프로그램   재미있는   지루한

4 위 3번 정답을 들어보세요.

Lección 6

Las celebraciones

🎧 **W 06**

1 제시된 단어와 시간을 읽어보세요.

| Modelo | la clase (수업)
¿A qué hora termina la clase? | (a las 7:10)
→ **La clase termina a las siete y diez.** |

1. la corrida de toros (투우)   *(a las 5:00 de la tarde)*
2. la boda (결혼식)   *(a las 11:30)*
3. el presidente del Gobierno (스페인 총리)   *(a las 7:15 de la mañana)*
4. los ingenieros (엔지니어들)   *(a mediodía)*
5. el Banco Nacional (국립은행)   *(a las 9:00)*

2 위 1번 대화를 들어보세요.

3 제시된 단어를 천천히 읽어보세요.

> **vivir** 살다 **el arquitecto** 그 건축가 **con su familia** 그의 가족과
> **solo** 홀로인
>
> Modelo
> – ¿Vive el arquitecto con su familia?
> – No, él vive solo.
> ☞ **El arquitecto no vive con su familia. Él vive solo.**

1. abrir 열다 / el muchacho 소년 / la caja 상자 / la nevera 냉장고

2. escribir 쓰다 / el escritor 남성 작가 / ninguna carta 아무 편지도 (단 하나도 편지를 안 쓴다) / una nota 메모

3. partir 떠나다 / los pasajeros 승객들 / para Londres 런던을 향하여 / hacia París 파리를 향해

4. subir 오르다 / tú 너 / la montaña 산 / la colina 언덕

5. insistir 고집하다 / tu hija 너의 딸 / en dormir sola 혼자 자는 것에 / en dormir con nosotros 우리와 함께 자는 것에

6. repartir 나눠주다 / el profesor 선생님 / los exámenes 시험지들 / los papeles en blanco 빈 종이들

7. compartir 공유하다 / él y usted 그와 당신 / un piso 아파트 / una oficina 사무실

8. ocurrir 발생하다 / esto 이 것 / a menudo 자주 / nunca 결코

9. cubrir 덮다 / tu hermana 너의 누나 / la mesa 테이블 / el escritorio 책상

10. añadir 첨가하다 / el cocinero jefe 셰프 / la salsa 소금 / el azúcar 설탕

4 위 3번 대화를 들어보세요.

5 다음을 스페인어로 말해보세요.

1. 난 서울에 살아. 넌 어디에 사니?

2. 난 그녀에게 아주 예쁜 핸드백un bolso을 선물한다.

Lección 7

Las ocupaciones

W 07

1 제시된 단어로 된 문장을 듣고 따라 읽어보세요.

| querer | tener | ir | estar | ser | poner |
| decir | hacer | dar | ver | salir | empezar |

1. 지금 나는 아이스크림을 먹고 싶다.
   Ahora _____.

   너도 하나 먹고 싶니? 내가 지금 슈퍼마켓에 간다.
   ¿También _____? Ahora yo _____.

2. 오늘 밤에 넌 무엇을 하고 싶냐?
   ¿_____ esta noche?

   오늘 밤 난 너희와 영화관에 가고 싶다.
   _____ con vosotros.

3. 누가 당신에게 그 사실을 말합니까?
   ¿_____ la verdad a usted?

   호세와 그의 애인이 내게 그것을 말합니다.
   _____ me la _____.

4. 매주 목요일에 넌 몇 시에 집에서 나가니?
   ¿_____ los jueves?

   매주 목요일에 저는 오후 3시 30분에 집에서 나가요.
   Cada jueves _____.

5. 너는 언제 너의 부모님을 보니?
   ¿_____ tus padres?

   내가 방학 중일 때 그들을 본다.
   _____ cuando _____ de vacaciones.

6. 숙제 한 뒤 우리 뭐하지?
   ¿_____ después de _____?

   우리 공포 영화 한 편 보지 않을래?
   ¿Por qué _____ de miedo?

7. 넌 그에게 날마다 많은 돈을 주니?
   ¿_____ mucho dinero _____?

   아니야. 이틀에 한 번 그에게 약간의 돈을 준다.
   No. le _____.

8. 네 남자 조카가 어디에 외투를 놓느냐?
   ¿___ ___ _____ tu sobrino?

   그는 항상 소파위에 그것을 놓는다.
   _____ sobre el sofá.

9. 제가 밥상 차릴까요?
   ¿_____ yo _____?

   고맙다. 몇 시에 드라마가 시작하니?
   _____. ¿_____ la telenovela?

10. 년 어느 나라에서 왔니? 난 한국에서 왔어.
    ¿ De _____ ? Yo _____ de _____ .

11. 당신 집처럼 편히 계세요. 감사합니다. 지금 저는 아주 편안해요.
    _____ usted _____ . _____ . Ahora _____ cómodo.

12. 롤라야, 요새 지내기 어때? 참 피곤해. 왜냐하면 일이 아주 많아.
    ¿ _____ estos días? _____ porque _____ .

13. 라몬이 너에게 뭐라 말하는데? 그가 날 많이 사랑한다고 말하더라.
    ¿Qué _____ ? _____ que _____ .

14. 왜 너희는 커피에 설탕을 많이 넣느냐? 우리가 그것을 넣어요, 왜냐하면 커피가 너무 써요.
    ¿ _____ mucho azúcar _____ ? Lo _____ amargo.

15. 년 몇 살이니? 난 13살이야.
    ¿Cuántos _____ ? Yo _____ trece _____ .

16. 년 그들에게 뭐라고 말하는 거야? 난 그들에게 춥고 배고프다고 말한다.
    ¿Qué _____ ? Les _____ que _____ .

17. 네 손녀가 목이 마르니? 아니야. 남편과 내가 갈증이 많이 난다.
    ¿ _____ tu nieta? No, mi marido y yo _____ .

18. 대학교에서 네게 (사람들이) 장학금을 주니? 아니, 나에게 그것을 주지 않는다.
    ¿ _____ beca en la universidad? No, no me la _____ .

19. 너희들 오늘 오후에 수학 시험을 치니? 아뇨, 오늘은 아무 시험도 없어요.
    ¿ _____ matemáticas _____ ? No, hoy no _____ .

20. 우리는 운동은 하지 않는다. 너희는 어때? 우리는 매일 운동하고 지금 다이어트 중이다.
    No _____ ejercicio. ¿Y _____ ? _____ y _____ a dieta.

19

Lección 8

El vecindario

🎧 W 08

1 다음 동사들의 현재형을 들으면서 따라해보세요.

1. venir 오다   (   )   6. traer 가져오다   (   )

2. ir 가다   (   )   7. decir 말하다   (   )

3. leer 읽다   (   )   8. seguir 계속하다   (   )

4. poder 할 수 있다   (   )   9. pedir 요구하다   (   )

5. oír 듣다   (   )   10. reír 웃다   (   )

2 다음 동사들의 불규칙 현재분사를 들으면서 따라해보세요.

1. venir 오다   (   )   6. traer 가져오다   (   )

2. ir 가다   (   )   7. decir 말하다   (   )

3. leer 읽다   (   )   8. seguir 계속하다   (   )

4. poder 할 수 있다   (   )   9. pedir 요구하다   (   )

5. oír 듣다   (   )   10. reír 웃다   (   )

3 다음 보기와 같이 묻고 대답하세요.

> Modelo
> en el jardín (정원에) ¿Qué hay en el jardín?
> una fuente (분수)
> → Hay una fuente en el jardín.

1. sobre la mesa (테이블 위에)   una botella (한 개의 병)

2. debajo del árbol (나무 아래에)   un banco (한 개의 벤치)

3. delante de la tienda (상점 앞에)   dos muchachos (두 명의 소년들)

4. detrás del hotel (호텔 뒤에)   unos restaurantes (몇 개의 식당들)

5. a la derecha del banco (은행 오른쪽에)   un edificio muy moderno (매우 현대적인 빌딩)

6. a la izquierda de los grandes almacenes (백화점 왼쪽에)   un parque pequeño (작은 공원)

7. al lado de la escuela (학교 옆에)   una piscina (수영장)

4 위 3번 정답을 듣고 따라하세요.

Lección 9

El conflicto

🎧 W 09

1 질문을 듣고 제시된 말로 답하세요.

1. al parque de atracciones
   놀이공원으로

2. al aire libre
   밖에서, 노천에서

3. necesitar saber algo
   뭔가 알아야 할 필요가 있다

4. desde el próximo miércoles
   다음 수요일부터

5. sí… desde hace tres meses
   네… 3개월 전부터 *hace= 영 ago

6. aprender a conducir
   운전하는 법을 배우다

7. tocar la guitarra
   기타를 연주하다

8. firmar en lugar de su padre
   그의 아버지 대신에 서명하다

9. cerrar la puerta
   문을 닫다 *deber= 영 should, must *tener que 영 have to

10. dejar de fumar
    금연하다

2 위 1번 정답을 듣고 따라하세요.

Lección 10

Ropa, comida y techo (I)

🎧 W 10

1 미래시제 불규칙 형태를 들으며 따라한 뒤 1인칭 단수를 적으세요.

1. venir 오다 (   )   6. hacer 하다, 만들다 (   )
2. saber 알다 (   )   7. decir 말하다 (   )
3. poner 놓다 (   )   8. valer 가치가 있다 (   )
4. poder 할 수 있다 (   )   9. tener 갖고 있다 (   )
5. salir 나가다 (   )   10. haber 완료시제 조동사 (   )

2 질문을 듣고 제시된 단어로 보기와 같이 3가지 시제로 말하세요.

Modelo
¿Qué preparas para cenar?
espaguetis 스파게티
paella 빠에야
tacos 따꼬

→ Generalmente preparo espaguetis para cenar.
→ Ahora estoy preparando paella para cenar.
→ Mañana preparé tacos para cenar.

1. en la biblioteca / en casa / en la escuela
   도서관에서 / 집에서 / 학교에서

2. mis abuelos / mis parientes / mis empleados
   나의 조부모님 / 나의 친척들 / 나의 직원들

3. a mis amigos / a mis hermanos / a mis padres
   친구들에게 / 형제들에게 / 부모님에게

4. los turistas surcoreanos / los soldados / el rey y la reina
   남한의 관광객들 / 군인들 / 왕과 왕비

5. la política internacional / la economía nacional / la sociedad actual
   국제 정치 / 국가 경제 / 현대 사회

3 위 2번 정답을 듣고 따라하세요.

4 질문에 사용된 시제나 조동사로 대답하세요.

1. ir andando 걸어서 가다

2. ser humorista o actor 개그맨이나 배우가 되다

3. ser las 3:00 3시다

4. bajar del caballo 말에서 내리다

5. no, llover a cántaros 아니, 비가 억수로 내리다

5 다음을 스페인어로 말해보세요.

1. 만일 네가 커다란 노력un gran esfuerzo을 한다면 훌륭한 여배우가 될 것이다.

2. 넌 미래에en el futuro 어디에서 살 거니?
   난 5년 뒤에dentro de cinco años 내 가족과 스페인에서 살 거야.

3. 산체스 씨가 정오에 여기에 오면 네가 그에게 이 파일archivo을 건네줄entregar 수 있겠니?
   물론이죠por supuesto. 그가 그 시각에 도착하면 제가 그에게 그것을 건네드릴게요.

Lección 11
Ropa, comida y techo (Ⅱ)

🎧 W 11

1 동사의 과거분사를 들으며 따라서 말하세요.

1. hacer 하다, 만들다 (   )
2. decir 말하다 (   )
3. poner 놓다 (   )
4. volver 돌아가다 (   )
5. devolver 돌려주다 (   )
6. cubrir 덮다 (   )
7. descubrir 발견하다 (   )
8. describir 묘사하다 (   )
9. escribir 쓰다 (   )
10. abrir 열다 (   )

2 다음을 스페인어로 말해보세요.

1. 난 편지carta 두 통을 써 놓았다.

2. 넌 뭐 하는 것hacer을 좋아하니? 난 각종todo tipo de 음악 듣는 것escuchar을 무척 좋아한다.

Lección 12

Ir al extranjero (I)

🎧 W 12

1 현재형 모두와 미래시제 1인칭 단수를 들으며 따라하세요.

1. venir 오다   (   )   6. hacer 하다, 만들다   (   )
2. saber 알다   (   )   7. decir 말하다   (   )
3. poner 놓다   (   )   8. valer 가치가 있다   (   )
4. obtener 획득하다   (   )   9. tener 갖고 있다   (   )
5. salir 나가다   (   )   10. haber 완료시제 조동사   (   )

2 질문을 듣고 제시된 단어로 보기와 같이 순서대로 말하세요.

Modelo
¿Qué vas a preparar para cenar?
espaguetis 스파게티
paella 빠에야

→ Voy a preparar espaguetis para cenar.
→ Generalmente preparo paella.

1. en la biblioteca 도서관에서   en casa 집에서
2. mis abuelos 나의 조부모님   mis parientes 나의 친척들
3. a mis amigos 친구들에게   a mis hermanos 형제들에게
4. los turistas surcoreanos   los cascos azules
   남한의 관광객들   평화유지군들
5. el ingreso nacional   la escasez energética
   국민소득   에너지 부족

3 위 2번 정답을 듣고 따라하세요.

4 주어진 단어로 보기와 같이 질문과 대답을 말해보세요.

> Modelo
> (qué, hacer, Juan) nadar
> ↓
> ¿Qué le gusta hacer a Juan? → (A Juan) le gusta nadar.

1. (qué, comer, tú) → (carne)
2. (dónde, vivir, usted) → (en Sevilla)
3. (dónde, estudiar, ellos) → (en la biblioteca)
4. (quién, hablar, conmigo) → (la señorita Kim)
5. (cuándo, visitarme, vosotros) → (el miércoles próximo)

5 주어진 동사를 미래시제로 질문과 대답을 말해보세요.

> Modelo
> (qué, hacer, Juan, esta tarde) nadar en la piscina
> ↓
> ¿Qué hará Juan esta tarde? → Esta tarde él nadará en la piscina

1. (qué, comer, tú, esta mañana) → (carne)
2. (dónde, encontrar, la cartera, ustedes) → (en el baño)
3. (dónde, estudiar, ellos, hoy) → (en la biblioteca)
4. (quién, decir, te, lo) → (tú)
5. (a quién, visitar, vosotros) → (al padre de Clara)

Lección 13

Ir al extranjero (Ⅱ)

🎧 W 13

1 가능법 불규칙 형태를 들으며 따라한 뒤 1인칭 단수를 적으세요.

1. venir 오다   (   )   6. hacer 하다, 만들다   (   )
2. saber 알다   (   )   7. decir 말하다   (   )
3. poner 놓다   (   )   8. valer 가치가 있다   (   )
4. obtener 획득하다   (   )   9. tener 갖고 있다   (   )
5. salir 나가다   (   )   10. haber 완료시제 조동사   (   )

2 질문을 듣고 제시된 단어로 보기와 같이 말하세요.

> **Modelo**
> ¿Qué vas a preparar para cenar?
> *tacos* 따꼬
> → Me gustaría preparar tacos para cenar.

1. en la escuela 학교에서   3. a mis padres 부모님에게
2. mis empleados 나의 직원들   4. el príncipe y la princesa 왕자와 공주

3 위 2번 정답을 듣고 따라하세요.

4 다음을 듣고 물음에 스페인어로 답하세요.

 ¡Escuche con atención!

1. ¿Hará un examen Clara por la mañana?

2. ¿A qué hora suele levantarse Clara?

3. ¿A Juan le gusta levantarse temprano?

5 다음을 보기와 같이 말해보세요.

Modelo

levantarse 자신을 들어올리다 (일어나다)

me **levanto**
te **levantas**
él se **levanta** ella se **levanta** usted se **levanta**
nos **levantamos**
os **levantáis**
ellos se **levantan** ellas se **levantan** ustedes se **levantan**

1. **peinarse** 자신을 빗질하다 (머리 빗다)

2. **lavarse** 자신을 씻기다 (씻다)

3. **pintarse** 자신을 칠하다 (화장하다)

4. **afeitarse** 자신을 면도해주다 (면도하다)

6 다음을 스페인어로 말해보세요.

1. 너는 어디로 피서하러 pasar el verano 가고 싶니?

2. 그는 장례식 el entierro 에 갔다 왔다 ir.

3. 난 한 번도 파리 París 에 가 본 적이 없다 no estar.

Lección 14

El hospital

🎧 W 14

1 제시된 단어를 읽고 대화를 들어보세요.

> **Modelo**
> mirar**se** en el espejo (거울보다)
> *¿Cuándo te miras en el espejo?*
>
> *antes de salir a la calle* (밖에 나가기 전에)
> → **Me miro en el espejo antes de salir a la calle.**

1. levantarse (일어나다) — más o menos a las 7:35 (대략 7시 35분에)
2. acostarse (잠자리에 들다) — sobre las 11:30 de la noche (대략 밤 11시 30분경에)
3. lavarse las manos (손을 씻다) — con (el) jabón (비누로)
4. curarse de (~가 낫다, 치유되다) — mi nietecito ya (내 손자새끼가 벌써)
5. preocuparse por (~에 대해 걱정하다) — los niños heridos (부상당한 아이들)
6. lavarse los dientes (자기 이를 닦다) — tres minutos después de picar algo (뭔가 군것질하고 3분 후)
7. quitarse la ropa (자기 옷을 벗다) — en ningún lugar (어떤 장소에서도 아니다)
8. secarse el pelo (자기 머리를 말리다) — para evitar coger un resfriado (감기 걸리는 것을 피하려고)
9. mojarse las mangas (자기 소매가 젖다) — cuando lloramos o derramamos leche (울거나 우유를 흘릴 때)
10. romperse el brazo (자기 팔이 부러지다) — esta mañana, en un accidente (오늘 아침, 사고 때)

Lección 15

El transporte

🎧 W 15

1 문장을 듣고 따라 읽어 보세요.

1. 호세가 너에게 뭐라고 말하니?
   ¿Qué _____?
   그가 머리가 아프다고 내게 말한다.
   Él me dice que _____.

2. 네가 오늘 오후에 그에게 그걸 말했니?
   ¿_____ dicho esta tarde?
   응, 마리아에게도 내가 그걸 말해 줬지.
   Sí, _____ a María.

3. 년 그가 널 보러 여기에 올 거라고 생각하니?
   ¿Crees que _____?
   난 그가 날 보러 올 거라고 확신해.
   Estoy seguro de que _____.

4. 당신은 10년 후 사회가 어떻게 될 거라 생각해요?
   ¿Cómo cree usted que _____?
   저는 많은 사회, 문화적 변화들이 있을 거라 생각해요.
   Creo que habrá _____.

5. 까를로스야, 올 여름에 뭐 했니?
   Carlos, ¿qué _____?
   고아원에서 자원봉사를 했지요.
   _____ de _____ en un orfanato.

6. 당신은 다치지 않기 위해 뭘 해야 합니까?
   ¿_____ para no hacerse daño?
   다치지 않기 위해 여기서 뛰지 말아야 합니다.
   (Yo) no _____ para _____.

7. 년 학교에 갈 준비를 해야 하니?
   ¿Tienes _____ para _____?
   난 이 시각에 일어나기도 학교에 갈 준비하기도 싫어.
   No quiero _____ ni _____.

8. 모레 날씨가 어떻게 될까요?
   ¿Qué _____ pasado mañana?
   모레에는 오늘보다 더 추울 겁니다.
   _____ que hoy.

9. 네가 보기에 경제 상황이 좋아질 것 같니?
   ¿Te _____ mejorar?
   내가 보기에는 경제 상황이 악화될 것 같다.
   Me _____ empeorar.

10. 이 집이 네게 어떤 것 (무엇) 같아?
    ¿Qué te _____?
    내가 보기에는 아주 예쁜 것 같아.
    Me _____.

2 위 1번 트랙 내용을 지문 없이 들으면서 한국어로 말하세요.

Lección 16

Recordando el pasado

🎧 W 16

1 질문과 대답을 들으며 따라하세요.

| Modelo | irse a la cama 잠자리에 들다
¿A qué hora quieres irte a la cama? | a las 11:00 en punto 11시 정각에
→ Quiero irme a la cama a las 11:00 en punto. |

1. ir de compras (쇼핑 가다) — no querer malgastar el dinero (돈을 낭비하기 싫다)
2. irse de vacaciones (~휴가 떠나다) — lo más pronto posible (가능하면 빨리)
3. quedar (남아 있다) — ni un solo (단 한 개의 ~ 조차도)
4. quedarse (머물러 남다) — en este hotel (이 호텔에)
5. dormir (자다) — unas cinco horas y media al día (하루에 대략 5시간 반)
6. dormirse (잠들다) — antes soler (전에는 늘 그러곤 했다)
7. sentar (앉히다) — aquella enfermera (저 여간호사)
8. sentarse (자신이 앉다) — cuando descansar o pensar en algo (휴식이나 뭔가 생각할 때)
9. dedicar (바치다) — investigar la causa y el resultado del problema (그 문제의 원인과 결과를 조사하다)
10. dedicarse a (~에 종사하다) — la venta de carros de segunda mano (중고차 판매)
11. acordar (~를 합의하다) — celebrar una reunión militar de alto nivel (고위급 군사회담)
12. acordarse de (~에 대해 기억하다) — de ti (너에 대해)
13. caer (떨어지다) — no bien (좋지 않게)
14. caerse (넘어지다) — por las escaleras (계단에서)
15. encontrar (찾다, 구하다, 발견하다) — precioso (아름다운)

16. **encontrarse con** (~우연히 만나다)   con los hermanastros de Laura (라우라의 이복형제들)

17. **comer** (먹다)   mi hermana menor (내 여동생)

18. **comerse** (먹어 버리다. 먹어 치우다. 먹다)   yo (내가)

19. **morir** (죽다)   ninguno, pero al menos 20 civiles
(아무도, 그러나 적어도 20명의 민간인들)

20. **morirse de** (너무 ~해 죽겠다)   dos horas (두 시간)

2 보기와 같이 말한 뒤에 녹음을 들어보세요.

> Modelo   (yo, fumar) →   Antes yo fumaba pero ahora no (fumo).
> *괄호는 생략이 좋으나 연습해봅니다.

1. tú, tocar el piano
2. él, levantarse temprano
3. nosotros, hablarse mucho
4. mi hija, escribirme con frecuencia
5. ellos, verse a menudo
6. vosotros, ir al trabajo andando
7. yo, gustar mucho el café
8. José, montar a caballo
9. ella, dormir hasta muy tarde
10. usted, decirnos algo interesante

3 아래 문장의 괄호에 알맞은 말을 보기에서 고르세요.

> **hay** 있다　**había** 있었다　**habrá** 있을 것이다
> **está** 상태다, 있다　**estaba** 상태였다, 있었다　**estaré** 상태일 것이다, 있을 것이다

1. Cuando vivíamos en este pueblo, allí (　　　　) muchos árboles muy altos.
   Ahora en su lugar (　　　　) un edificio muy grande.

2. (　　　　) muchos problemas si el gobierno no explica exactamente la situación.

3. En diez minutos yo (　　　　) contigo.

4. Cuando Victoria vivía con él, siempre (　　　　) triste.
   Ahora ella (　　　　) muy alegre porque su segundo marido es muy bueno con ella.

Lección 17

Preguntas y respuestas

🎧 W 17

1 부정과거 불규칙 형태를 들으며 따라한 뒤 1인칭 단수를 적으세요.

1. venir 오다   (   )   7. decir 말하다   (   )
2. saber 알다   (   )   8. estar 상태다, 있다   (   )
3. poner 놓다   (   )   9. poder 할 수 있다   (   )
4. tener 가지다   (   )   10. haber 완료시제 조동사   (   )
5. ir 가다   (   )   11. buscar 찾아 보다   (   )
6. hacer 하다, 만들다   (   )   12. traer 가지고 오다   (   )

2 다음 보기와 같이 묻고 대답하세요.

> **Modelo**
> acostarse (잠자리에 들다)
> ¿A qué hora te acostaste ayer?
>
> a las 11:30 de la noche (밤 11시 30분에)
> → Ayer me acosté a las 11:30 de la noche.

1. levantarse (일어나다)   más o menos a las 7:35 (대략 7시 35분에)
2. salir (나가다, 출발하다)   sobre las 11:30 de la noche (대략 밤 11시 30분경에)
3. lavarse las manos (자기 손을 씻다)   con jabón (비누로)
4. hacer (하다, 만들다)   ir al cine con mi novia (여친이랑 영화관에 가다)
5. estar (있다, 상태다)   en el zoo con mis nietos (손자들과 동물원에)
6. llevar (데려가다, 가져가다, 휴대하다)   a mis sobrinos (내 조카들을)
7. ver (보다)   hace unos 10 días (대략 열흘 전에)
8. buscar (찾아 보다)   para darte esto (이것을 너에게 주려고)
9. venir (오다)   una mujer llamada Ana (아나라는 이름의 여자)

10. romperse el brazo ^(자기 다리가 부러지다)   al bajar las escaleras rápidamente
    (빠르게 계단을 내려올 때)

11. tener ese accidente ^(그 사고를 당하다)   a mediados del mes pasado ^(지난 달 중순에)

12. ir a por ^(~사러, 가지러, ~때문에 가다)   la dependienta ^(여자 점원)

13. haber un incendio ^(화재가 있다)   no, un accidente automovilístico ^(아니다, 교통사고다)

14. dar el anillo de la víctima   ponerse pálidas ^(얼굴이 창백해지다)
    (희생자의 반지를 주다)

15. quedarse ^(머무르다)   por un tiempo en mi pueblo natal
    (한동안 고향 마을에서)

3 보기와 같이 대화를 들으며 따라해 보세요.

> **Modelo**
>
> [A] ¿Qué te dice ella? (venir)
> → **Ella me dice que vendrá.**
> (그녀가 내게 올 거라고 말한다)
>
> [B] ¿Qué te dijo ella?
> → **Ella me dijo que vendría.**
> (그녀가 내게 올 거라고 말했다)

1. estudiar mucho
2. salir de casa antes de las 8:00
3. lavarse las manos
4. hacer los deberes en casa
5. ir a la playa
6. lavarse los dientes
7. llevarnos al cine
8. pasarlo bien con sus nuevos amigos.
9. hacer buen tiempo
10. levantarse muy temprano desde el mes de septiembre

Lección 18
Las emociones humanas (I)

🎧 W 18

1 부정과거 불규칙 형태를 들으며 따라한 뒤 1인칭 단수를 적으세요.

1. alegrarse 기뻐하다 (　　　)　　7. ser ~이다 (　　　)
2. divertirse 즐기다 (　　　)　　8. irse 떠나가다 (　　　)
3. negar 거부하다 (　　　)　　9. marcharse 떠나가다 (　　　)
4. creer 생각하다, 믿다 (　　　)　　10. alcanzar 도달하다 (　　　)
5. mentir 거짓말하다 (　　　)　　11. almorzar 점심 먹다 (　　　)
6. sentir 느끼다 (　　　)　　12. incluir 포함하다 (　　　)

　alegrar(se) 규칙변화임

2 위의 1번 짝수 동사 불완료 과거를 들으며 따라하세요.

3 다음 보기와 같이 말하세요.

> **Modelo**
>
> ella ir a la iglesia.　　　　　　　　그녀는 교회에 간다.
>
> Ella va a la iglesia en bicicleta.　　　그녀는 자전거 타고 교회에 간다.
> Ella va a ir a la iglesia en bicicleta.　그녀는 자전거 타고 교회에 갈 것이다.
> Ella irá a la iglesia en bicicleta.　　　그녀는 자전거 타고 교회에 갈 것이다.
> Ella fue a la iglesia en bicicleta.　　　그녀는 자전거 타고 교회에 갔다.
> Ella iba a la iglesia en bicicleta.　　　그녀는 자전거 타고 교회에 가곤 했다.
> 　　　　　　　　　　　　　　　　　(그녀는 자전거 타고 가고 있는 중이었다.)
>
> Ella iba a ir a la iglesia en bicicleta.　그녀는 자전거 타고 교회에 갈려고 했었다.
> Ella ha ido a la iglesia en bicicleta.　그녀는 자전거 타고 교회에 갔다 왔다.
> A ella le gusta ir a la iglesia en bicicleta.　그녀는 자전거 타고 교회에 가기를 좋아한다.

1. el señor Kim **trabajar** conmigo
2. yo **andar** desde casa hasta la escuela
3. tú **hacer la cama**
4. ella **divertirse bailando**
5. yo **escuchar** música para *matar el rato   *kill time
6. nosotros **ver** la televisión en la sala de estar
7. vosotros **jugar** al fútbol antes de volver a casa
8. usted **acostarse** muy temprano
9. ellos **comer, beber y charlar** con sus parientes
10. yo **ir** al cibercafé a jugar a videojuegos con mis amigos

Lección 19

Las emociones humanas (Ⅱ)

🎧 W 19

1 질문을 듣고 보기와 같이 말해보세요.

> Modelo
>
> [A] ¿Qué te ha dicho ella?
>
> [B] ¿Qué te dijo ella?
>
> (estar enfermo 아프다)
> → **Ella me ha dicho que está enferma.**
> → **Ella me dijo que estaba enferma.**

1. le **gustar** el marisco 해산물을 좋아한다

2. **haber** varios problemas 여러 문제점들이 있다

3. **hacer** mal tiempo 날씨가 나쁘다

4. **estar** nublado 날씨가 흐리다

5. **estar** lleno 배가 부르다

6. **encontrarse** mal 상태가 나쁘다

7. **ir** a la piscina a nadar los domingos por la tarde
   일요일 오후마다 수영장에 가서 수영한다

8. **jugar** al fútbol o divertirse bailando en mi tiempo libre
   여가 시간에 축구를 하거나 춤추며 논다

9. **soler** gastar mucho dinero para comprar ropa y cosméticos
   옷과 화장품을 사느라 늘 돈을 많이 지출하곤 한다

10. José y Ana **verse** a menudo 호세와 아나는 서로 자주 본다

3 다음을 스페인어로 말해보세요.

1. 어제 난 술을 마시고 싶었다.

2. 어젯밤 난 내 친구들과 술을 마시고 싶었다.

3. 삼일 전에 난 내 친구들과 술을 마시고 싶었다. 왜냐하면 많이 슬펐었기 때문이다.

4. 나흘 전에 난 내 직장 동료들과 술을 마시고 싶었다. 왜냐하면 사는 게 피곤했기 때문이다. 우리는 오후 5:00에 사무실을 나왔다 그리고 나서 y después 걷기 시작했다 empezar a andar.

5. 그저께 밤에 anteanoche 난 룸메이트들과 맥주를 마시고 싶었다. 왜냐하면 하루에 10시간 넘게 공부하는 게 질렸기 harto 때문이었다. 내가 술집으로 자전거 타고 가고 있을 때 마리아와 마주쳤다 encontrarse con.

6. 일전의 어느 날 el otro día 난 내 가족과 소풍을 가고 ir de excursión 싶었다. 왜냐하면 일주일에 세 번 tres veces a la semana 출장을 가는 hacer viajes de negocios 것에 지쳐 있었기 때문이었다. 우리는 역에 도착하자 마자 tan pronto como 치즈버거 hamburguesa con queso 네 개를 샀다. 배가 몹시 고팠기 때문이다. 내가 열차에 올라 탔을 subir al tren 때 마리아의 가족과 마주쳤다.

Lección 20

Las telecomunicaciones (I)

🎧 W 20

1 부정과거 불규칙 형태를 들으며 따라한 뒤 1인칭 단수를 적으세요.

1. invertir 투자하다 (   )   7. mantener 유지하다 (   )

2. comenzar 시작하다 (   )   8. sacar 꺼내다 (   )

3. conducir 운전하다 (   )   9. excluir 배제하다 (   )

4. traer 가지고 오다 (   )   10. oír 듣다 (   )

5. referirse ~언급하다 (   ) 11. disminuir 감소하다 (   )

6. mentir 거짓말하다 (   )   12. seguir 따라가다, 계속하다 (   )

2 위의 1번 짝수 동사 불완료 과거를 들으며 따라하세요.

Lección 21
Las telecomunicaciones (Ⅱ)

🎧 W 21

1 다음 보기와 같이 말해보세요.

Modelo

él **estudiar**	그는 공부하다
Él estudia español.	그는 스페인어를 공부한다.
Él está estudiando español.	그는 스페인어를 공부하는 중이다.
Él estaba estudiando español.	그는 스페인어를 공부하고 있는 중이었다.
Él va a estudiar español.	그는 스페인어를 공부할 것이다.
Él estudiará español.	그는 스페인어를 공부할 것이다.
Él iba a estudiar español.	그는 스페인어를 공부하려고 했다.
Él estudió español.	그는 스페인어를 공부했다.
Él estudiaba español.	그는 스페인어를 공부하곤 했다. (공부하고 있는 중이었다)
Él ha estudiado español.	그는 스페인어를 공부해 놓았다.
Él había estudiado español.	그는 스페인어를 공부해 놓았었다.

1. yo **ponerme** el abrigo   나는 외투를 입다

2. el conductor **reducir** la velocidad   운전사가 속도를 줄이다

3. el mecánico **arreglar** el camión   기계공이 트럭을 수리하다

4. yo **divertirme**   나는 재미나게 논다

5. ellos **pelearse** en el patio de recreo   그들이 놀이터에서 서로 싸우다

6. tú **cortar** ese árbol   너는 그 나무를 자르다

7. Los niños **lavarse** la cara   아이들이 세수하다

8. nosotros **correr** en la pista   우리는 트랙에서 뛴다

9. yo **comprar** frutas, verduras y pescado   나는 과일, 채소, 생선을 사다

10. el portero **recibir** una propina de 100 euros   도어맨이 100 유로 팁을 받다

2 대화를 여러 번 들은 뒤 지문을 읽어보세요.

> Modelo
>
> [A] ¿Qué te dicen ellos?
>
> [B] ¿Qué te dijeron ellos?
>
> (jugar a los bolos con sus amigos 친구들과 볼링을 하다)
>
> → **Ellos me dicen que han jugado a los bolos con sus amigos.**
>
> → **Ellos me dijeron que habían jugado a los bolos con sus amigos.**

1. **invertir** mucho dinero en acciones 주식에 많은 돈을 투자하다

2. **pasarlo** bien en el campo 시골에서 즐거운 시간을 보내다

3. **devolverle** el coche al señor López 로뻬스 씨에게 차를 되돌려 주었다

4. **ir** al entierro 장례식에 갔다 오다 (완료시제 해석)

5. **cortarse** el pelo 자기 머리를 깎다

6. **caerse** por las escaleras 계단에서 넘어졌다

7. el tren **salir** 열차가 출발하다

8. **perderse** en el bosque 숲에서 길을 잃다

9. el cliente **enfadarse y luego irse** 고객이 화를 내고 나서 가버리다

10. José y Ana **verse** en la agencia de viajes 호세와 아나가 여행사에서 서로 봤다

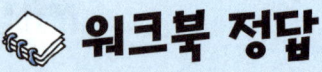

Lección 1 Los saludos 인사

1
1. profesora *profesor 남자 교사 또는 교수
   *maestro(m), maestra(f) (초등학교) 교사
2. abogado *abogada 여변호사
3. alumna *alumno 남학생
4. estadounidense(m)(f)
   *Estados Unidos 미국
5. médico *médica 여의사

2
1. mexicano – mexicana 멕시코인
2. chino – china 중국인
3. peruano – peruana 페루 사람
4. paraguayo – paraguaya 파라과이 사람
5. japonés – japonesa 일본인
6. francés – francesa 프랑스인
7. inglés – inglesa 영국인
   *Inglaterra 영 England

3
1. Encantada.
2. ser
3. Tú eres estudiante.
4. También soy coreano.
5. Mucho gusto
6. ¿Eres español?
7. ¡Hola!
8. Sí, soy coreana.
9. Buenos días.
10. y

Lección 2 Los amigos 친구들

1
1. Sí, es muy pequeño. No, no es pequeño.
2. Sí, soy muy hablador. No, no soy hablador. *habladora 여자 수다쟁이
3. Sí, es muy fácil. No, no es fácil.
4. Sí, es muy baja. No, no es baja.
5. Sí, soy muy rico. No, no soy rico.
   *rica (여성) 부유한

2
1. No, solo hay muchas casas viejas.
2. No, solo hay muchos problemas difíciles.
3. No, solo hay muchos robots tontos.
4. No, solo hay muchos diccionarios muy malos.
5. No, solo hay muchas casas bajas y feas.

3
1. Muy mal.
2. Aquí hay muchas mujeres japonesas.
3. ¿Es muy grande tu pueblo?
4. ¿Hay mucha contaminación aquí?
5. ¿Qué tal?

4 Aquí hay unas casas muy bonitas, altas y grandes.

Lección 3 La amistad y el amor 우정과 사랑

1
1. Dónde – estáis – estamos
2. Cómo – está – estoy
3. Quiénes – son – son
4. Qué – es – es

2
1. viejo → Hay un edificio viejo.
2. poco → Hay pocas alumnas. 또는 No hay muchas alumnas.
   *poco 영 few, little
3. debajo de → ¿Qué hay debajo del árbol.
   *encima de ~위에

    4   mentira → Todo es mentira.
    5   a la izquierda → Hay un parque a la izquierda de la iglesia *iglesia 교회, 성당
3   위 2번 정답 참조
4   1   Estoy triste.
    2   Allí hay muchos (árboles).
        *aquí 이 곳에 ahí 그 곳에 allí 저 곳에
    3   (Nosotros) somos ricos.
        *rico 부자인, 맛이 좋은(=sabroso, delicioso)
    4   Ella está en la biblioteca.
    5   Es lunes.
5
(Transcripción) Soy Miguel. Hoy es domingo y no hay clase. Ahora estoy muy muy bien porque mis amigos y yo estamos en el parque. También mi novia está aquí, je je. Ella es Carmen. Es estudiante de francés. Yo soy estudiante de inglés. El inglés es un poco difícil pero muy interesante. María Gómez es mi profesora de inglés. Ella es muy simpática. Ella es estadounidense. En mi escuela hay unos profesores japoneses y canadienses. Son muy buenos.

    *porque 왜냐하면
    1   Ella es la novia de Miguel.
    2   No, ella es estadounidense. 또는 No, ella no es canadiense. Es estadounidense.
    3   Ahora ella está en el parque.
6   1   ¿Hay dos enfermeras en el hospital? No, hay una enfermera.
    2   ¿No hay muchos turistas en el parque de atracciones? No, no hay (muchos).
        네, (많이) 없어요 (한국어) = (스페인어, 영어) 아뇨, (많이) 없어요

        *turista(m)(f) 남성 관광객, 여성 관광객
    3   ¿Hay un bar en el parque? Sí, hay un bar detrás de aquel edificio.
    4   ¿Dónde están los niños? Ellos están delante de la escuela.
    5   ¿Dónde está tu coche? (Mi coche) está allí.
    6   ¿Qué hay en el jardín? Hay muchas flores.

Lección 4   La Tierra y la naturaleza
지구와 자연

1   1   ¿Dónde nada tu tío? Él nada en el río.
    2   ¿Qué compras (tú) en el mercado? (Yo) compro unos juguetes.
    3   ¿Quiénes lavan estas camisas? Mi abuela y mi hermano siempre lavan estas camisas.
        *hermano / hermana 영 brother / sister
    4   ¿Cuándo limpia el baño tu madre? Ella limpia el baño por la noche.
        *por la tarde 오후에
    5   ¿Hasta dónde andáis (vosotros)? Por la mañana (nosotros) andamos desde casa hasta la escuela.
2

(transcripción)
M   María, ¿estudias francés?
F   No, estudio japonés. Mi madre estudia francés. Ella estudia por la tarde.
M   ¿Cómo es el japonés? ¿No es difícil?
F   Sí, es un poco difícil pero muy interesante. Ah, mi padre habla japonés y coreano.

> M ¿No es francés tu padre?
> F No. Mi abuela…sí, sí, la madre de mi padre es francesa pero mi padre no habla bien (el) francés. Ah, José, tú también hablas francés, ¿no es verdad?
> M Sí, un poco.

1 F *alemán 독일어, 독일 남자
2 F
3 F
4 V
5 V *¿no es verdad? 그렇지 않니?

3 1 miércoles, prepara, necesario, preparar
2 martes, toma, frecuente, tomar
*tomar 취하다 (영 take), ~먹다, ~마시다
3 jueves, pasean, recomendable, pasear
*pasear por ~를 산책하다
4 viernes, importante, visitar
5 sábados, pinto, divertido, pintar
¡Recuerde! 토(sábado), 일(domingo) 제외하고 (월~금) 단복수가 동일하며 요일은 모두 남성 명사입니다.

Lección 5 Los gustos 기호 취향

1 1 ¿Dónde estudias español? → (Yo) lo estudio en la biblioteca. No lo estudio en casa.
2 ¿Quién habla bien (el) francés? → Mi esposo lo habla bien. Mi tía no lo habla bien.
3 ¿Cuándo comes pan? → Lo como a mediodía. No lo como a medianoche.
4 ¿Dónde compráis flores? → (Nosotros) las compramos aquí mismo. No las compramos allí.
5 ¿Cuándo bebe alcohol usted? → (Yo) lo bebo en Nochevieja. No lo bebo en mi cumpleaños.
6 ¿Con quién hablas árabe? → (Yo) lo hablo con mi compañero de cuarto. No lo hablo con mi compañera de trabajo.
7 ¿De quién aprendes inglés? → (Yo) lo aprendo de la señora de la casa de enfrente. No lo aprendo del señor de la casa de al lado. *al lado 옆에 enfrente 정면에 *de ~부터, ~ 의, ~관하여
8 ¿A quién invitan ellos? → (Ellos) me invitan. No te invitan. *a ~를, ~에게
9 ¿Con cuál de los dos jóvenes bebes café? → (Yo) lo bebo con el joven que vende verduras. No lo bebo con la joven que vende carne. *joven que vende = 영 young man who sells

2 위 1번 정답 참조

3 1 ¿Cuál de los dos asuntos comprende su yerno?
Él comprende el asunto importante.
Él lo comprende.
2 ¿Cuál de las dos faldas vende la dependienta?
Ella vende la falda corta. Ella la vende.
3 ¿Cuál de los dos programas ven los señores Gómez?
Ellos ven el programa aburrido.
Ellos lo ven. *ver 현재형 (1인칭만 불규칙 변화를 합니다) → veo ves ve vemos veis ven
*los señores = Sres. (약자)

4 위 3번 정답 참조

Lección 6 — Las celebraciones 축하 행사

1 1. ¿A qué hora termina la corrida de toros? → La corrida de toros termina a las cinco de la tarde.
2. ¿A qué hora es la boda? → La boda es a las once y media.
3. Generalmente, ¿a qué hora desayuna el presidente del Gobierno con su familia? → Generalmente él desayuna con su familia a las siete y cuarto de la mañana.
4. ¿A qué hora comen los ingenieros? → Ellos comen a mediodía.
5. ¿A qué hora abre el Banco Nacional? → (El Banco Nacional) abre a las nueve.

2 위 1번 정답 참조

3 1. *¿Abre la caja el muchacho? No, él abre la nevera.* → El muchacho no abre la caja. Él abre la nevera.
2. *¿Escribe una carta el escritor? No, él escribe una nota.* → El escritor no escribe ninguna carta. Él escribe una nota.
3. *¿Parten los pasajeros para Londres? No, ellos parten hacia París.* → Los pasajeros no parten para Londres. Ellos parten hacia París.
4. *¿Subes (tú) a la montaña? No, (yo) subo a la colina.* → (Yo) no subo a la montaña. Subo a la colina.
5. *¿Insiste tu hija en dormir sola? No, ella insiste en dormir con nosotros.* → Mi hija no insiste en dormir sola. Ella insiste en dormir con nosotros.
   ※ solo/sola 홀로 있는, 하나인
6. *¿Reparte los exámenes el profesor? No, él reparte los papeles en blanco.* → El profesor no reparte los exámenes. Él reparte los papeles en blanco.
   ※ el examen → los exámenes(pl)
7. *¿Comparten un piso él y usted? No, (nosotros) compartimos una oficina.* → (Nosotros) no compartimos un piso. Compartimos una oficina.
8. *¿Ocurre esto a menudo? No, (esto) nunca ocurre.* 또는 *(esto) no ocurre nunca.* → Esto no ocurre a menudo. (Esto) nunca ocurre.
9. *¿Cubre la mesa tu hermana? No, ella cubre el escritorio.* → Mi hermana no cubre la mesa. Ella cubre el escritorio.
   ※ escritorio 서랍(cajón) 달린 책상
10. *¿Añade la salsa el cocinero jefe? No, él añade el azúcar* → El cocinero jefe no añade la sal. Él añade el azúcar.

4 위 3번 정답 참조

5 1. Vivo en Seúl. ¿Dónde vives?
2. Le compro un bolso muy bonito 또는 bonitísimo.

Lección 7 — Las ocupaciones 직업

1 1. Ahora quiero tomar helado. ¿También quieres (tomar uno)? Ahora yo voy al supermercado.
2. ¿Qué quieres hacer esta noche? Esta noche quiero ir al cine con vosotros.
3. ¿Quién le dice la verdad (a usted)? José y su novia me la dicen. *me la

dicen. 간접·직접 목적대명사가 동시에 오는 경우 순서는 간접목적대명사부터 써야 해요.

4 ¿A qué hora sales de casa los jueves? Cada jueves salgo de casa a las tres y media de la tarde.

5 ¿Cuándo ves a tus padres? Les (또는 los) veo cuando estoy de vacaciones.

6 ¿Qué hacemos después de hacer los deberes 또는 la tarea? ¿Por qué no vemos una película de miedo?

7 ¿Le das mucho dinero (a él)? No, le doy un poco de dinero cada dos días.

8 ¿Dónde pone el abrigo tu sobrino? Él siempre lo pone sobre el sofá.

9 ¿Pongo yo la mesa? Gracias. ¿A qué hora empieza la telenovela?

10 ¿De dónde eres (tú)? Yo soy de Corea.
※ ¿de dónde eres? 영 where are you from?

11 Está usted en su casa. Gracias. Ahora estoy muy cómodo.

12 Lola, ¿cómo estás estos días? Estoy muy cansada porque tengo mucho trabajo.

13 ¿Qué te dice Ramón? Él me dice que me quiere (또는 좀 더 강한 느낌으로 me ama) mucho.

14 ¿Por qué ponéis mucho azúcar en el café? Lo ponemos porque el café está demasiado amargo.

15 ¿Cuántos años tienes (tú)? Yo tengo trece años. *cuánto= 영 how many, how much → cuánt**os** a**ños** (성수일치)

16 ¿Qué les dices (tú)? (Yo) les digo que tengo frío y hambre.

17 ¿Tiene sed tu nieta? No, mi marido y yo tenemos mucha sed.

18 ¿Te dan una beca en la universidad? No, no me la dan.

19 ¿Hacéis un examen de matemáticas esta tarde? No, hoy no hay ningún examen.

20 No hacemos ejercicio, ¿y vosotros? Hacemos ejercicio todos los días y ahora estamos a dieta.

Lección 8   **El vecindario** 동네

1   1   vengo vienes viene venimos venís vienen
     2   voy vas va vamos vais van
     3   leo lees lee leemos leéis leen
     4   puedo puedes puede podemos podéis pueden
     5   oigo oyes oye oímos oís oyen
     6   traigo traes trae traemos traéis traen
     7   digo dices dice decimos decís dicen
     8   sigo sigues sigue seguimos seguís siguen
     9   pido pides pide pedimos pedís piden
     10   río ríes ríe reímos reís ríen

2   1   viniendo
     2   yendo
     3   leyendo
     4   pudiendo
     5   oyendo
     6   trayendo
     7   diciendo
     8   siguiendo
     9   pidiendo
     10   riendo

3   1   ¿Qué hay sobre la mesa? Hay una botella sobre la mesa.

2 ¿Qué hay debajo del árbol? Hay un banco debajo del árbol.
3 ¿Qué hay delante de la tienda? Hay dos muchachos delante de la tienda.
4 ¿Qué hay detrás del hotel? Hay unos restaurantes detrás del hotel.
5 ¿Qué hay a la derecha del banco? Hay un edificio muy moderno a la derecha del banco.
6 ¿Qué hay a la izquierda de los grandes almacenes? Hay un parque pequeño a la izquierda de los grandes almacenes.
7 ¿Qué hay al lado de la escuela? Hay una piscina al lado de la escuela.

4 위 3번 정답 참조

Lección 9 El conflicto 갈등

1
1 ¿A dónde vas a llevarme mañana? → Mañana te voy a llevar (또는 voy a llevarte) al parque de atracciones.
2 ¿Dónde estáis escuchando la radio? → (Nosotros) estamos escuchándola (또는 la estamos escuchando) al aire libre.
3 ¿Por qué están leyendo el periódico estos niños? → Ellos están leyéndolo (또는 lo están leyendo) porque necesitan saber algo. *necesitar inf. 영 need to inf.
4 ¿Desde cuándo puede trabajar usted? → (Yo) puedo trabajar desde el próximo miércoles.
5 ¿Estás buscando trabajo? → Sí, estoy buscándolo (또는 lo estoy buscando) desde hace tres meses.
6 ¿Qué va a hacer tu hijo este verano? → (Este verano) él va a aprender a conducir. *aprender a inf. 영 learn to inf.
7 ¿Sueles tocar el piano o la guitarra? → (Yo) suelo tocar la guitarra.
8 ¿Qué puede hacer este joven? → Él puede firmar en lugar de su padre.
9 ¿Qué debes hacer? → (Yo) tengo que cerrar la puerta.
10 ¿Qué tengo que hacer? → (Tú) tienes que dejar de fumar 또는 Usted tiene que dejar de fumar.

2 위 1번 정답 참조

Lección 10 Ropa, comida y techo (Ⅰ) 의식주(Ⅰ)

1
1 vendré vendrás vendrá vendremos vendréis vendrán
2 sabré sabrás sabrá sabremos sabréis sabrán
3 pondré pondrás pondrá pondremos pondréis pondrán
4 podré podrás podrá podremos podréis podrán
5 saldré saldrás saldrá saldremos saldréis saldrán
6 haré harás hará haremos haréis harán
7 diré dirás dirá diremos diréis dirán
8 valdré valdrás valdrá valdremos valdréis valdrán
9 tendré tendrás tendrá tendremos tendréis tendrán
10 habré habrás habrá habremos habréis habrán

2 1 ¿Dónde estudias con él? → Generalmente estudio con él en la biblioteca. Ahora estoy estudiando con él en casa. Mañana estudiaré con él en la escuela.

2 ¿Para quiénes hacéis la comida? → Generalmente hacemos la comida para mis abuelos. Ahora estamos haciendo la comida para mis parientes. Mañana haremos la comida para mis empleados.

3 ¿Le dices la verdad a alguien? → Generalmente les digo la verdad a mis amigos. <u>Ahora les estoy diciendo</u> 또는 <u>estoy diciéndoles</u> la verdad a mis hermanos. Mañana les diré la verdad a mis padres.

4 ¿Quiénes vienen? → Generalmente los turistas surcoreanos vienen. Ahora los soldados están viniendo. Mañana el rey y la reina vendrán.

5 ¿De qué hablan ellos? → Generalmente ellos hablan de la política internacional. Ahora ellos están hablando de la economía nacional. Mañana ellos hablarán de la sociedad actual.

3 위 2번 정답 참조

4 1 ¿Cómo iréis al museo nacional? ¿Tomaréis el taxi o el metro? → Iremos andando.

2 ¿Qué quiere hacer usted dentro de 10 años? → Quiero ser humorista o actor.

3 ¿Qué hora será ahora? → Serán más o menos las tres y media.

4 ¿Qué tenemos que hacer? → <u>Ustedes tienen que</u> 또는 <u>Vosotros tenéis que</u> bajar del caballo.

5 ¿Está nevando ahora? → No, está lloviendo a cántaros.

5 1 Si haces un gran esfuerzo, <u>serás</u> 또는 <u>vas a ser</u> una gran actriz.

2 (질문) ¿Dónde vivirá usted en el futuro? (대답) Dentro de cinco años viviré con mi familia en España.

3 (질문) Si el señor Sánchez viene aquí a mediodía, <u>¿le puedes entregar este archivo?</u> 또는 <u>¿puedes entregarle este archivo?</u> (대답) Por supuesto. Si él llega a esa hora, (yo) <u>se lo entregaré</u> 또는 <u>se lo voy a entregar</u> 또는 <u>voy a entregárselo</u>. ※entregar 강세 유지 위해 → entregárselo

Lección 11 Ropa, comida y techo (Ⅱ)
의식주(Ⅱ)

1 1 hecho
2 dicho
3 puesto
4 vuelto
5 devuelto
6 cubierto
7 descubierto
8 descrito
9 escrito
10 abierto

2 1 Tengo escritas dos cartas.

2 ¿Qué te gusta hacer? (A mí) me gusta mucho escuchar todo tipo de música.
*¿qué te gusta hacer? (직역) 무엇을 하는 것이 너에게 즐거움을 주니? → hacer가 주어임

Lección 12 Ir al extranjero (I)
외국에 가기(I)

1 1 vengo vienes viene venimos venís vienen & vendré

2 sé sabes sabe sabemos sabéis saben & sabré

3 pongo pones pone ponemos ponéis ponen & pondré

4 obtengo obtienes obtiene obtenemos obtenéis obtienen & obtendré

5 salgo sales sale salimos salís salen & saldré

6 hago haces hace hacemos hacéis hacen & haré

7 digo dices dice decimos decís dicen & diré

8 valgo vales vale valemos valéis valen & valdré

9 tengo tienes tiene tenemos tenéis tienen & tendré

10 he has ha hemos habéis han & habré

2 1 ¿Dónde vas a estudiar con él? → Voy a estudiar con él en la biblioteca. Generalmente estudio con él en casa.

2 ¿Para quiénes vais a hacer la comida? → Vamos a hacer la comida para mis abuelos. Generalmente hago la comida para mis parientes.

3 ¿Vas a decirle la verdad a alguien? → Voy a decirles 또는 Les voy a decir la verdad a mis amigos. Generalmente les digo la verdad a mis hermanos.

4 ¿Quiénes van a venir? → Los turistas surcoreanos van a venir. Generalmente los cascos azules vienen.

5 ¿De qué van a hablar ellos? → Ellos van a hablar del ingreso nacional. Generalmente ellos hablan de la escasez energética.

3 위 2번 정답 참조

4 1 ¿Qué te gusta comer (a ti)? → (A mí) me gusta comer carne.

2 ¿Dónde le gusta vivir a usted? → (A mí) me gusta vivir en Sevilla.

3 ¿Dónde les gusta estudiar a ellos? → (A ellos) les gusta estudiar en la biblioteca.

4 ¿A quién le gusta hablar conmigo? → A la señorita Kim le gusta hablar contigo (또는 con usted).

5 ¿Cuándo os gusta visitarme (a vosotros)? → (A nosotros) nos gusta visitarte (또는 visitarle, visitarlo, visitarla) los fines de semana.

5 1 ¿Qué comerás esta mañana? Esta mañana comeré carne.

2 ¿Dónde encontrará la cartera ustedes? La encontremos en el baño.

3 ¿Dónde estudiarán ellos hoy? Hoy ellos estudiarán en la biblioteca.

4 ¿Quién te lo dirá? Tú me lo dirás.

5 ¿A quién visitaréis? Visitaremos al padre de Clara.

Lección 13 Ir al extranjero (II)
외국에 가기(II)

1 1 vendría vendrías vendría vendríamos vendríais vendrían

2 sabría sabrías sabría sabríamos sabríais sabrían
3 pondría pondrías pondría pondríamos pondríais pondrían
4 obtendría obtendrías obtendría obtendríamos obtendríais obtendrían
5 saldría saldrías saldría saldríamos saldríais saldrían
6 haría harías haría haríamos haríais harían
7 diría dirías diría diríamos diríais dirían
8 valdría valdrías valdría valdríamos valdríais valdrían
9 tendría tendrías tendría tendríamos tendríais tendrían
10 habría habrías habría habríamos habríais habrían

2 1 ¿Dónde vas a estudiar con él? → Me gustaría estudiar con él en la escuela.
   2 ¿Para quiénes vais a hacer la comida? → Nos gustaría hacer la comida para mis empleados.
   3 ¿Vas a decirle la verdad a alguien? → Me gustaría decirles la verdad a mis padres.
   4 ¿Quiénes van a venir? → Al príncipe y a la princesa les gustaría venir.
3 위 2번 정답 참조
4

(Transcripción)
F Hola, Juan. ¿Cómo estás?
M Muy bien, gracias. ¿Y tú?
F Estoy un poco mal.
M ¿Te pasa algo malo? Te veo muy cansada y preocupada.
F Esta tarde tengo un examen, así que me he levantado muy temprano para estudiar un poco más.
M ¿A qué hora te has levantado esta mañana? … ¿Cómo? Uy, ¡tan temprano! ¿A qué hora te levantas normalmente? ¿Que sueles levantarte a las cinco y media? A mí no me gusta levantarme tan temprano. Suelo levantarme después de las siete y media. A propósito, ¿A qué hora es el examen? Bueno, suerte. Hasta el miércoles, Clara.

1 No, ella lo hará por la tarde.
2 Ella suele levantarse 또는 se suele levantar a las 5:30.
3 No, (a él) no le gusta levantarse temprano. Le gusta levantarse después de las 7:30.

5 1 me pein**o**, te pein**as**, él se pein**a**, ella se pein**a**, usted se pein**a**, nos pein**amos**, os pein**áis**, ellos se pein**an**, ellas se pein**an**, ustedes se pein**an**.
   (②~④ 정답 생략)

6 1 ¿A dónde quieres 또는 te gustaría ir a pasar el verano?
   2 Él ha ido al entierro.
   3 Nunca he estado en París 또는 No he estado nunca en París.

Lección 14 El hospital 병원

1 1 ¿A qué hora te has levantado esta mañana? → Esta mañana me he

levantado más o menos a las siete y treinta y cinco.

2. ¿A qué hora se acuestan ellos generalmente después de cenar? → Generalmente ellos se acuestan sobre las once y media de la noche después de cenar.

3. Ramón, ¿Con qué te has lavado las manos? → Me he lavado las manos con el jabón.

4. ¿Quién se ha curado de la gripe? → Mi nietecito ya se ha curado de la gripe.

5. ¿Por quién os preocupáis? → Nos preocupamos por los niños que han perdido a sus padres.

6. Niños, ¿cuándo vais a lavaros los dientes? → Vamos a lavarnos 또는 Nos vamos a lavar los dientes tres minutos después de picar algo.

7. ¿Dónde te quitarás la ropa? → No me quitaré la ropa 또는 No me la quitaré en ningún lugar. *재귀대명사 (me) > 간접 목적대명사 > 직접 목적대명사 (la) 순서로 문장에 놓아야 해요!

8. ¿Por qué te estás secando el pelo? → Me estoy secando el pelo 또는 Estoy secándome el pelo 또는 Me lo estoy secando 또는 Estoy secándomelo para evitar coger un resfriado. *evitar 영 avoid

9. ¿Cuándo se mojan las mangas ustedes? → Nos mojamos las mangas 또는 Nos las mojamos cuando lloramos o derramamos leche.

10. ¿Dónde te has roto el brazo? → Esta mañana me he roto el brazo 또는 me lo he roto en un accidente.

Lección 15 El transporte 교통

1. 1. ¿Qué te dice José? → Él me dice que le duele la cabeza.

    2. ¿Se lo has dicho (a él) esta tarde? → Sí, también se lo he dicho a María.

    3. ¿Crees que él vendrá aquí a verte? → Estoy seguro de que él va a venir a verme. *estar seguro de 영 be sure of estar seguro de que 영 be sure that

    4. ¿Cómo cree usted que será la sociedad dentro de 10 años? → (Yo) creo que habrá muchos cambios sociales y culturales. *hay 영 there is, there are habrá 영 there will be

    5. Carlos, ¿qué has hecho este verano? → He trabajado de voluntario en un orfanato. *trabajar de (또는 como) voluntario/a 자원 봉사자로서 일하다

    6. ¿Qué debe hacer Ud. para no hacerse daño? → (Yo) no debo correr aquí para no hacerme daño. *daño(m) 영 damage

    7. ¿Tienes que prepararte para ir a la escuela? → No quiero levantarme a esta hora ni prepararme para ir a la escuela. *prepararse para ~하기 위해 자신을 준비시키다

    8. ¿Qué tiempo hará pasado mañana? → Pasado mañana va a hacer más frío que hoy. *hará (hacer 미래형 3인칭 단수)

    9. ¿Te parece que la situación económica va a mejorar? → Me parece que la situación económica va a empeorar.

*mejorar 개선되다, 개선시키다

10 ¿Qué te parece esta casa? → Me parece que (esta casa) es muy bonita = (Esta casa) me parece muy bonita.

2 위 1번 정답 참조

Lección 16 Recordando el pasado
과거를 떠올리면서

1
1. ¿Por qué a ti no te gusta ir de compras? → No me gusta ir de compras porque no quiero malgastar el dinero.
2. ¿Cuándo os gustaría iros de vacaciones? → Nos gustaría irnos de vacaciones lo más pronto posible.
3. Cariño, ¿cuántos huevos nos quedan? → No nos queda ni un solo huevo.
4. ¿Dónde vas a quedarte si llueve? → Si llueve, voy a quedarme (또는 me voy a quedar) en este hotel.
5. ¿Cuántas horas dormían ustedes cuando estudiaban para entrar en la universidad? → Dormíamos unas cinco horas y media al día cuando estudiábamos para entrar en la universidad.
6. Si usted toma un vaso de leche, ¿se duerme pronto? → Antes yo solía dormirme pronto si tomaba un vaso de leche.
7. ¿Quién podrá sentar a esta anciana en la silla? → Aquella enfermera podrá sentarla en la silla.
8. ¿Cuándo se sentaba tu padre en este sofá? → Mi padre se sentaba en este sofá cuando descansaba o pensaba en algo.
9. ¿A qué han dedicado mucho tiempo los científicos? → Ellos lo han dedicado a investigar la causa y el resultado del problema.
10. Cuando vuestro padre vivía en Tokio, ¿a qué se dedicaba? → Cuando él era joven, se dedicaba a la venta de carros de segunda mano.
11. ¿Qué acaban de acordar las dos Coreas? → Las dos Coreas (또는 ambas Coreas) acaban de acordar celebrar una reunión militar de alto nivel.
12. ¿De quién os acordáis todavía? ¿De mí o de él? → Todavía nos acordamos de ti (또는 de usted) *acordarse 현재형 me acuerdo, te acuerdas, se acuerda, nos acordamos, os acordáis, se acuerdan *no me acuerdo 기억이 안 난다
13. ¿Les cae bien tu novio a tus padres? → No, (a mis padres) no les cae bien mi novio. *caer 현재형 caigo caes cae caemos caéis caen
14. ¿Dónde se pueden caer fácilmente los ancianos si no tienen mucho cuidado? → Ellos pueden caerse (또는 se pueden caer) fácilmente por las escaleras si no tienen mucho cuidado.
15. ¿Cómo es el piso (또는 apartamento) que habéis encontrado para vivir con vuestra madre? → Es precioso (el piso que hemos encontrado para vivir con nuestra madre).
16. ¿Con quiénes sueles encontrarte cuando subes al autobús? → Suelo

encontrarme con los hermanastros de Laura cuando subo al autobús.

17 ¿Quién solía comer más verduras que carne? → Mi hermana menor solía comer más verduras que carne. *menor 나이가 더 어린 mayor 나이가 더 많은 yo soy tres años mayor que tú 난 너보다 세 살이 많아

18 ¿Quién se lo comerá? → Yo me lo comeré. 제가 그걸 먹을게요 *여기서는 누구냐는 말에 yo를 넣어 강조함이 좋음!

19 ¿Cuántos soldados han muerto hoy? → Ninguno, pero al menos 20 civiles han muerto hoy. *al menos 적어도 (=por lo menos)

20 ¿Cuánto tiempo hace que te estás muriendo de hambre? → Hace dos horas que me estoy muriendo de hambre 또는 estoy muriéndome de hambre.

2
1 Antes (tú) tocabas el piano pero ahora no (lo tocas).
2 Antes él se levantaba temprano pero ahora no (se levanta temprano).
3 Antes (nosotros) nos hablábamos mucho pero ahora no (nos hablamos mucho). = 전에 우리는 서로 말을 많이 하곤 했지만 지금은 서로 많이 말하지 않는다.
4 Antes mi hija me escribía con frecuencia, pero ahora no (me escribe con frecuencia). *con frecuencia = a menudo 자주
5 Antes ellos se veían a menudo, pero ahora no (se ven a menudo).
6 Antes (vosotros) ibais al trabajo andando pero ahora no (vais al trabajo andando). *andando (걸으면서) =a pie (걸어서)
7 Antes (a mí) me gustaba mucho el café pero ahora no (me gusta mucho (el café)).
8 Antes José montaba a caballo, pero ahora no (monta a caballo). *montar a caballo 말을 타다
9 Antes ella dormía hasta muy tarde pero ahora no (se duerme hasta muy tarde). *dormir (현재형) duermo duermes duerme dormimos dormís duermen (현재분사) durmiendo
10 Antes usted nos decía algo interesante pero ahora no (nos dice nada interesante).

3
1 había, hay
2 hay
3 estaré (또는 voy a estar)
4 estaba, está

Lección 17 Preguntas y respuestas
Q&A

1
1 vine viniste vino vinimos vinisteis vinieron
2 supe supiste supo supimos supisteis supieron
3 puse pusiste puso pusimos pusisteis pusieron
4 tuve tuviste tuvo tuvimos tuvisteis tuvieron
5 fui fuiste fue fuimos fuisteis fueron
*동사 ser 부정과도 동일합니다.
6 hice hiciste hizo hicimos hicisteis hicieron

7 dije dijiste dijo dijimos dijisteis dijeron

8 estuve estuviste estuvo estuvimos estuvisteis estuvieron

9 pude pudiste pudo pudimos pudisteis pudieron

10 hube hubiste hubo hubimos hubisteis hubieron

11 busqué buscaste buscó buscamos buscasteis buscaron

12 traje trajiste trajo trajimos trajisteis trajeron

2

1 ¿A qué hora te levantaste ese mismo día? Ese mismo día me levanté más o menos a las siete y treinta y cinco.

2 ¿A qué hora salieron del bar los dos hombres? Ellos salieron del bar (또는 de ahí, del lugar) sobre las once y media de la noche.

3 ¿Con qué te lavaste las manos? Me las lavé con jabón.

4 ¿Qué hiciste ayer? Fui al cine con mi novia.

5 ¿Dónde estuvo usted ayer? Ayer estuve en el zoo 또는 el zoológico con mis nietecitos.

6 ¿A quién llevaste al parque de atracciones hace tres días? Llevé a mis sobrinos al parque de atracciones 또는 allí hace tres días.

7 ¿Cuándo viste al vecino de arriba? Le 또는 Lo vi hace unos diez días.

8 ¿Por qué me buscaste por todas partes ayer? Ayer te busqué para darte esto.

9 ¿Quién vino aquí ayer por la tarde? Ayer por la tarde vino aquí una mujer llamada Ana. *un chico llamado Pedro 뻬드로라고 불리는 남자애

10 ¿Por qué te rompiste la pierna? Me rompí la pierna 또는 Me la rompí al bajar las escaleras rápidamente.

11 ¿Cuándo tuviste ese accidente? Lo tuve a mediados del mes pasado.

12 ¿Quién fue a por el paraguas? La dependienta fue a por él *ir a por (Esp) = ir por (AmL)

※Ellos vinieron a por el enfermo.

13 ¿Hubo un incendio anteayer? No, hubo un accidente automovilístico.

※No, no hubo ningún incendio.

14 ¿Qué pasó cuando usted les dio el anillo de la víctima a las mujeres? Cuando se lo di, ellas se pusieron pálidas. ※yo se lo di 내가 그녀들에게(les = a las chicas) 그것을 (el anillo) 줬다 *les lo (틀림) → se lo

15 ¿Dónde y cuánto tiempo te quedaste? Me quedé por un tiempo en mi pueblo natal. ※영 a while 잠시= un ratito (some moments) < un rato (some minutes, some hours) < (por) un tiempo (some weeks, some months)

3

1 ¿Qué os dice Luisito? Él nos dice que estudiará mucho. ¿Qué os dijo Luisito? Él nos dijo que estudiaría mucho.

2 ¿Qué te dicen los niños? Ellos me dicen que saldrán de casa antes de las ocho. ¿Qué te dijeron los niños? Ellos me dijeron que saldrían de casa antes de las ocho. *antes de las 8:00 8시 전에

3 ¿Qué les dice Juanito a ustedes? Él nos dice que se lavará las manos. ¿Qué les

dijo Juanito a ustedes? Él nos dijo que se lavaría las manos.

4 ¿Qué le decís al profesor? Le decimos (al profesor) que haremos los deberes en casa. ¿Qué le dijiste al profesor? Le dijimos que haríamos los deberes en casa.

5 ¿Qué le dice María a usted? Ella me dice que irá a la playa. ¿Qué le dijo María a usted? Ella me dijo que iría a la playa.

6 ¿Qué os dice la niña? Ella nos dice que se lavará los dientes. ¿Qué os dijo la niña? Ella nos dijo que se lavaría los dientes.

7 ¿Qué os dice vuestra madre? Ella nos dice que nos llevará al cine. ¿Qué os dijo vuestra madre? Ella nos dijo que nos llevaría al cine.

8 ¿Qué te dice él? Él me dice que lo pasará bien con sus nuevos amigos. ¿Qué te dijo él? Él me dijo que lo pasaría bien con sus nuevos amigos.

9 ¿Qué dice el hombre? Él dice que hará buen tiempo. ¿Qué dijo el hombre? Él dijo que haría buen tiempo.

10 ¿Qué me dices? Te digo que me levantaré muy temprano desde el mes de septiembre. ¿Qué me dijiste? Te dije que me levantaría muy temprano desde el mes de septiembre.

Lección 18 Las emociones humanas (I)
희로애락(I)

1
1 me alegré, te alegraste, se alegró, nos alegramos, os alegrasteis, se alegraron
2 me divertí, te divertiste, se divirtió, nos divertimos, os divertisteis, se divirtieron
3 negué, negaste, negó, negamos, negasteis, negaron
4 creí, creíste, creyó, creímos, creísteis, creyeron
5 mentí, mentiste, mintió, mentimos, mentisteis, mintieron
6 sentí, sentiste, sintió, sentimos, sentisteis, sintieron
7 fui, fuiste, fue, fuimos, fuisteis, fueron
8 me fui, te fuiste, se fue, nos fuimos, os fuisteis, se fueron
9 me marché, te marchaste, se marchó, nos marchamos, os marchasteis, se marcharon
10 alcancé, alcanzaste, alcanzó, alcanzamos, alcanzasteis, alcanzaron
11 almorcé, almorzaste, almorzó, almorzamos, almorzasteis, almorzaron
12 incluí, incluiste, incluyó, incluimos, incluisteis, incluyeron

2
2 me divertía, te divertías, se divertía, nos divertíamos, os divertíais, se divertían
4 creía, creías, creía, creíamos, creíais, creían
6 sentía, sentías, sentía, sentíamos, sentíais, sentían
8 me iba, te ibas, se iba, nos íbamos, os ibais se iban

10 alcanzaba, alcanzabas, alcanzaba, alcanzábamos, alcanzabais, alcanzaban

12 incluía, incluías, incluía, incluíamos, incluíais, incluían

3 1 El señor Kim (trabaja) (va a trabajar) (trabajará) (trabajó) (trabajaba) (iba a trabajar) (ha trabajado) conmigo. Al señor Kim le gusta trabajar conmigo.

2 Yo (ando) (voy a andar) (andaré) (anduve) (andaba) (iba a andar) (he andado) desde casa hasta la escuela. (A mí) me gusta andar desde casa hasta la escuela.

3 Tú (haces) (vas a hacer) (harás) (hiciste) (hacías) (ibas a hacer) (has hecho) la cama. (A ti) te gusta hacer la cama.

4 Ella (se divierte) (va a divertirse) (se divertirá) (se divirtió) (se divertía) (iba a divertirse) (se ha divertido) bailando. A ella le gusta divertirse bailando.

5 Yo (escucho) (voy a escuchar) (escucharé) (escuché) (escuchaba) (iba a escuchar) (he escuchado) música para matar el rato. Me gusta escuchar música para matar el rato.

6 Nosotros (vemos) (vamos a ver) (veremos) (vimos) (veíamos) (íbamos a ver) (hemos visto) la televisión en la sala de estar. (A nosotros) nos gusta ver la televisión en la sala de estar.

7 Vosotros (jugáis) (vais a jugar) (jugaréis) (jugasteis) (jugabais) (ibais a jugar) (habéis jugado) al fútbol antes de volver a casa. (A vosotros) os gusta jugar al fútbol antes de volver a casa.

8 Usted (se acuesta) (va a acostarse) (se acostará) (se acostó) (se acostaba) (iba a acostarse) (se ha acostado) muy temprano. A usted le gusta acostarse muy temprano.

9 Ellos (comen, beben y charlan) (<u>van a comer, van a beber y van a charlar</u> 또는 <u>van a comer, beber y charlar</u>) (comerán, beberán y charlarán) (comieron, bebieron y charlaron) (comían, bebían y charlaban) (iban a comer, beber y charlar) (han comido, bebido y charlado) con sus parientes. A ellos les gusta comer, beber y charlar con sus parientes.

10 Yo (voy) (voy a ir) (iré) (fui) (iba) (iba a ir) (he ido) al cibercafé a jugar a videojuegos con mis amigos. Me gusta ir al cibercafé a jugar a videojuegos con mis amigos.

Lección 19 Las emociones humanas (Ⅱ)
희로애락(Ⅱ)

1 1 ¿Qué os ha dicho José? → Él nos ha dicho que le gusta el marisco.
¿Qué os dijo José? → Él nos dijo que le gustaba el marisco.

2 ¿Qué me has dicho? → Te he dicho que hay varios problemas.
¿Qué me dijiste? → Te dije que había varios problemas.

3 ¿Qué le han dicho a usted los turistas? → Ellos me han dicho que hace mal tiempo.
¿Qué le dijeron a Ud. los turistas?

→ Ellos me dijeron que hacía mal tiempo.

4. ¿Qué les habéis dicho a vuestros padres? → Les hemos dicho que está nublado.
¿Qué les dijisteis a vuestros padres? → Les dijimos que estaba nublado.

5. ¿Qué te ha dicho él? → Él me ha dicho que está lleno.
¿Qué te dijo él? → Él me dijo que estaba lleno.

6. ¿Qué te he dicho? → Usted me ha dicho que no se encuentra bien 또는 (Tú) me has dicho que no te encuentras bien.
¿Qué te dije? → Usted me dijo que no se encontraba bien 또는 (Tú) me dijiste que no te encontrabas bien.
*encontrarse = (~에 있는) (~상태인) 자신을 발견하다 = estar 현재시제 me encuentro, te encuentras, se encuentra, nos encontramos, os encontráis, se encuentran

7. ¿Qué te hemos dicho? → Ustedes me han dicho que van 또는 Vosotros me habéis dicho que vais a la piscina a nadar los domingos por la tarde.
¿Qué te dijimos? → Ustedes me dijeron que iban 또는 (Vosotros) me dijiste que ibais a la piscina a nadar los domingos por la tarde.

8. ¿Qué les ha dicho usted a los niños? → Les he dicho que juego al fútbol o me divierto bailando en mi tiempo libre.
¿Qué les dijo Ud. a los niños? → Les dije que jugaba al fútbol o me divertía bailando en mi tiempo libre.

9. ¿Qué te ha dicho tu novia? → Ella me ha dicho que suele gastar mucho dinero en comprar ropa y cosméticos.
¿Qué te dijo tu novia? → Ella me dijo que solía gastar mucho dinero en comprar ropa y cosméticos. *(현재시제 soler) suelo sueles suele solemos soléis suelen

10. ¿Qué te ha dicho la madre de José? → Ella me ha dicho que José y Ana se ven a menudo.
¿Qué te dijo la madre de José? → Ella me dijo que José y Ana se veían a menudo.

2
1. Ayer yo quería beber (alcohol).
2. Anoche yo quería beber con mis amigos.
3. Hace tres días yo quería beber con mis amigos, porque estaba muy triste.
4. Hace cuatro días yo quería beber con mis compañeros de trabajo, porque estaba cansado de vivir. Salimos de la oficina a las 5:00 de la tarde y después empezamos a andar.
5. Anteanoche yo quería beber cerveza con mis compañeros de cuarto, porque estaba harto de estudiar más de 10 horas al día. Cuando iba al bar en bicicleta, me encontré con María.
6. El otro día yo quería ir de excursión con mi familia, porque estaba cansado de hacer viajes de negocios tres veces a la semana. Tan pronto como llegamos a la estación, compramos cuatro hamburguesas con queso,

porque teníamos mucha hambre. Cuando subí al tren, me encontré con la familia de María.

Lección 20　Las telecomunicaciones (Ⅰ)
전기통신 (전화) (Ⅰ)

1　1　invertí invertiste invirtió invertimos invertisteis invirtieron

　　2　comencé comenzaste comenzó comenzamos comenzasteis comenzaron

　　3　conduje condujiste condujo condujimos condujisteis condujeron

　　4　traje trajiste trajo trajimos trajisteis trajeron

　　5　me referí te referiste, se refirió, nos referimos, os referisteis, se refirieron

　　6　mentí mentiste mintió mentimos mentisteis mintieron

　　7　mantuve mantuviste mantuvo mantuvimos mantuvisteis mantuvieron *detener (붙잡아 세우다, 체포하다) 변화 형태가 동일합니다.

　　8　saqué sacaste sacó sacamos sacasteis sacaron

　　9　excluí excluiste excluyó excluimos excluisteis excluyeron

　　10　oí oíste oyó oímos oísteis oyeron
　　　　*oír (현재형 oigo oyes oye oímos oís oyen)

　　11　disminuí disminuiste disminuyó disminuimos disminuisteis disminuyeron *reducir 감소시키다 (부정과거 reduje redujiste redujo redujimos redujisteis redujeron)

　　12　seguí seguiste siguió seguimos seguisteis siguieron *conseguir 얻다 영 get / ~을 해내다 (+inf.) 변화 형태가 동일합니다.

2　2　comenzaba comenzabas comenzaba comenzábamos comenzabais comenzaban

　　4　traía traías traía traíamos traíais traían

　　6　mentía mentías mentía mentíamos mentíais mentían

　　8　sacaba sacabas sacaba sacábamos sacabais sacaban

　　10　oía oías oía oíamos oíais oían

　　12　seguía seguías seguía seguíamos seguíais seguían

Lección 21　Las telecomunicaciones (Ⅱ)
전기통신 (전화) (Ⅱ)

1　1　1 me pongo el abrigo. → Estoy poniéndome… → Estaba poniéndome… → Voy a ponerme… → Me pondré… → Iba a ponerme… → Me puse… → Me ponía… → Me he puesto… → Me había puesto...

　　2　El conductor reduce la velocidad. → El conductor está reduciendo… → El conductor estaba reduciendo… → El conductor va a reducir… → El conductor iba a reducir... → El conductor redujo… → El conductor reducía… → El conductor ha reducido… → El conductor había reducido...*reducir 현재형 reduzco reduces reduce reducimos reducís reducen

　　3　El mecánico arregla el camión. → El mecánico está arreglando… →

El mecánico estaba arreglando... → El mecánico va a arreglar... → El mecánico iba a arreglar... → El mecánico arregló... → El mecánico arreglaba... → El mecánico ha arreglado... → El mecánico había arreglado... *arreglar = ordenar(정리하다), reparar(수리하다), organizar, preparar 영 arrange, fix, repair

4. Me divierto. → Estoy divirtiéndome. → Estaba divirtiéndome. → Voy a divertirme. → Iba a divertirme. → Me divertiré. → Iba a divertirme. → Me divertí. → Me divertía. → Me he divertido. → Me había divertido.

5. El portero recibe una propina de cien euros. → El portero está recibiendo... → El portero estaba recibiendo... → El portero va a recibir... → El portero recibirá... → El portero iba a recibir... → El portero recibió... → El portero recibía... → El portero ha recibido... → El portero había recibido...

6. Cortas ese árbol. → Estás cortando... → Estabas cortando... → Vas a cortar... → Cortarás... → Ibas a cortar... → Cortaste... → Cortabas... → Has cortado... → Habías cortado...

7. Los niños se lavan la cara. → Los niños están lavándose... → Los niños estaba lavándose... → Los niños van a lavarse... → Los niños se lavarán... → Los niños iban a lavarse... → Los niños se lavaron... → Los niños se lavaban... → Los niños se han lavado... → Los niños se habían lavado...

8. Corremos en la pista. → Estamos corriendo... → Estábamos corriendo... → Vamos a correr... → Correremos... → Íbamos a correr... → Corrimos... → Corríamos... → Hemos corrido... → Habíamos corrido...

9. Compro frutas, verduras y pescado → Estoy comprando... → (Yo) estaba comprando... → Voy a comprar... → Compraré... → (Yo) iba a comprar... → Compré... → (Yo) compraba... → He comprado... → (Yo) había comprado frutas, verduras y pescado.

10. Ellos se pelean en el patio de recreo. → Ellos están peleándose... → Ellos estaban peleándose... → Ellos van a pelearse... → Ellos se pelearán... → Ellos iban a pelearse... → Ellos se pelearon... → Ellos se peleaban... → Ellos se han peleado... → Ellos se habían peleado...

2
1. ¿Qué te dice tu esposo? → Él me dice que ha invertido mucho dinero en acciones.
¿Qué te dijo tu esposo? → Él me dijo que había invertido mucho dinero en acciones.

2. ¿Qué os dicen los alumnos? → Ellos nos dicen que lo han pasado bien en el campo.
¿Qué os dijeron los alumnos? → Ellos nos dijeron que lo habían pasado bien en el campo.

3. ¿Qué les dices a tus padres? → Les digo (a mis padres) que he devuelto el coche al señor López.

¿Qué les dijiste a tus padres? → Les dije que yo había devuelto el coche al Sr. López.

4. ¿Qué le dice a usted la señora Gómez? → Ella me dice que ha ido al entierro.
¿Qué le dijo a Ud. la Sra. Gómez? → Ella me dijo que había ido al entierro.

5. ¿Qué te dice Juan? → Él me dice que se ha cortado el pelo.
¿Qué te dijo Juan? → Él me dijo que se había cortado el pelo.

6. ¿Qué le dice a la enfermera aquel chico? → Él le dice (a la enfermera) que se ha caído por las escaleras.
¿Qué le dijo a la enfermera aquel chico? → Él le dijo que se había caído por las escaleras.

7. ¿Qué os dice la señorita? → Ella nos dice que el tren ha salido.
¿Qué os dijo la señorita? → Ella nos dijo que el tren ya había salido.

8. ¿Qué te dicen los pasajeros? → Ellos me dicen que se han perdido en el bosque.
¿Qué te dijeron los pasajeros? → Ellos me dijeron que se habían perdido en el bosque.

9. ¿Qué les dice a ustedes la secretaria? → Ella nos dice que el cliente se ha enfadado y luego se ha ido.
¿Qué les dijo la secretaria? → Ella nos dijo que el cliente se había enfadado y luego se había ido.

10. ¿Qué te dice Luisa? → Ella me dice que José y Ana se han visto en la agencia de viajes.
¿Qué te dijo Luisa? → Ella me dijo que José y Ana se habían visto en la agencia de viajes.

memo

memo

스페인어 입문 필독서

가장 쉬운 독학 스페인어 첫걸음

이름

외국어 출판 45년의 신뢰
외국어 전문 출판 그룹
동양북스가 만드는 책은 다릅니다.

45년의 쉼 없는 노력과 도전으로 책 만들기에 최선을 다해온
동양북스는 오늘도 미래의 가치에 투자하고 있습니다.
대한민국의 내일을 생각하는 도전 정신과 믿음으로 최선을 다하겠습니다.